AF345112

AUGUSTIN POTIER

ÉVÊQUE ET COMTE DE BEAUVAIS

PAIR DE FRANCE

PAR

Fernand POTIER DE LA MORANDIÈRE

PARIS

IMPRIMERIE P. FERON-VRAU

5, RUE BAYARD, 5

1925

AUGUSTIN POTIER

AUGUSTIN POTIER

ÉVÊQUE ET COMTE DE BEAUVAIS

PAIR DE FRANCE

PAR

Fernand POTIER DE LA MORANDIÈRE

———

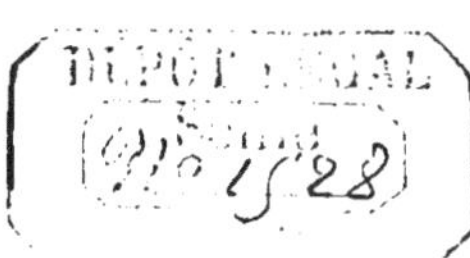

PARIS

IMPRIMERIE P. FERON-VRAU

5, RUE BAYARD, 5

AUGUSTIN POTIER

Le dernier des cinq fils du président Nicolas Potier de Blancmesnil était né en l'an 1591 et se nommait Augustin. Élevé sous les yeux vigilants de sa mère, dans l'atmosphère quelque peu frigide du vieil hôtel de la rue Saint-Médéric (1), il avait reçu, comme ses frères, une éducation sérieuse et forte. Ses humanités se firent au collège des Grassins, sous un latiniste alors célèbre, maître Nicolas Bourbon ; et, de cet enseignement, il devait garder toute sa vie un goût des lettres, une culture d'esprit dont les contemporains ont rendu témoignage. Nous verrons dans la suite comment Augustin Potier, devenu puissant, sut honorer dignement la vieillesse de son maître.

Les charges vinrent à lui de bonne heure. On le trouve conseiller de ville à Paris dès 1608, sous la qualification de sieur de Chichery, à cause de la terre de ce nom, sise dans le Vendômois (2), qu'il tenait de sa

---

(1) *Dans le Marais à Paris*. Bibliothèque Mazarine : n° 2786, t. VII. *Noms et Domiciles des membres du Parlement*, DUBUISSON-AUBENAY.

(2) On écrit aujourd'hui Chicheray : l'église du village possède encore un vitrail aux armes.

grand'mère, et qui passa, après lui, aux Choart de Buzenval, ses neveux, qui la vendirent.

En outre, et presque au berceau, il avait été fait chanoine de Beauvais par son frère, l'évêque René, comme on le voit aux registres du Chapitre, années 1594 et 1607. Il était, en effet, très affectionné de ce prélat; « il en recevait beaucoup de secours (1) ». Ledit canonicat ne fut, évidemment, autre chose d'abord qu'un subside déguisé, et il y a quelque apparence qu'à l'imitation de Mgr René, trop souvent hors de son diocèse, Augustin ne dut être longtemps qu'un prébendé peu résidant.

Que si nous conservions pourtant quelques doutes à ce sujet, ils nous seraient levés par un fort honnête chroniqueur, à qui nous reviendrons fréquemment dans cette étude, qui, vingt années durant, vécut près d'Augustin, qui fit partie de sa maison ecclésiastique et fut son secrétaire.

Godefroy Hermant rapporte donc que René, « l'ayant faict pourvoir d'une charge de conseiller au grand Conseil, avoit traitté pour luy d'un mariage qui devoit se terminer dans peu de jours, lorsque Dieu rompit toutes ses mesures ». Ce chanoine, que son évêque s'emploie à marier, n'est pas sans faire un peu sourire. Cela était ainsi pourtant, et Hermant revient, quelques pages plus loin (2), sur ce projet d'établissement, sans nous apprendre, par malheur, de quelle alliance il s'agissait.

Toujours est-il que la mort si prématurée et si touchante de M. de Beauvais, cette mort « qui fit couler

____

(1) Godefroy Hermant, *Histoire manuscrite de Beauvais*. Bibliothèque Richelieu. Manuscrits fonds français. Vol. 8582, p. 1963.

(2) Hermant, p. 1969.

tant de larmes (1) », abreuva d'une peine amère Augustin Potier en même temps qu'elle vint brusquement changer sa destinée. Deux jours avant d'expirer (2 octobre 1616), le prélat défaillant avait dicté des volontés où sa sollicitude fraternelle s'affirme en plus d'un passage (2).

« Pour ce qui est de mes meubles et acquêts, j'eusse fort désiré, y est-il dit, en gratifier mon frère d'Esquevilly — c'était le nouveau nom que portait Augustin à cette époque, d'une terre située au diocèse de Noyon, — non pour faire aucunement tort aux autres, mais pour ce qu'il en a le plus besoin. Mais les satisfactions doivent passer avant les libéralités..... » Et il disposa de sesdits meubles et acquêts pour fonder à Beauvais une compagnie de prêtres de l'Oratoire, qui ne fut pas fondée d'ailleurs, le président de Blancmesnil ayant fait annuler les dispositions dernières de son fils.

Et plus loin..... « Je nomme M. d'Esquevilly pour exécuteur de mon testament, et luy donne, mes dettes acquittées, tout ce que je luy puis donner par les coustumes, sur les propres seulement..... » L'auguste mourant semblait ne se douter guère du pesant et magnifique héritage que son cadet allait recueillir après lui.

On vit, en effet, tout aussitôt l'Église de Beauvais se tourner dans son deuil vers celui que le défunt chérissait tant, qui l'avait tendrement assisté dans ses derniers jours, et dont les rares qualités avaient déjà gagné bien des cœurs (3).

---

(1) Delettre. *Histoire du diocèse de Beauvais*, p. 377.
(2) Louvet. *Histoire de Beauvais*, p. 634 et suiv.
(3) Delettre, p. 377.

On vit le clergé, les magistrats, les habitants, souhaiter à l'envi que le frère pût succéder au frère, et ce vœu rencontra par le diocèse un applaudissement unanime.

Mais rien ne se pouvait sans l'acquiescement, sans le crédit du président de Blancmesnil, et son bon vouloir était douteux à l'égard de M. d'Esquevilly, coupable de s'être mis contre lui avec René dans un procès pour la succession de leur mère. La brouille durait ainsi depuis plusieurs années, et Nicolas n'était point, tant s'en faut, d'humeur accommodante. Toutefois, à l'article de la mort, René avait imploré un pardon où, tacitement, son frère fut compris. Le vieux magistrat daigna donc, en cette conjoncture, oublier ses griefs et sa sévérité passée; il ne voulut se souvenir que de l'avantage de sa maison et demanda à Marie de Médicis, dont nous savons qu'il était le chancelier, ce grand évêché pour Augustin.

A la vérité, il eut à vaincre un concurrent redoutable en la personne de l'évêque de Langres, Sébastien Zamet, qui, volontiers, eût changé de siège, et fit tous ses efforts pour y amener le roi; « mais, dit Hermant, l'évêché fut continué dans la famille des Potier, et Augustin, qui estoit sur le point de s'engager dans l'estat de mariage, choisit l'Église de Beauvais pour son épouse, ce qui ne se passa pas de sa part sans y avoir résisté quelque temps (1) ».

On peut croire, d'après ces derniers mots, que sa vocation n'était rien moins que déclarée, et qu'il ne se dût pas résoudre, sans beaucoup d'émoi, à toutes les responsabilités d'une pareille fonction (2); il était de

---

(1) Hermant, p. 1969.
(2) Delettre, p. 378.

sentiments trop hauts pour n'y chercher que la satisfaction d'un ambitieux orgueil; aussi hésita-t-il longuement, replié sur lui-même et méditant ses résolutions
devant Dieu. Mais, une fois assuré de la fermeté de son
âme, il se redressa sous le fardeau qu'on lui imposait,
et la suite nous fera voir combien il était digne de le
porter. Son brevet de nomination avait été signé dès le
mois de février 1617 (1). L'institution canonique ne fut
pas beaucoup différée, tant étaient favorables les renseignements présentés au Pape Paul V sur le candidat de
la reine-mère. Augustin, à vingt-six ans, jouissait, en
effet, déjà d'un si bon renom, que l'Université de Paris
n'avait pas attendu ses bulles pour lui conférer, au suf-
frage des Facultés et des Nations, le titre très relevé de
Conservateur de ses privilèges apostoliques. Instituée à
l'origine des conflits entre ladite Université et les évêques
de Paris pour défendre contre ceux-ci les immunités
que celle-là avait obtenues du Saint-Siège, conséquemment, toujours debout en face de l'Ordinaire, cette
charge ne pouvait sans danger être exercée que par un
homme doué tout ensemble de jugement, de tact et de
fermeté. Elle vaquait par le décès de René; Augustin en
avait été investi le 29 mars 1617, il en prêta le serment
entre les mains du recteur, le 18 décembre suivant (2).

Cependant, la pensée lui était venue dès la première
heure d'aller chercher au tombeau des Apôtres la confirmation de son loyal sacrifice; il y mit peu de retarde-

(1) LOUVET, t. Ier, p. 789.
(2) *Histoire de l'Université de Paris*, par C. JOURDAIN, p. 91.
Archives nationales. Reg. XXV, fol. 535.

ment, et, le mois d'août venu, s'achemina vers la Ville
Éternelle. Mais on l'avait fait évêque sans qu'il fût prêtre.
Reçut-il donc les Ordres avant de partir ou bien son
ordination et son sacre s'accomplirent-ils dans une même
cérémonie? Nous sommes là-dessus d'une complète ignorance et savons seulement que dès le lendemain de son
arrivée à Rome, où l'accueil le plus empressé lui avait
été fait, il voulut commencer sa retraite, qu'il fut sacré
le 17 septembre (1) en l'église de Saint-Louis des Français et que le 29 du même mois il envoya comme procureur Georges le Boucher, chantre et chanoine de Beauvais, prendre possession pour lui de son évêché (2).

Il devait, en effet, prolonger quelque temps son séjour
en Italie et laissa par le fait, pendant près de dix-huit
mois, au Chapitre métropolitain, l'exercice de la juridiction spirituelle (3).

Il existe au fonds Harlay (4) un court billet écrit par
notre jeune prélat « à M. Provendières, à Lyon ». La
teneur en est, assurément, du plus mince intérêt, mais
certaines raisons d'essence un peu subtile nous engagent,
néanmoins, à le reproduire ici :

« Monsieur, j'ay receu vos lets du 2ᵉ de septembre,
par laquelle j'ay appris le soing que vous avez eu du
paquet que je vous avois adressé. Je vous en ay grande

---

(1) La *Gallia christiana*, t. IX, col. 766, dit le XV des calendes
d'octobre.

(2) HERMANT, p. 1974. — DELETTRE donne à cette prise de possession la date du 29 novembre 1617. Voir t. III, p. 379.

(3) HERMANT, p. 1969. Bibliothèque Richelieu.

(4) Manuscrits fonds Harlay 363, pièce 47.

obligaon et aus occasions qui se prèteront, je vous feray tousjours paroistre le resentiment que j'ay des plaisirs que vous m'avez faict, depuis que je suis à Rome. Cependant, je demeureray

  » Monsieur,

 » Votre plus affectueux serviteur,

   » ☦ Augustin,

  » *évêque, comte de Beauvais.* »

De Rome, ce 17 septembre 1617 (1).

Or, voici la subtilité : Le 17 septembre était, on vient de le voir, la date même du sacre d'Augustin; cette signature pourrait donc bien être la première qu'il ait donnée avec sa nouvelle qualité d'évêque, et entre ses lignes si parfaitement insignifiantes, il ne nous déplairait pas de lire toute sa sérénité d'esprit, dans l'instant que commençait pour lui un ministère très redoutable.

Il s'en alla vers Naples dès le lendemain et s'y trouva fort à point pour la fête de saint Janvier, évêque de Bénévent, qu'on y célèbre chaque année le 19 septembre. Est-il besoin de dire quelles attentions, quels respects lui furent prodigués? Hermant (2), qui « l'avait appris de sa propre bouche », raconte entre autres choses « que le cardinal archevesque, Octave Aquaviva, qui portoit en procession les reliques du Saint, s'arresta au lieu où il avoit souffert le martyre, pour rendre M. de Beau-

---

(1) Cette lettre est scellée d'un petit cachet de cire rouge, les armes des Potier sont retournées, c'est-à-dire avec l'échiquier à droite. L'écu est sommé d'une petite tête d'ange.

(2) Hermant, p. 1974.

vais témoin du miracle. Car ce sang qui, le reste du temps, demeure caillé dans une phiole, commence à couler et bouillonner quand on l'approche de l'endroit où il avoit esté répandu.... Nostre prélat en fut convaincu par ses propres yeux, et l'a certifié en plusieurs rencontres ».

Le désir de vénérer la châsse de saint Charles Borromée, du fondateur de la fameuse bibliothèque ambroisienne, lui fit prendre au retour la route de Milan. Le siège en était alors occupé par le neveu du grand archevêque, Frederico Borroméo, qui s'efforçait à l'imiter dans sa foi, dans sa charité et dans son zèle pour la sanctification des peuples. C'était un conseiller précieux en la manière de bien gouverner un diocèse, et Augustin, tout édifié de ses entretiens, se plaisait par la suite à le citer comme un oracle. Notamment, il avait retenu de lui et répétait cette sage maxime : « Un évêque qui a des talents naturels pour la prédication ne doit pas les enfouir, celui-là même qui n'en a pas ne peut prêcher mal quand il enseigne l'Évangile avec piété, car alors Dieu supplée à ce défaut par sa grâce. »

A peine revenu à Paris, M. de Beauvais prête serment de fidélité au roi (1), jure obéissance à l'église métropolitaine de Reims, le XVII des calendes de janvier 1618 (2), et s'achemine, sans plus tarder, vers sa ville épiscopale, bien résolu à y demeurer assidûment. Il avait été le témoin attristé des regrets de son frère, et pensait que la place du pasteur est au milieu de son troupeau.

---

(1) Delettre, t. III, p. 379.
(2) *Gallia christiana*, t. IX, col. 766.

Il arrive à Bresles le vendredi 16 février 1618. Le Chapitre s'empresse de lui envoyer des députés qui le complimentent au nom du clergé diocésain, pendant que les muses locales s'apprêtent à célébrer sa venue sur le mode lyrique (1). Le lundi suivant, à la chute du jour, fidèle au cérémonial observé par ses prédécesseurs, il gagne l'abbaye de Saint-Lucien, et là, prosterné devant le tombeau de l'apôtre du Beauvoisis, il implore avec ferveur le soutien nécessaire au bien de son Église. Au lendemain, 20 février (2), sur les 9 heures du matin, on le mène en long cortège de l'abbaye jusqu'au seuil de la cité. Les maire et pairs, le lieutenant du capitaine, les officiers de la ville, s'arrêtent « à la barrière de la porte de l'Hostel-Dieu, qui estoit alors couverte d'un tapis verd (3) », on laisse entrer les processions, puis la barrière est refermée et « le tapecul de la porte abbaissé ».

Lorsque l'évêque, suivi de plusieurs seigneurs, gentilshommes et personnes de qualité, fut arrivé au lieu où l'attendait le président de Blancmesnil, son père, assisté de plusieurs conseillers et de gens notables, Raoul Adrian, avocat de la ville et commune, « luy exprima par une belle et docte harangue le contentement que les habitants recevoient de son joyeux avènement en la ville de Beauvais ». Il parla de saint Lucien, de Henri de France, de Philippe de Dreux, de Milon de Nanteuil, de Simon de Nesles, d'autres prélats encore, de Philippe-

---

(1) Louvet, t. II, p. 691.

(2) *Histoire de Gerberoy*, chanoine Sillet, p. 272. Rouen, E. Véret, 1679, in-4°.

(3) Hermant, p. 1975.

Auguste et de saint Louis, le tout pour démontrer combien l'accord était indispensable entre l'Ordinaire et la municipalité; il ajouta quelques louanges à l'adresse du nouvel évèque et de son frère; et son discours fut enregistré par les notaires amenés à cet effet. A son tour, le maire, Charles le Besque, protesta « tant de sa part que de celle de tout le peuple, qu'il estoit prest de faire au prélat toutes les soumissions accoustumées ».

« Je vous remercie, Messieurs, répondit Augustin (1), de la bonne affection que vous me tesmoignez, je vous conserveray toujours celle que mon frère vous a portée, et qu'il vous fit paroistre dans les dernières années de sa vie. Je viens à vous, en la forme de mes devanciers et comme le doit un bon évèque. J'avois grand désir de vous arriver plus tôt, mais ce m'a esté impossible. Tant que je seray évesque de Beauvais, j'espère, avec la grâce de Dieu, qu'il ne faudra jamais composer entre moy et ma ville épiscopale aucune différence, pour ce que, n'y ayant point de mal, il ne sera besoin de nul reméde; au reste, je vous donneray de plus grandes preuves de ma disposition par des effets que je ne saurois par mes paroles. »

Tout aussitôt, le maire, élevant de nouveau la voix :

« Monseigneur, vous soyez le bienvenu, dit-il. Vous faictes votre entrée en cette ville. Je prye Dieu qu'elle soit à sa gloire, son honneur, bien, repos et salut de nous tous. Permettez, je vous en supplie, que la concorde et la paix vous fassent compaignie et que vous bénissiez le peuple que Dieu vous a mis en main. Soyez au nom de Dieu débonnaire évesque et paisible seigneur.

---

(1) Hermant, p. 1675. — Delettre, t. III, p. 380.

Nous vous rendrons les honneurs, respects et services
qui vous sont deus. Et pour marque de l'honneur que
nous vous devons, voicy, Monseigneur, les clefs de la
ville, que je vous présente et suys prest de vous faire le
serment accoustumé et vous prierons de nous promettre
aussy de conserver cette ville et ses habitants en leurs
droits, franchises et libertez. »

Alors Augustin, prenant les clés que liait « un cordon
de soye verd et rouge » et plaçant la main sur sa poitrine,
repartit :

« Je promets devant Dieu de garder vos droits, privilèges et libertez et vous rends les clefs pour en garder
la ville, mes biens, mes chasteaux, tours et forteresses. »

Sur quoi le maire reprit qu'il les recevait pour conserver la cité dans l'obéissance du roi, comme par le
passé, et qu'il faisait le serment dû aux évêques et
comtes, puis il cria :

— Sergent, ouvrez la barrière.

Ce qui fut fait à l'instant et le tapecul levé.

Le reste se passa comme il était d'usage. Conduit à
son palais, après la messe pontificale, notre prélat reçut
les hommages de tous les vassaux de l'évêché, puis la
commune lui vint offrir le tribut voté dans une délibération récente, puis enfin le Chapitre parut avec une patène
d'or, instrument de paix, demandant qu'elle fût entre
eux comme le gage d'une étroite union.

C'était là un rappel si manifeste des insinuations de
l'avocat Adrian que M⁰ Augustin ne put se dispenser de
le relever.

« J'accepte de grand cœur, fit-il en souriant, mais je
vous dois cependant faire observer, Messieurs, que,

d'après la rubrique, c'est à l'évesque et non au Chapitre qu'il appartient de donner la paix. »

Riposte qui surprit et déferra si fort les pauvres chanoines qu'ils s'en allèrent décider sur-le-champ qu'il n'y aurait plus de cadeau désormais aux intronisations épiscopales (1).

Et voilà comment les meilleures traditions se perdent.

Dès la semaine suivante, mercredi des Cendres, dernier de février, M. de Beauvais entrait sans aucunes cérémonies dans la ville de Gerberoy dont on sait qu'il était vidame. Il n'y devait faire son entrée solennelle et sa visite à l'église et au Chapitre que le dimanche 1er juillet de la même année (2).

Ce fut assurément pour Augustin Potier une émotion bien vive de se retrouver dans ce grand palais de Beauvais, tout plein encore du souvenir et des vertus d'un frère tendrement aimé. Le poids d'une telle succession dut lui en paraître d'abord alourdi, mais chez lui les défaillances ne pouvaient être durables, et, lorsqu'il promettait naguère aux édiles plus d'actes que de paroles, il était déjà en avance avec eux d'une fondation très importante.

Certain religieux mendiant de Saint-François de Paule, nommé René Le Clerc, d'une bonne famille de Beauvais, y était venu prêcher la station du Carême de 1617, homme de sérieux mérite et qui fut fait plus tard évêque de Glandève. Or, touché du peu d'instruction religieuse que recevait alors le peuple de sa ville natale, il avait

---

(1) HERMANT, p. 1976. — LOUVET, 691 et suiv.
(2) Chanoine PILLET, p. 62.

conçu le projet de la doter d'une maison de son Ordre,
spécialement instituée pour évangéliser les pauvres gens.
Il s'arrangea donc avec le Chapitre, puis avec le municipe,
et sollicita enfin l'agrément de l'évêque. Celui-ci revenait
justement d'Italie et n'était point encore solennellement
installé ; mais sa hâte fut si grande d'assurer à ses ouailles
les fruits précieux d'une telle entreprise qu'il ne différa
point d'une heure et data de Paris même, du 28 janvier 1618,
ses lettres patentes d'autorisation (1).

René Potier avait établi les Capucins à Beauvais,
Augustin y amenait les Minimes. Est-ce point chose à
noter que ces deux œuvres d'un si grand intérêt aient
été réalisées sous les auspices de deux membres de la
même famille ?

Ainsi se trouva comblée une lacune affligeante, car les
Minimes ne se contentèrent pas longtemps de prêcher
les ouvriers et les indigents ; ils se mirent bientôt à instruire les enfants, faisant pour eux ce que les Jacobins
et le collège faisaient pour ceux des classes riches.

Le prélat ne manqua jamais à la loi qu'il s'était
imposée de surveiller et de soutenir ces divers établissements ; il estimait que l'avenir de son troupeau en dépen-
dait ; au lendemain même de son installation, il était allé
visiter le collège dans ses moindres détails, et il s'efforçait en toute occasion d'encourager maîtres et élèves au
travail et à la piété (2).

----

(1) Il convient d'ajouter que la communauté nouvelle, installée
d'origine aux dépendances de la chapelle Saint-Pantaléon, eut bientôt
édifié sur la paroisse Saint-Gilles des bâtiments conformes à sa règle
et une église qui ne fut consacrée qu'en 1637.

(2) Il apporta encore audit établissement autre chose qu'une

Cependant, il a commencé sans tarder ses visites pastorales très urgentes et très désirées. Depuis plus de quatre-vingts ans, en effet, les paroisses du Beauvoisis sont pour ainsi dire abandonnées à elles-mêmes. Odet de Châtillon (1) et Charles de Bourbon (2) n'ont pas résidé; la ligue n'a cessé de paralyser le zèle de Nicolas Fumée (3).

Les affaires de l'État et des missions diplomatiques ont tenu René Potier constamment éloigné; et durant ce long espace de temps, la peste, l'hérésie, la guerre civile, ont successivement apporté avec elles toutes les misères et tous les désordres. Quel spectacle pour les yeux d'un bon évêque, quelle tristesse pour son cœur!

Augustin a déjà vu Gerberoy; il se rend à Saint-Just, puis à Clermont; il est à Breteuil le 15 juillet 1618 et confirme dans l'église abbatiale 764 personnes, presque

---

assistance morale, car, le 30 mai 1623, il prescrivit par ordonnance (imprimée) aux curés, vicaires et marguilliers des églises de Beauvais, de faire des quêtes tous les jours des fêtes annuelles et solennelles en faveur de la chapelle commencée à construire au collège de cette ville. (*Archives municipales de Beauvais*, GG. 289; armoire III, 5e rayon.)

(1) Odet de Coligny de Châtillon (1517), fils de Gaspard de Coligny, seigneur de Châtillon, maréchal de France, et de Louise de Montmorency, sœur du connétable Anne de Montmorency. Odet était archevêque de Toulouse quand il fut pourvu du siège de Beauvais.

(2) Le cardinal Charles de Bourbon, fils de Charles, duc de Vendôme, et de Françoise d'Alençon, fille de René, duc d'Alençon, et de Marguerite de Lorraine. Il eut pour parrain son frère aîné, Antoine de Bourbon, père de Henri IV.

(3) N. Fumée, chanoine de Paris, abbé de la Couture du Mans, puis évêque de Beauvais, était fils de Martin Fumée, maître des requêtes et seigneur des Roches en Touraine.

toutes avancées en âge ; en même temps, il confère la ton-
sure à plusieurs jeunes clercs qui lui sont amenés. Cette
maison de Breteuil, alors gouvernée par un prieur claus-
tral de grande distinction, François Darve, a gardé toute
la régularité désirable, en sorte que le Pontife n'a que
des éloges à distribuer.

Il en devait être autrement du Chapitre de Mello. Com-
posé de six chanoines, il faisait l'office de curé, desser-
vait la paroisse spirituelle avec l'administration. Or, nous
savons ce que devient le gouvernement entre les mains
d'une assemblée, grande ou petite ; on y perd vite le sentiment d'une responsabilité qui se partage entre plusieurs
sans peser directement sur personne, et la pente est
fatale vers la violation du droit, ou vers l'oubli des devoirs, suivant qu'il s'agit d'une convention ou d'un simple
chapitre. C'est ainsi que Messieurs de Mello se ren-
voyèrent l'un à l'autre toutes les obligations pastorales,
sous le prétexte qu'elles incombaient à leur corps et non
à chacun d'eux en particulier, si bien que le saint ministère était scandaleusement négligé, et les plaintes, toujours
plus nombreuses, avaient fini par monter jusqu'à Augustin qui, appliquant le remède au mal, rendit, par une ordonnance, la paroisse indépendante de la collégiale, et
pourvut de cette cure un prêtre méritant.

Une besogne délicate l'attendait à Beauvais. Depuis dix
ans, une Commission de liturgie, nommée par René
Potier, avait préparé une nouvelle édition du bréviaire ;
elle était presque achevée et allait être livrée aux imprimeurs, lorsque la vacance du siège vint tout ajourner.
Reprendre et achever cet ouvrage, c'était tout à la fois
honorer la mémoire d'un frère et faire une chose extrême-

ment utile, car l'édition précédente se trouvait presque épuisée. Augustin se prit donc à étudier soigneusement celle qu'on lui soumettait, et les premières lignes de son mandement montrent assez dans quel esprit se dut faire cet examen.

« Nous donnons, disait-il, un bréviaire assez semblable au bréviaire romain..... mais en accommodant la règle de notre office avec le formulaire du Très Saint Siège, on a fait en sorte de ne paroistre changer presque rien aux chants et aux prières qui sont d'un si antique usage dans notre Église de Beauvais (1). »

Augustin était allé témoigner de son dévouement au trône de Pierre; c'est à Rome qu'il avait voulu être sacré; son orthodoxie ne pouvait être mise en doute; il ne crut pas, cependant, que pour tendre à une uniformité qui n'est point nécessaire et qui ne sera jamais entière (2), il fallût renoncer à l'ancienne liturgie de son diocèse. Nous qui assez récemment avons vu, non sans regret, les évêques de France répudier un à un tous nos vieux rites provinciaux, au profit du romain, nous applaudissons volontiers au respect que montrait alors Augustin pour de vénérables et chères coutumes. L'ordonnance par laquelle il rendit cette édition obligatoire est datée du mois de novembre 1618.

Ses récentes tournées lui avaient prouvé la nécessité de plus d'une réforme; il voulut, pour l'exemple, com-

---

(1) *Damus enim breviarium romano germanini. Nam ita divini officii nostri regulam cum principis et primariæ sedis precandi formula temperarant, ut nihil pene de more psallendi ac precandi pervetusto Belvacensis Ecclesiæ.... detraxisse videantur.*

(2) Delettre, t. III, p. 386.

mencer par sa propre maison, et ayant reconnu que les charges du temporel de l'évêché et du comté, achetées à prix d'argent, ne pouvaient être exercées sans d'odieux abus, il arrêta sans aucune hésitation ses mesures, et abolit pour toujours cette vénalité détestable.

Le Carême de 1619 vit également la suppression de l'usage fort ancien à Beauvais qui, le Jeudi-Saint, après le lavement des pieds, réunissait le Chapitre tout entier à la table de l'évêque. Cette collation, dite *Mandatum*, peu nombreuse à l'origine et destinée à rappeler la dernière Cène de Notre-Seigneur avec ses apôtres, n'avait dans son principe rien que d'édifiant, mais, peu à peu, elle avait dégénéré en un somptueux banquet où la tempérance était souvent oubliée, en une fête véritable et très étendue qui contrastait étrangement avec les solennels mystères de ce jour.

Augustin ne s'y voulut point prêter et, pour que personne ne se méprît sur les raisons de son veto, promit de verser chaque année dans la caisse de la Fabrique une somme équivalente aux frais ordinaires du festin. Et jamais depuis on n'y revint; mais il faut croire que ces plantureuses agapes tenaient fort au cœur de MM. les chanoines, car leur mauvaise humeur souleva contre le prélat, dans le cours de la même année (1619), deux conflits qui, pour avoir une base assez puérile, ne manquèrent cependant ni d'ardeur, ni de suite (1).

---

(1) DELETTRE, t. III, p. 388. La plupart des détails relatifs à la vie épiscopale d'Augustin Potier sont par nous empruntés à l'*Histoire du diocèse de Beauvais*, par l'abbé DELETTRE (A. Desjardins, Beauvais, 1843). Il s'était inspiré lui-même des anciens travaux de Pierre

Il paraît que, de tradition, un sermon était prononcé à la cathédrale, chaque dimanche et fête vers 8 heures du matin. Or, le Chapitre s'avisa de décider que de la Saint-Rémi jusqu'à Pâques, cette prédication se ferait dorénavant dans l'après-midi, ce dont le théologal protesta ne se pouvoir accommoder; aussi, quand arriva le premier dimanche d'octobre, il s'en fut prêcher dès le matin comme si de rien n'était. Grande colère du Chapitre, confirmation de sa précédente délibération, résistance du théologal, basée sur sa mauvaise santé. Cité à la barre du chapitre, il en appelle à l'évêque qui lui donne raison et se prononce pour l'heure d'autrefois.

Mais le sonneur a des ordres contraires, les fidèles ne sont point avertis, et le sermon ne peut avoir lieu faute d'assistance. En revanche, on sonne après dîner, et voici qu'au lieu du prédicateur, c'est l'évêque qui se présente, annonçant que l'instruction va se faire à Saint-Sauveur. Tout l'auditoire se lève et le suit, et on se réunit ainsi plusieurs dimanches dans cette autre église jusqu'au milieu du mois de novembre. Cependant Augustin comprend à la longue que son mécontentement l'a mal conseillé; il laisse enfin observer la règle fixée par le Chapitre et revient lui-même occuper son siège à Saint-Pierre (1). Honorable retour qui aurait dû toucher MM. les chanoines et ne fit, comme on va le voir, qu'ajouter à leur superbe.

Louvet, d'Antoine Loisel, etc., mais il put, en outre, consulter divers fonds manuscrits inaccessibles au public. Son histoire est donc la plus complète que l'on ait du diocèse de Beauvais. Malheureusement, il a presque partout négligé de citer les sources.

(1) Cathédrale de Beauvais.

La coutume était en effet à Beauvais que les évêques fissent l'ordination dans le chœur de la cathédrale et leur messe, à laquelle le Chapitre assistait, remplaçait alors l'office canonial du matin. A l'époque voulue, le prélat, sans défiance, fit annoncer que cette cérémonie s'accomplirait certain jour à l'heure et en la manière habituelles. Sur quoi MM. les chanoines s'empressèrent de déclarer que la messe capitulaire serait dite ce matin-là comme les autres par le semainier et que les ordinands ne seraient admis au chœur qu'avant ou après cet office, au choix de Monseigneur. A la vérité, l'impertinence du procédé se déguisait sous d'habiles prétextes, mais c'était par trop compter sans la passion d'Augustin à défendre les droits et la dignité de son siège. Naguère on l'avait vu conciliant, on le crut faible, et l'on eut tort, car il exigea hautement la radiation de la délibération, et, ne l'ayant pas obtenue, traduisit le Chapitre devant le Parlement, si bien que, le 8 juillet 1623 (1), un arrêt fut rendu portant « que Messire Augustin Potier pourroit bailler les saints Ordres dedans le chœur de sa cathédrale tant ès jours marqués au tablet du chœur que autres jours portés par les saints canons, en célébrant par lui la messe au lieu du chanoine qui sera en semaine, à laquelle messe les chanoines chapelains et choristes seront tenus d'assister avec les mêmes ornements et cérémonies qui s'observent quand l'évêque officie pontificalement ».

En outre, les frais du procès à la charge du Chapitre. Cette leçon bien complète devait profiter aux deux parties : le Chapitre y apprit à ne plus envahir sur l'auto-

---

(1) Le VIII des ides de juillet 1623. *Gallia christiana*, t. IX, col. 766.

rité épiscopale; l'évêque à n'user jamais de cette autorité qu'avec une sage mesure, et la meilleure harmonie succéda pour un temps à ces querelles fâcheuses.

Elles ne détournaient point d'ailleurs M. de Beauvais de travailler assidûment à l'amélioration de son diocèse. On a vu que ses visites pastorales y avaient déjà fait quelque bien, mais la tâche était trop vaste pour qu'il pût s'y passer de coopérateurs, et son perpétuel souci était d'avoir à ses côtés des prêtres de talent dont il savait au reste reconnaître équitablement les services (1). Nous en trouvons la preuve dans le portrait que traçait de lui, vers cette heure même, en 1622, un auteur qui le connaissait bien : « Augustin Potier est un prélat pieux et dévot, s'il y en a en France, ardemment zélé en tout ce qui touche l'honneur de Dieu, sobre, chaste et vigilant, charitable envers les pauvres, mais entre les belles parties desquelles ce très digne pasteur est doué, il prend un si grand soin de conférer les bénéfices aux personnes capables que, pour la crainte qu'il a de faillir au choix des gens de mérite, je luy ay oüy quelquefois souhaiter d'affection de perdre deux mille escus de son revenu à condition qu'il n'eust aucun bénéfice sujet à sa collation, parole certes bien esloignée de plusieurs de nostre temps qui se plaignent tout au contraire de n'en avoir jamais assez pour récompenser leurs serviteurs. »

Cette citation, si fort à la louange de M. de Beauvais, est tirée d'un ouvrage assez rare intitulé :

Histoire ou Recueil des Gestes Meurs aages et regnes des Roy de France, leur couronnement et sépultures, le

---

(1) HERMANT, p. 1977.

nom des *Reynes leurs Espouses et de leurs enfans, avec un inventaire des Papes. Historiens, Illustres personnages*, etc., par PIERRE AUBERT, conseiller du Roy au Baillage et Siège présidial de Beauvais (1).

Son traité n'a rien de bien remarquable. Comme plusieurs de ses contemporains, il se noie avec gravité dans les fables de nos origines et donne hardiment la succession des rois de France depuis Anténor, fils de Francus, 440 ans avant Jésus-Christ. Sa meilleure partie est, sans contredit, celle qui traite des choses ecclésiastiques; mais ce qui fait à nos yeux toute la valeur du livre, c'est sa dédicace, dont l'emphase ne manque vraiment pas d'originalité.

A Monseigneur

Mgr R^{me} Messire AUGUSTIN POTIER,

évesque et comte de Beauvais,

Vidasme de Gerberoy, Pair de France, conseiller du roy

en ses Conseils d'Estat et Privé.

« Monseigneur,

« Si tost que j'ay eu achevé ceste *Histoire*, j'ay pensé que c'estoit mon devoir de la vous présenter, comme au plus illustre et remarquable Seigneur de ceste province, combien que du commencement aye fait difficulté de vous offrir un ouvrage si mal digéré et d'un styl si bas. Mais

---

(1) A Paris, chez la veuve C. Chastellain, rue Saint-Jacques, à la Constance, devant Saint-Yves, MDCXXI.

quand ay remarqué tout à loisir vostre gravité tant accostable, vostre traictable douceur, vostre aymable bienveillance, j'ay pris finalement la hardiesse de vous le consacrer. Aussy à qui pouvois-je mieux dédier cest œuvre (où il est traicté sommairement de la vie des plus grands roys de la chrestienté, de tant d'illustres personnages, de très saincts évesques, mais surtout celle des Souverains Pontifes de l'Église universelle), sinon à un pair de France, à un grand prélat et pasteur, qui a comblé ce païs de tout bonheur, à raison d'une vie si entière et admirable qu'elle peut servir d'exemple et de flambeau pour esclairer mesme les plus parfaits.

» Ceste raison m'a donné un grand subject (avec le zèle d'une bonne affection) de vous faire de telles offres. C'est pourquoi je laisseray entièrement à vostre esprit qui juge divinement bien des choses pour sa grande excellence, d'estimer si ce livre est digne de porter vostre nom très illustre. Que, si vous le permettez, la gloire après Dieu en sera du tout vostre, et si cest abrégé produit quelque fruict ès personnes curieuses de l'*Histoire*, vous n'aurez aucun regret de l'avoir planté, en acceptant le don de celuy qui désire, plus que tout autre chose, demeurer s'il vous plaît,

» Monseigneur

» Votre très humble et très obeyssant serviteur,

» P. AVBERT,
» *escuyer, sieur de Rochy.* »

Et ce n'est pas tout, car en tête de l'ouvrage avec les armes d'Augustin et ses attributs épiscopaux très fine-

ment gravés, se lisent ces quatre vers d'une allure assez
sybilline :

Voicy deux mains à droict : jamais il ne gauchit ;
L'une et l'autre est levée : il tient ce qu'il asseure ;
Ouvertes toutes deux : il travaille à toute heure
L'eschiquier au-dessus monstre l'heure qui le suit.

L'ingénieux poëte s'y joue agréablement, on le voit,
avec les pièces dont est chargé l'écusson des Potier ; le
Jamais il ne gauchit est un trait dont la saveur vieillote
emprunte à nos mœurs politiques comme une sorte
d'actualité piquante. Quant à l'échiquier, il était, en
effet, dans la langue héraldique, le symbole du bonheur
et de la sagesse, à cause de sa forme carrée que les
anciens opposaient à la boule qui porte la Fortune.
Celle-ci, essentiellement mobile, celle-là ferme, stable et
constante.

Mais cette digression ne doit pas nous faire oublier
les efforts que poursuivait Augustin, afin de raviver
autour de lui l'apostolat et la foi. Deux hommes le secon-
dèrent d'une façon très particulière : le P. Faure, enfant
de Beauvais, plus tard Supérieur général des Génové-
fins, et son maître, le P. Adrien Bourdoise, premier
prêtre de la communauté de Saint-Nicolas du Chardonnet,
cet apôtre plein de feu que Vincent de Paul nommait
par excellence le *saint Prêtre*, le grand serviteur de
Dieu (1).

Or, c'est apparemment très malaisé de redresser un

(1) *Vie du P. Bourdoise*, p. 120-136. Descourvaux. Paris, 1714,
in-4°.

clergé qui défaille, puisque l'illustre évêque de Belley (1) répondait un jour à ce même Bourdoise : « J'ay travaillé dix-sept ans à façonner seulement trois prêtres tels que je les souhaitois pour m'ayder à cette réforme et je n'ay pu en former qu'un ou deux (2). »

Toutefois, cet exemple n'était pas pour décourager Augustin, qui, le 26 juillet 1620, appelait Bourdoise à son château de Bresles, et celui-ci venait avec empressement sans doute, car il dit quelque part de son hôte qu'il était « un prélat plein de zèle et très digne de sa réputation » (3).

« L'évêque, naturellement fort honnête, le reçeut avec beaucoup de bonté, le retint tout le jour pour s'entretenir à loisir avec luy, et fut non seulement très édifié, mais tout embrasé de ses discours (4). »

L'un parlait avec tant de clarté, de conviction et de force, que l'autre ne se lassait pas de l'entendre. « Pour avoir des fruits durables, répétait le Missionnaire, il faut s'occuper avec ardeur de l'éducation des jeunes clercs et régénérer le clergé avant de réformer les paroisses. »

Une idée neuve et saine germa dans l'esprit d'Augustin : il passa la nuit à la mûrir, et, le lendemain, comme il allait officier à Clermont pour la fête de saint Samson, il congédia Bourdoise en le priant d'aller à Beauvais conférer selon ses instructions avec les curés de la ville. Ainsi fut fait, et de leurs réunions au presbytère de la

---

(1) Saint François de Sales.
(2) *Saint Vincent de Paul*, par l'abbé Maynard, t. II, p. 19.
(3) *Vie du P. Bourdoise*, p. 132.
(4) Hermant, p. 1978.

Madeleine naquirent ces conférences ecclésiastiques que
le prélat régularisa peu après, qui servirent bientôt de
modèles à tous les diocèses de France et qui sont encore
partout en pratique aujourd'hui. On ne saurait trop dire
tout le bien qu'elles ont fait.

Les calamités affreuses dont, vers cette époque, eut à
souffrir le Beauvoisis sollicitèrent pour un assez long
temps toute l'activité de son évêque. Ce fut d'abord un
terrible incendie qui, en 1622, détruisit presque en
entier l'important bourg de Breteuil; 464 maisons furent
brûlées, et la réconfection de l'église Saint-Jean-Baptiste
ne coûta pas à elle seule moins de 11 481 livres.

Puis la peste était survenue, et ses ravages en 1623 et
1624 avaient réduit Beauvais « presqu'en un désert » (1).
Que de douleurs à consoler, que de misères à secourir,
que de périls à affronter! Augustin fut admirable de
courage et de charité. Attristé de voir les pauvres pestiférés sans asile, en quelque sorte, et parqués sous des
huttes, soit aux remparts, soit à la porte de Bresles, il
obtint que le Chapitre et la ville s'entendissent pour leur
faire bâtir des loges dans la maladrerie de Saint-Lazare.
Grâce à lui, toutes les assistances leur furent rendues,
ils eurent des aliments et des remèdes, les soins d'excel-
lents praticiens, les consolations de prêtres dévoués, et,
maintes fois, on le vit lui-même « exposer sa personne
pour s'acquitter aussy de ces devoirs d'un véritable Pasteur » (2). Hermant ajoute que, plusieurs années après,
le village de Harmes, voisin de Bresles, ayant été à son

---

(1) HERMANT, p. 1978.
(2) HERMANT, id.

tour atteint par le fléau, « on a vu Augustin Potier entrer dans le jardin des malades pour les confesser ».

Enfin, ces maux s'éloignèrent, et il put revenir à ses premiers projets touchant l'éducation des clercs de Beauvais. Malheureusement, les hommes spéciaux continuaient de lui manquer; c'était en vain qu'il en avait demandé à la Communauté de Saint-Nicolas, et le P. Bourdoise n'avait pu que lui offrir l'entretien gratuit de ces adolescents dans son Séminaire, jusqu'à leur complète instruction; il promettait en plus de prendre soin et surveillance des jeunes abbés de même origine qui viendraient étudier à Paris. « On les admettra, disait-il, non seulement aux exercices de piété, mais aussi aux répétitions sur leurs études; on leur enseignera le chant, les rubriques, les cérémonies; par ce moyen, Mgr l'évêque aura un Séminaire à Paris, sans qu'il lui en coûte rien, d'où il tirera des ouvriers tout formés. » Il y mettait cette seule condition que le prélat voulût bien les obliger à reconnaître pour leur Supérieur le directeur de Saint-Nicolas.

Tout cela fut bien réglé dans un second voyage que Bourdoise fit à Beauvais (1624) après la fête de l'Ascension; notre prélat « le reçut encore cette fois avec beaucoup de joie et d'honnesteté; ils tinrent ensemble de longues conférences » (1), et lorsque, dans l'octave du Saint-Sacrement de la même année, Augustin s'en fut à Paris, il eut la satisfaction et la surprise extrême de voir venir à lui le saint missionnaire avec plus de cent jeunes prêtres de son diocèse, tous en costume ecclésiastique. Jusque-là, quoiqu'on eût pu faire, l'adoption de

______

(1) *Vie du P. Bourdoise,* p. 205.

la soutane avait rencontré parmi le clergé des répugnances presque générales. Aussi l'évèque, charmé, s'empressat-il de déclarer à ses auditeurs qu'il les mettait sous l'autorité de M. Bourdoise auquel ils devraient obéir comme à lui-même ; qu'il s'informerait de leur conduite, de leur assiduité, de leurs progrès, et qu'il ne reconnaîtrait pour ses diocésains que ceux dont le directeur lui rendrait un compte favorable.

Augustin, dans le même temps, « employoit une partie de son revenu à élever dans les belles lettres de jeunes enfants assez bien doués pour servir utilement un jour le diocèse et l'Église. Lorsqu'ils passoient du collège de Beauvais à l'Université de Paris, il choisissoit quatre personnes de probité pour veiller sur leur conduite, et, lorsqu'il faisoit luy-mesme quelque voyage, il assistoit à leurs disputes, soit dans les actes publics, soit dans les exercices particuliers. Quand ils estoient revenus chez eux au temps des vacations, son Hostel épiscopal devenoit souvent un collège où leur capacité estoit éprouvée et il ne les laissoit point manquer de subsistance à la fin de leurs études (1). »

Tant de soins lui étaient inspirés par une tristesse profonde des plaies qu'il avaient constatées, par un désir ardent d'y apporter remède, et, à cette époque, bien peu de prélats, sans doute, donnaient l'exemple d'un zèle aussi intelligent comme aussi généreux.

Il y paraîtra mieux encore par la suite de ce récit.

Au milieu de l'année suivante, l'Assemblée générale du Clergé ramena à Paris Augustin Potier et l'y retint

____

(1) HERMANT. 1977.

malgré lui six longs mois loin de son œuvre épiscopale (1).

Ce fut le vendredi 23 mai 1625, qu'en l'hôtel de Sourdis s'ouvrit la première séance où figuraient en grand
nombre des archevêques, des évêques, des vicaires généraux, des représentants de prélats.

« Ce mesme jour, Mgr l'évesque et comte de Beauvais,
pair de France, a fait tenir la procuration de la province
de Rheims par laquelle il est député avec MM. SS. les
évesques d'Amiens et de Soissons (2), et les sieurs
Aubert, de la Haye et de Romain, à laquelle s'est opposé
M. l'évesque de Senlis pour les raisons qu'il a déduictes,
à quoy M. l'évesque de Beauvais a respondu, et, après
qu'ils ont été sortis, délibération prise par province,
M. l'évesque de Beauvais et les autres députés ont été
receus et appelés. »

Ces lignes sont tirées des procès-verbaux de ladite
assemblée, conservés aux manuscrits de la Bibliothèque
Richelieu (3), et nous y avons fait extrait de tout ce qui
concerne la participation d'Augustin aux travaux des
séances générales. A la vérité, l'intérêt en est parfois
assez mince, mais nous aurions scrupule de passer outre,
et d'ailleurs nous irons vite.

« Le 26 may, après la messe du Saint-Esprit, le cardinal
de Sourdis, président, a représenté qu'il est coustume
dans les assemblées de prier l'évesque du lieu où elles

---

(1) Pour les attributions et le rôle de ces assemblées, voir la
notice de René Potier.

(2) François le Fevre de Caumartin et Simon le Gras.

(3) Bibl. Richelieu. Manuscrits fonds français, t. 15.688. f° 18.
verso.

se tiennent d'honorer la compagnie de sa présence; à raison de quoy M. l'évesque de Beauvais et les sieurs Dalmas et de Vilhardon ont été nommés pour aller vers l'évesque de Paris et luy faire ladite prière de la part de l'assemblée. »

Augustin avait été désigné dès l'avant-veille avec M. du Mans et le sieur Fradet pour examiner les pouvoirs de l'archevêque d'Auch et de ses co-députés, lesquels étaient frappés d'opposition. Il est également délégué pour mettre les apostilles sur les comptes de l'assemblée et pour diverses fonctions de moindre importance.

« Du mercredy 4 juin : il a esté proposé par Mgr l'évesque de Beauvais que lorsqu'on examinera les décharges pour les allouer ou les rejeter, ceux des seigneurs de la compaignie qui y seroient intéressés pour en avoir obtenu soient invités à sortir lorsque l'assemblée en délibérera afin d'en laisser la solution aux seuls désintéressés. Et a esté décidé qu'ils sortiroient. » Cela se passe aisément de commentaires. Les séances se tiennent désormais au couvent des Augustins. M. de Richelieu y assiste avec les cardinaux de La Rochefoucauld et de La Valette.

Augustin parle « sur la récepte du Béarn, sy elle doit estre réunie dans la récepte générale ayant esté donnée au roy sans garantie ».

Il est chargé des comptes du clergé avec les évêques de Chartres et du Mans.

Le 1er juillet, mission lui est donnée de porter au roi les humbles remontrances du clergé sur ce que Sa Majesté a cassé un contrat stipulant une rente de 36 000 livres pendant seize années, au profit du sieur de Castille, pour rachat et amortissement de 68 000 livres de rentes en faveur du clergé. Si ce contrat demeurait cassé, le clergé ne trouverait désormais personne avec qui traiter. « Et a esté de plus ordonné que consultation en seroit faicte par trois advocats en présence de Mgr de Beauvais et du sieur de Fradet, conseiller au Parlement de Paris, pour voir et examiner ce qui doit estre faict, au plus grand advantaige et utilité du clergé tant pour le présent que pour l'avenir (1). »

Du 18 juillet, l'archevêque de Rouen, François de Harlay, préside. Augustin est de nouveau chargé d'aller parler à Sa Majesté sur une garnison, mise, au scandale des catholiques, dans la cathédrale de Lectoure, et qui empêche la célébration des offices. Il demande, le 23 juillet, un extrait de la délibération pour avoir en main un titre valable auprès du roi; on y joint une plainte de même nature touchant l'église de Montagnac, et une lettre de l'évêque d'Orléans. Et M. de Beauvais se rend à Fontainebleau.

A la vérité, il parle peu, mais son crédit et sa droiture persuasive suffisent à le faire presque toujours députer auprès de la cour. Il est encore prié d'y retourner avec Messeigneurs d'Orléans et de Nîmes pour continuer la citation de tout ce qui reste d'affaires et notamment pour que « deffense soit faitte à tous partizans de contraindre les ecclésiastiques pour leurs francs fiefs et de prendre les prélats à partie, leurs vicaires généraux, officiaux et promoteurs, soubs prétexte d'appels comme d'abus — les condamneraux dépends età l'amende » et ainsi « demander à M. le chancelier d'accorder les lettres d'assiettes, afin

____

(1) *Annales du clergé*. 1625, p. 138.

d'imposer les sommes nécessaires au remboursement des nouveaux officiers ». Question d'une incontestable gravité pour tout ce qui était d'église, mandat aussi important qu'honorable pour ceux qui s'en trouvaient investis.

Le 19 août, Mgr Augustin « a remonstré qu'un docte personnage avoit travaillé à la version de la Bible arrabicque, laquelle pourroit estre grandement utille, et a requis l'assemblée de vouloir ayder l'auteur de quelques gratifications pour la faire imprimer ». Notre prélat nourrissait dès longtemps une passion très vive à l'endroit des bons livres, et il octroya toujours fort libéralement aux écrivains sa protection et son concours.

Le vendredi 26 septembre, il rapporte « que le roy a convoqué extraordinairement les principaux officiers des sa couronne, les ducs et pairs laïcs et autres notables de compaignies souveraines de Paris, et toutefois que lesdits ducs et pairs ecclésiastiques n'ont pas receu cet honneur d'estre appelés, encore qu'entre tous les pairs les ecclésiastiques sont les plus considérables; requérant l'assemblée de les vouloir appuyer et protéger de son authorité en cette rencontre, qu'à ces fins il en soit fait instance particulière au roy de ne vouloir souffrir que cette injure leur soit faite. »

« Et tout incontinent ont estés nommés pour aller à Fontainebleau MM. SS. les cardinaux de Sourdis et de la Valette et MM. SS. de Langres et de Beauvais (1), qui seront receus à l'assemblée en qualité de ducs et pairs. »

____

(1) Bibl. Richelieu. Manuscrits fonds français, t. 15688, p. 363-364.

Il s'agissait de cette assemblée de notables, assez restreinte, qui se tint le 29 septembre 1625 dans « la Sale de l'Ovale du Chasteau », et qui n'eut qu'une seule séance. C'était le traité de Madrid, et la Valteline envahie par les Espagnols qui en étaient l'occasion. Les Grisons étaient nos amis de longue date, et le marquis de Cœuvres avait eu l'ordre d'occuper par représailles les forts confiés à la garde du Pape. Naturellement Urbain avait réclamé, et, très porté pour Philippe IV, venait d'envoyer son légat Barberini proposer à la France une sorte d'occupation mixte qui n'était pas acceptable. On était donc résolu à chasser l'Espagnol, et Richelieu, qui commençait à être le maître, voulait avoir aux yeux du pays, pour la continuation de la guerre, l'appui moral d'une réunion de notables. Est-il besoin d'ajouter que ce but fut atteint, et que l'assemblée opina comme il le souhaitait, malgré les discours pacifiques de M. de Sourdis, car, grâce à Augustin, les pairs ecclésiastiques avaient été admis.

Il y a aux manuscrits de la bibliothèque Richelieu (1) une pièce ainsi conçue :

« Monsieur l'évesque et comte de Beauvais,

» Désirant de vous communiquer de quelque affaire d'importance au bien de mon service et de cet Estat, je vous fais cette lettre par le courrier exprès que je vous envoie de présent, pour vous dire que, dans sabmedy prochain, pour tout le jour, vous vous rendiez près de moy dans ce lieu, ce qu'atendant, je prie Dieu qu'il vous

---

(1) Bibl. Richelieu. Manuscrits fonds français, t. 10432.

ayt, Monsieur l'évesque et comte de Beauvais, en sa saincte garde.

» Escrit à Fontainebleau, le 24ᵉ du mois de septembre, de l'an de grâce mil six cent vingt et cinq.

» *Signé :* LOUIS. »

Et plus bas :

« Par le roy,

» DE LOMÉNIE. »

Expédiée le 24, cette dépêche avait dû parvenir le 25 à son adresse, et M. de Beauvais en avait certainement pris connaissance quand il apportait à l'Assemblée du clergé la protestation que nous avons lue. Il avait bien compris que Richelieu, craignant de MM. les pairs ecclésiastiques une opposition gênante à ses desseins, prétendait ne les point convoquer pour le 29, et que si on le faisait venir seul pour le 27 à la cour, c'était apparemment afin de le gagner et pour conjurer, avec son aide, quelque éclat assez probable. Les grands politiques n'ont jamais dédaigné les petites habiletés, mais on a vu comment celle-ci fut déjouée par la dénonciation qu'Augustin en fit dans la séance du 27 septembre sans s'émouvoir des mécontentements qu'il pouvait le lendemain même essuyer à Fontainebleau.

Reprenons nos procès-verbaux. Du 29 octobre, Augustin reçoit de l'Assemblée mandat « de suivre l'affaire du syndicq de Thoulouze, contre les prélats de la province de Languedoc et en solliciter les juges comme pour un intherest publique, au nom de tout le clergé de France, pour éviter les maux que pourroit causer la perte d'une telle affaire ». Comprenez que certains privilèges des cleres étaient en jeu et qu'il fallait éviter à tout prix un précédent dommageable.

Le 15 novembre, M. de Beauvais, commissaire délégué avec M. d'Orléans pour rechercher les moyens de faire la somme promise au roi, a déposé son rapport. Il est besoin de 500 000 livres destinées à la guerre sans doute, et le rapporteur conclut « à la revente des offices de receveurs, continuant ceux qui payeront volontairement leur supplément jusqu'au denier quatorze (1). »

Tout a été dit sur les méthodes financières de ce temps-là ; vente et revente des charges, refonte des monnaies, emprunts forcés, surtaxe de la gabelle, expédients déplorables auxquels on revenait toujours, et dont les peuples avaient tant à souffrir. Nous n'y insisterons donc point : aussi bien Augustin a grande hâte de partir et a demandé, le mercredi 3 décembre, « congé à l'assemblée pour affaires importantes qui l'obligent d'aller en son diocèse, lequel congé luy est accordé (2) ».

Mais nous ne laisserons pas, pour le suivre, les graves registres du clergé, sans constater que M. de Beauvais y est à plusieurs reprises (3) qualifié de « grand aumônier de la reyne ».

C'est la première fois que nous rencontrons cette charge attachée à son nom dans un acte public, et nous avons dû rechercher depuis quelle époque il en était pourvu.

Malheureusement nous ne sommes arrivés qu'à des

(1) Bibl. Richelieu, fonds français, t. 15 688, p. 507.
(2) Bibl. Richelieu, fonds français, t. 15 688, p. 553.
(3) Notamment à la page 397, verso.

conjectures assez plausibles du reste, comme on en pourra juger :

Lorsque, le 30 novembre 1616, Richelieu reçut son brevet de secrétaire d'État, il y était qualifié par le roi de « grand aumônier de la reyne (1) ».

Un an s'écoule, et ce titre ne lui est plus donné dans un nouveau brevet du 29 août 1617, révoquant la Commission pour préséer au Conseil les autres secrétaires d'État (2).

Or, dans l'intervalle d'une année, le maréchal d'Ancre, ayant malencontreusement quitté la vie, M. de Luçon, qu'il avait porté aux affaires, en était écarté et allait être exilé à Avignon. Serait-ce point alors, en ces jours de disgrâce, qu'il s'était vu contraint de se démettre de son

---

(1) *Mémoire pour servir à l'Histoire du cardinalat de Richelieu*, par AUBERY, t. 1er, début.

(2) HERMANT, p. 2049. Il existe à la Bibliothèque Richelieu, manuscrits, pièces originales. t. 2353. une quittance sur parchemin dont voici la teneur : « Nous. Augustin Potier, évesque de Beauvais, grand aumônier de la reyne, confessons avoir receu de M. d'Argouges, conseiller et trésorier général de Sa Majesté, la somme de *neuf cents livres* pour nostre pension durant le quartier de janvier de la présente année, de laquelle somme de IXᶜ L. nous nous tenons pour content et en quittons le sieur d'Argouges et tous autres par la présente signée de nostre main le dernier jour de mars mil six cens trente. »

✝ AUGUSTIN POTIER,
E. et C. de Beauvais.

(Fac-similé.)

Au dos est écrit :

« Pour servir de quittance à M. d'Argouges (aoust).

« Faict ce 3 aoust au dit an. »

Mgr Augustin touchait donc annuellement 3 600 livres pour sa charge. Nous possédons une quittance en tout semblable pour le quartier de janvier 1627.

aumônerie en faveur d'Augustin Potier? On sera tenté
de le croire, si l'on songe qu'aux premiers rangs du
parti vainqueur se trouvaient quatre des proches parents
de notre évêque : M. de Gesvres, qui, éloigné du ministère après la mort de Henri IV, n'avait cessé d'envoyer
ses avis aux princes ligués contre Concini ; M. de Blé-
rancourt, qui recevait le gouvernement de Péronne, naguère aux mains du maréchal ; M. de Tresmes, dont la
nièce, Mlle de Luxembourg, devait épouser Brantes, le
frère de M. de Luynes, puis enfin M. de Sceaux, qui n'était
pas le plus mal partagé, puisque Louis XIII, en signant
le brevet de révocation de 1617, voulait qu'on y « re-
cognent sa royale satisfaction et contentement des services du dit Sceaux et de ses deux collègues ». D'ailleurs
Mre Augustin, ne l'oublions pas, était dès lors pourvu de
l'évêché de Beauvais, et ses oncles et cousins durent
s'entendre aisément pour le pousser dans cette charge
devenue plus importante par l'éloignement de la reine-
mère.

Ce serait ainsi au cours de l'année 1617 qu'il en aurait
traité avec M. de Luçon, et il l'acheta même assez chè-
rement, paraît-il, puisque cette acquisition l'incommoda
jusqu'au point d'absorber la majeure partie de son patrimoine. Toujours est-il qu'en le mettant dans un commerce fréquent et confiant avec Anne d'Autriche, elle fut
la cause première du rôle politique qu'on lui verra tenir
en 1643.

Il s'en revint ainsi au commencement de décembre 1625,
charmé de retrouver son palais tranquille, son existence
réglée, ses œuvres de prédilection et faisant des vœux,
hélas ! mal exaucés pour que rien ne l'en écartât de long-

temps. Il avait profité de son séjour à Paris pour obtenir du recteur du collège de Clermont (1) l'abandon de 1 200 livres à prendre annuellement sur les revenus de la Maladrerie de Saint-Lazare à cette fin d'entretenir quatre missionnaires dans son diocèse. C'étaient des revenus attribués par le roi au soutien dudit collège, mais le grand aumônier de France en avait déjà cédé en 1623 une part considérable aux maire et pairs de Beauvais pour la subsistance de leurs pauvres malades (2).

Augustin est moins bien traité du Parlement, qui, par arrêt du 3 février 1626, maintient à la ville le droit de faire paver ses rues sans être contrainte d'en prendre l'agrément des officiers de l'évêque-comte (3).

Il est, vers le même moment, sollicité par Antoine de Sénicourt, chevalier seigneur de Sesseval, Chépoix, etc., d'autoriser l'érection d'une chapelle en son domaine de Vuarmoise. La paroisse est distante d'une lieue, la maison perdue dans les bois, sans voisinage, exposée aux voleurs; les serviteurs ne la sauraient tous délaisser et de la sorte manquent fréquemment les offices.

Le prélat rend l'ordonnance qui suit (4), dont on appréciera la sagesse :

« Nous, Augustin Potier, permettons au sieur de Sesseval de bastir une chapelle en sa maison de Vuarmoise

---

(1) Jean Filleau, de la Compagnie de Jésus. Il s'agit du collège de Clermont à Paris.

(2) Archives municipales de Beauvais, GG. 310.

(3) Archives municipales de Beauvais, DD. 47.

(4) *Documents inédits sur la Picardie*, publiés par MM. de Beauvillé, t. IV, p. 513.

en lieu qui sera trouvé propre par le curé de Chépoix, à condition que la messe ne sera point célébrée que le dict curé n'aye trouvé que la chapelle soit en estat de ce faire, et encore à condition que cela ne préjudiciera point aux droits seigneuriaux du dit curé; que le sieur de Sesseval et toute sa famille assisteront ès jours nataulx au service de la paroisse du dit Chépoix, sy ce n'estoit en cas de malladie ou qu'il fust nécessaire que quelques-uns demeurassent à la garde de la maison, et que le sieur de Sesseval, au moings de trois dimanches l'un, assistera à la messe paroissiale, sy le temps n'y estoit grandement fâcheux et y envoiera chacun dimanche le plus grand nombre de sa famille qu'il pourra comme estant chose très nécessaire pour d'édification et l'exemple des paroissiens.

» Faict en nostre hostel épiscopal à Beauvais, le septième jour d'apvril mil six cent vingt six.

» † Augustin,
» évêque de Beauvais. »

Il n'est pour le haut clergé rien de plus délicat parfois que de satisfaire à des convenances respectables sans compromettre en rien l'intérêt des paroisses.

Quelques jours avant cette ordonnance, le dimanche 26 mars, dans l'église des Capucins, une grande cérémonie s'était faite pour la béatification d'un Frère lay de cet Ordre, Félix de Cantalicio, qu'Urbain VIII venait de déclarer Bienheureux, et notre évêque y avait célébré la messe, en présence du Chapitre venu à cette occasion processionnellement (1).

---

(1) Hermant, p. 1978.

Entre temps, il appliquait ses loisirs à la revision des statuts synodaux qu'il devait faire imprimer plus tard (1). Remettant en vigueur la coutume si utile des assemblées synodales, fixant les époques où elles se doivent tenir, l'ordre qu'on y doit observer, les matières qu'il y faut traiter, réglant les visites des archidiacres et les attributions des doyens ruraux, organisant les conférences ecclésiastiques, imposant à tout et à tous les meilleures et les plus saines méthodes.

Mais voici que de rechef, il lui va falloir quitter sa résidence et gagner Paris. Le cardinal a encore besoin d'une assemblée de notables (2). Il l'a convoquée pour le mois de novembre 1626 et M. de Beauvais est appelé régulièrement à en faire partie. De quoi s'agit-il et quelles raisons motivent cette réunion? Quelques lignes vont nous l'apprendre.

Débarrassé des intrigues de la Cour, que le supplice de Chalais vient de terrifier, Richelieu marche à la réalisation des vastes plans conçus par son génie. Déjà il a eu à Nantes, au mois de juillet précédent, le talent de faire demander au roi, par les États de Bretagne, le démantellement des villes et châteaux qui ne sont plus nécessaires à la défense de leur province. Et cette mesure, étendue à tout le royaume, y a soulevé un immense enthousiasme, car le coup est mortel pour tout ce qui

(1) Louvet, t. Ier, p. 803, assigne par erreur à cette publication la date de 1626. Nous avons pu nous procurer les statuts synodaux d'Augustin Potier. Ils ont été imprimés à Paris chez Vitré, en 1644-1646.

(2) Voir *Assemblée des notables tenue à Paris en décembre 1626*. Paris, 1655, p. 1-13, et *Mercure français*, t. XII, p. 756-762.

subsiste encore de notre ancien état féodal. Une conception d'aussi large envergure assiège maintenant l'esprit du grand ministre. A cette France si admirablement assise sur trois mers, il veut une marine en rapport avec le magnifique développement de ses côtes.

Il a compris, par une clairvoyance supérieure, que l'avenir du royaume, sa prospérité, sa puissance, sont liés désormais à l'existence d'un élément naval sérieusement constitué, mais en cela tout est à faire, aussi s'est-il hâté, pour commencer, d'accorder à une Compagnie le privilège commercial du Levant et du Ponant, puis, afin d'avoir toute autorité sur les choses de la mer, il a, après la mort du vieux Lesdiguières, supprimé la connétablie, et s'est fait conférer, sur la démission achetée du duc de Montmorency, le titre de Grand-Maître, chef et surintendant général de la navigation et commerce de France, par où il est devenu le vrai ministre (octobre 1626).

Sur ces entrefaites, le Parlement de Provence a adressé une fort belle remontrance au roi, touchant les insultes et violences que les pirates barbaresques ou autres ne cessent d'infliger à nos bâtiments comme à nos ports de la Méditerranée. Il serait urgent d'y mettre ordre, seulement on ne peut rien sans argent, et le trésor est plus qu'obéré, puisqu'aux années précédentes on a dépensé 40 millions avec 16 millions seulement de recettes ordinaires (1).

C'est alors que le cardinal a jugé opportun de soumettre ses projets à la sanction d'une assemblée moins cavalièrement traitée toutefois que ne fut celle de 1625.

---

(1) Discours du garde des Sceaux, Marillac-Mezeray, t. XI, p. 421.

En un cas si pressant, c'étaient assurément les États-Généraux qu'il eût convenu de réunir. Mandataires de la nation, quelle autorité n'auraient-ils pas apportée au service de la couronne! Mais Richelieu n'était pas homme à les vouloir, et, de fait, ne les voulut jamais, connaissant que des députés sont beaucoup moins aisés à conduire que des notables, lesquels n'ont d'importance que ce qu'on leur en laisse.

Il se contenta donc d'habiller de modestie les lettres de convocation : « Nous protestons, faisait-il dire au roi, que nous n'avons d'autre but que l'honneur de Dieu et le bien de nos subjets. Nous conjurons en son nom ceux que nous appelons..... de nous donner en toute franchise et sincérité les conseils qu'ils jugeront en leurs consciences les plus salutaires et convenables à la chose publique (1). » Cet habile langage devait être bien accueilli, et ce fut sous d'assez favorables auspices que l'assemblée s'ouvrit le 2 décembre 1626, présidée par Monsieur en personne avec le cardinal de la Valette et les maréchaux de Bassompierre et de Caumont la Force. Le choix de ce dernier était une avance manifeste aux protestants paisibles ou ralliés.

« A la séance d'ouverture tenue dans la salle haute, au bout de la Galerie vers les Tuileries, tout au près des marches du théâtre où se tenoit le roy, à main droite, sur un banc adossé et tapissé (2), estoient quatre arche-

---

(1) *Mercure français*, t. XII, p. 774 et suiv.

(2) La relation qu'on peut consulter à la bibliothèque Richelieu (manuscrits fonds français, n° 10886 f. 37) dit au contraire qu'à cette séance les prélats avaient un banc sur le champ de la salle, sans dossier, couvert de velours noir, et à leur suite MM. les Premiers Pré-

vesques et sept évesques dont celuy de Beauvais, avec leurs soutanes, surplis, rochets et bonnets carrés. Aux séances ordinaires, M. de Beauvais et les autres membres du clergé estoient à main droite de la salle, en face des premiers présidents et procureurs généraux du Parlement (1). »

Douze prélats, dix seigneurs et vingt-huit officiers de justice ou de finance composaient (2) cette Assemblée peu nombreuse, et qui, malgré cela — si ce n'est à cause de cela même, — fit d'utiles et grandes choses; intelligente, honnête, passionnée pour le bien général, elle étudia toutes les questions qui lui furent soumises dans un esprit large et pratique. Examen approfondi des ressources du pays; réformes empruntées à l'administration de Sully pour qui commençait ainsi de son vivant la justice de la postérité; maintien des peines capitales en cas de rébellion, conspiration, prises d'armes; allègement de l'épargne, pour que les troupes mieux soldées n'eussent plus d'exac-

---

sidents et procureurs généraux des Chambres des comptes de Paris et de Rouen. On y voit encore qu'aux autres séances, ils étaient « sur un banc couvert de toile d'or avec leurs rocquets et camails », et qu'il leur revint à chacun 2 500 livres à raison de 30 livres par jour.

(1) *Mercure français*, t. XII, p. 776 et suiv.

(2) Les plus connus étaient, avec Augustin Potier, pour le clergé, Charles Miron, archevêque de Lyon; François de Harlay, archevêque de Bourges; Octave de Bellegarde, archevêque de Sens; Jean-François de Gondy, archevêque de Paris; Léonor d'Estampes, évêque de Chartres; pour la noblesse, MM. de Rieux, marquis d'Ouessant, René Potier comte de Tresmes, Emmanuel de Gondy de Vignoles, de l'Hospital, du Hallier, de Montluc, de Marillac, de Tillières de Fossé; pour les cours souveraines, MM. de Verdun, de Gourgues, Bruslart, Mathieu Molé, etc. (Bibliothèque nationale, l. cap. XIX, 2.)

tions à commettre; ample dotation de la marine et facilité à l'établissement de bonnes et fortes Compagnies de commerce; démantellement des forteresses reconnues inutiles et coûteuses, règlements divers tendant à éteindre les querelles religieuses, à occuper la noblesse dans les armées de terre et de mer, à élever les enfants des gentilshommes pauvres, à défendre les petits contre l'avidité des gens de loi, à diminuer les charges fiscales, à mettre le négoce en honneur, pour que le Tiers ne se recrutât pas seulement parmi les robins; tels furent en substance les travaux dont Augustin Potier prit sa part, et qui, résumés dans l'ordonnance royale du 1ᵉʳ mars 1627, se virent accueillis par tout le royaume avec une satisfaction reconnaissante.

Le pouvoir de Richelieu sortait de ces assises accru et consolidé tout ensemble, la fortune, les dignités, les honneurs s'offraient aux ambitions disposées à le servir. Notre évêque, est-il besoin de le dire, n'en fut pas un instant séduit, et, tout entier à son diocèse, en reprit le chemin dès que cela lui fut possible.

Il était alors, en effet, très occupé d'une entreprise dont sa charité attendait le salut de bien des malheureuses vouées, faute de direction, à l'ignorance et au vice.

Marie l'Huillier (1) avait, en 1611, établi dans la capitale une maison d'Ursulines pour l'instruction des jeunes filles, et plusieurs demoiselles du Beauvoisis, entre autres Mˡˡᵉ du Belloy, y avaient fait profession. De là vint à Augustin l'idée d'appeler les Ursulines dans sa résidence;

(1) Femme du sieur de Sainte-Beuve, maître de la Chambre des comptes de Paris.

elles en firent donc les diligences et obtinrent leurs lettres d'autorisation en décembre 1626, à l'occasion du mariage de Gaston avec Marie de Bourbon, duchesse de Montpensier.

De son côté, le Chapitre y acquiesça tout d'une voix, mais ces lettres ayant été remises à Pierre de Dampierre, maire de la ville, au mois de février suivant, et les notables se trouvant réunis à l'Hôtel de Ville le 11 mars, voici que quelques-uns d'entre eux s'élevèrent contre la trop grande multiplication des couvents dans Beauvais, disant que le sol serait bientôt tout à eux, et rappelant qu'il n'y avait pas encore dix ans que les Minimes avaient été admis. L'opposition fut forte ; néanmoins, comme la duchesse d'Orléans avait elle-même (1) sollicité du roi les lettres patentes, qu'elle promettait beaucoup à la ville si elles étaient reçues, et que Mgr l'évêque y donnait son consentement en bonne forme, on passa outre, à la condition toutefois que lesdites Ursulines ne pourraient acquérir ou posséder aucun héritage dans un rayon de cinq lieues en dehors de la ville. Le Parlement enregistra, et la nouvelle communauté, canoniquement instituée par lettres de décembre 1627, s'établit provisoirement en la grande rue Saint-Martin, d'où elle se transporta sur la paroisse de Saint-Étienne pour se fixer enfin dans la rue des Jacobins (2).

Augustin était, on le voit, très enclin aux fondations régulières, lesquelles, on le voit aussi, rencontraient, dès cette époque, une certaine hostilité. Était-ce tout à

____

(1) Archives nationales de Beauvais, BB. 40.
(2) HERMANT, p. 1978. — LOUVET, t. 1er, p. 803.

fait sans raison? Les abus se pouvaient-ils nier, et la rapide prospérité de tant de monastères n'avait-elle pas quelque chose d'excessif et d'inquiétant? Peut-être, mais que dirons-nous alors de ces associations financières, de ces grosses Compagnies qui disposent aujourd'hui de si formidables ressources? Quel autre danger ne font-elles pas courir à la fortune publique, à l'État lui-même, et que valent ainsi, de bonne foi, les dénonciations enflammées dont les Ordres religieux et leurs biens sont incessamment poursuivis?

Et lorsque, depuis leur origine, nous voyons ces Instituts tant décriés et si maltraités se développer parmi le peuple, se recruter le plus souvent des fils et des filles du peuple, n'avoir presque jamais pour but que des œuvres populaires et faire sans cesse au peuple toute l'aumône qu'ils peuvent, ne devons-nous pas penser qu'ils ont été, qu'ils sont et qu'ils seront toujours pour le peuple les plus précieux et les plus bienfaisants des amis?

Pour soigneux qu'il fût des affaires spirituelles de son siège, Augustin Potier ne se montrait pas moins attentif à chacun de ses intérêts temporels, il était ce qu'on peut appeler un excellent administrateur, qualité beaucoup plus rare, croyons-nous, dans le clergé que la piété et la vertu.

La mense épiscopale de Beauvais possédait plusieurs petits domaines à Saint-Just, à Berthecourt, à Hodeuc-l'Évêque, à Ponchon dans les bois de Balen et de Feuquières, et des champarts à Savignies, tous biens très peu productifs, parce que leur dispersion les rendait difficiles à surveiller. Heureusement servi par les circonstances, le prélat jugea qu'il conviendrait de vendre ces divers lots pour acheter, avec leur produit, cent mille livres environ, la terre de Laversines et l'importante châtellenie de Beauvais, qui complétaient admirablement le domaine principal (1).

Nicolas Tristan, lieutenant civil de la comté et pairie, s'étant donc rendu par ses ordres au Chapitre dont il fallait le consentement, exposa combien l'acquisition de Laversines serait profitable à l'évêché, tant pour la fertilité de cette terre, l'une des plus riches du Beauvoisis, qu'à cause du château de Bresles, dont elle est distante d'une lieue seulement. C'était un fief des Mailly-l'Épine, qui le vendaient sur le pied du denier 28. Quant à la châtellenie, alors dans la maison de Mouÿ, elle devait être fort déplaisante à l'évêque et au Chapitre par les difficultés qui surgissaient constamment entre seigneurs et tenanciers jusqu'au cœur de la ville en vertu de droits manifestement usurpés.

Contre toute prévision, le Chapitre refusa. L'évêque alors demanda des commissaires à son métropolitain, mais ce fut seulement l'année suivante qu'un arrêt du Conseil, rendu devant La Rochelle, lui donna gain de cause.

Il le dut à la bienveillance de la reine, beaucoup aussi à l'intervention de son frère Nicolas Potier d'Ocquerre (2).

Malheureusement, « l'appui de cet aisné qui l'avoit engagé dans la cour luy devoit manquer bientost (3),

---

(1) Ces détails sont presque tous empruntés à Louvet et à l'abbé Delettre.

(2) Secrétaire d'État depuis 1621 à la place d'Antoine Potier de Sceaux, son cousin germain.

(3) Est-ce à dire que M. d'Ocquerre s'était employé, lui aussi, à sa nomination de grand aumônier ?

car il mourut durant le siège (1) et son épouse le suivit
de près, laissant tous deux plusieurs enfants en bas
âge, dont M. de Beauvais fut obligé de prendre le
soin pour les mettre en estat de ne pas dégénérer de
leur qualité et de l'honneur de leur naissance (2) ».

Au demeurant, l'expérience ne tarda pas à prouver
que cette double acquisition de la châtellenie et de Laversines était l'opération la plus avantageuse qui se pût
réaliser, et il fallut bien en savoir quelque gré au prélat
qui l'avait si habilement conduite.

Il eut de nouveau et vers le même temps maille à
partir avec son Chapitre. Les archives de l'Oise (3) font,
en effet, mention d'un procès entre eux sur le sujet de la
juridiction spirituelle du service divin et des droits et
prérogatives dudit Chapitre. Nous nous donnerons bien
garde d'entrer dans un différend aussi compliqué que
subtil, et qui fut, au surplus, réglé par arrêt du Conseil,
mais il semble vraiment que ces Corps devaient être
fort ombrageux et d'allure indépendante, car nous avons
relevé dans le même fonds (4) un autre litige encore

---

(1) Audit siège, se rattache l'ordre adressé de La Rochelle par le
roi aux habitants de Beauvais d'avoir à lui fournir deux cents habits
pour vêtir les soldats « sçavoir pour chacun habit, ung pourpoint
juppe, haut et bas de chausses et une paire de souliers ».

Après délibération en Assemblée générale, un pair est envoyé à
Paris pour obtenir une diminution du nombre de deux cents habits,
et il rapporte que l'évêque de Beauvais, M. des Maritz et le général
des Finances, Le 'Febvre, sont d'avis de n'en faire qu'un cent. (Archives nationales de Beauvais, BB. 41, armoire I, 4ᵉ rayon, 1627-1637.)

(2) Hermant, p. 1981.

(3) Archives de l'Oise, C. 3.

(4) Idem.

entre Augustin et le Chapitre de Saint-Nicolas, qui se prétendait exempt de l'autorité de l'évêque et refusait en conséquence de recevoir ses mandements.

Rien de tout cela d'ailleurs n'arrêtait son zèle, et pour ranimer la foi dans les âmes, fatigues ni sacrifices ne lui coûtaient. Au cours d'un voyage à Paris, il était allé trouver le P. Bourdoise, lui recommandant toujours davantage ses jeunes diocésains et lui laissant des lettres en bonne forme pour bien établir son autorité sur eux; mais surtout aussi, il avait instamment sollicité de lui quelques prêtres de son Séminaire pour une mission qu'il souhaitait faire après les Pâques de 1628.

Elle eut lieu, en effet, à Gerberoy, vers la Pentecôte, et, pendant douze jours qu'elle dura, notre prélat prêcha soir et matin « avec tant de chaleur, avec tant d'entraînement, que les cœurs les plus durs se sentoient attendris et pressés de se réconcilier avec Dieu (1) ».

Les prêtres du lieu, ceux qu'il avait amenés, ne pouvaient suffire aux confessions; tandis qu'il évangélisait la ville, ses grands vicaires s'étaient répandus dans les bourgs et hameaux voisins. Partout la ferveur fut extrême, et l'on vit, au matin de la fête, les paroisses de quatre lieues à la ronde arriver à Gerberoy en si longs cortèges qu'aucune église ne se trouvant assez vaste, il fallut disposer une enceinte devant le château pour que le pontife pût bénir cette foule et donner à chacun le sacrement de Confirmation, « ce qui parut tout extraordinaire, conclut un historien local (2), car il estoit

---

(1) Delettre, t. III, p. 400.
(2) Pillet, p. 273.

hors de mémoire d'homme que jamais évesque eût administré ce sacrement à tant de peuples, comme fit alors ce digne prélat ».

Un pareil résultat devait inspirer à Augustin le désir d'étendre à tout son diocèse les bienfaits d'exercices semblables, mais il avait besoin pour cela de collaborateurs que Bourdoise se déclarait impuissant à lui fournir. Ce fut alors qu'il s'avisa d'associer à ses efforts M. Vincent lui-même, et nous ne pensons pas pouvoir entrer dans trop de détails sur une aussi insigne coopération.

Vincent de Paul venait justement de créer (1625) la Congrégation des Prêtres de la Mission, autrement appelés Lazaristes, et destinés à catéchiser les campagnes. C'était le temps où l'esprit religieux, après avoir enfanté, dans la guerre civile, les grands crimes et les grandes vertus de la Ligue, après avoir puisé dans la saine politique de Henri IV et dans l'Édit de Nantes une force pour ainsi dire épurée, commençait à couvrir la France de pieuses maisons auxquelles les âmes fatiguées demandaient un asile ; ce n'était partout que redressement d'Ordres anciens ou fondation de nouveaux Ordres. Richelieu travaillait sans relâche à la réforme du clergé et établissait la Sorbonne. Bérulle instituait l'Oratoire, et César de Bus la Doctrine chrétienne, pendant que les Jésuites reprenaient crédit et que les Bénédictins de Saint-Maur préludaient à leurs gigantesques travaux.

Donc, M. Vincent, étroitement lié avec l'abbé Duchesne, un des grands vicaires d'Augustin Potier, connaissait aussi beaucoup ce dernier et était même en correspondance avec lui : « Je viens d'escrire tout présentement à M. de Beauvais », mandait-il un jour à « M. l'archevesque de Tholoze (1) ». Augustin s'était fréquemment ouvert en sa présence de ses soucis et de ses projets. Il conférait souvent avec lui des maux de son Église, l'appelait souvent à Beauvais ou le venait voir à Paris (2).

Peu à peu, l'union la plus complète s'était établie entre eux, et Vincent se disait prêt « à mettre avec joye sa personne et sa Congrégation au service d'un évesque qui entroit si bien dans ses vues et dont il avoit plus d'une fois admiré le zèle et la piété (3) ».

Or, le désir de celui-ci n'était point uniquement de ramener les gens pour un jour aux pratiques salutaires, tâche à laquelle suffit, à la rigueur, une prédication ardente et bien inspirée. C'était surtout de les y faire persévérer, ce qui n'est possible qu'avec des pasteurs animés d'un véritable esprit apostolique. « Quel moyen prendre, disait-il un jour à Vincent, pour tirer de leur torpeur ces prêtres vieillis dans la routine d'un état dont ils n'ont jamais compris les terribles devoirs? — Agir par conseil, par fortes remonstrances, afin d'en obtenir le bien dont ils sont capables, voilà, répondait le missionnaire, tout ce qu'on peut à leur égard ; ce sont des instruments que la rouille a trop endommagés pour qu'on s'en promette jamais grand parti. Mais il faut

---

(1) *Saint Vincent de Paul*, par Gossin. J. S. Blaise, 1834. Paris, in-12, lettre L. XXVIII, p. 497.
(2) *Saint Vincent de Paul*, par Collet, t. Ier, p. 227.
(3) *Idem*.

leur préparer des successeurs mieux pénétrés de la gravité du sacerdoce, n'admettre aux Ordres que des clercs d'une vocation éprouvée (1). »

Tel était aussi l'avis du digne évêque ; seulement, si la théorie paraissait bonne, l'application n'en était pas facile. Quelques semaines après Gerberoy, le 16 juillet 1628, voyageant avec M. Vincent qu'il avait dans son carrosse, Augustin venait encore de raisonner sur ce sujet, quand il se recueillit, comme tenté de s'assoupir un moment. On fit silence autour de lui, mais bientôt, se redressant :

— Messieurs, je ne dormois point, fit-il, je cherchois un mode le plus court et le plus asseuré pour bien dresser et préparer les prétendans au sainct ministère ; il m'a semblé que le mieux seroit de les appeler à l'évesché et de les y retenir assez longtemps pour les bien informer, par de convenables exercices, des choses qu'ils doivent savoir et des vertus qu'ils doivent pratiquer.

— Oh ! Monseigneur, s'écria Vincent dans un saint transport et haussant la voix beaucoup plus que sa modestie n'avait accoutumé, Monseigneur, voilà une pensée qui est de Dieu, voilà un excellent moyen pour remettre petit à petit le clergé de vostre diocèse en bon ordre.

— Eh bien, reprit Augustin, nous l'appliquerons dès l'ordination de septembre qui vient.

Et la conversation suivit longtemps ce cours, le missionnaire continuant à encourager l'évêque, l'évêque s'affermissant de plus en plus dans son dessein.

____

(1) Delettre, t. III, p. 403.

— A vous, Monsieur Vincent, de m'aider à l'exécuter, dit enfin Potier, quand ils se séparèrent; moi, je vais tout disposer; vous, préparez vos matières et mettez par écrit les exercices à suivre pendant cette retraite; puis rendez-vous à Beauvais quinze ou vingt jours avant l'ordination prochaine.

— J'obéiray, Monseigneur, répondit Vincent, étant plus asseuré que Dieu me demande ce service l'ayant appris de votre bouche que s'il m'avoit été révélé par un ange (1).

Il vint donc, accompagné de deux docteurs de Sorbonne, et tout se passa comme on en était convenu; l'évêché avait été accommodé pour recevoir les ordinands qui y furent défrayés de tout. M⁅ʳᵉ⁆ Augustin, après les avoir examinés sur leurs études, fit lui-même l'ouverture des conférences et parla avec une simplicité, une douceur, une force dont les cœurs furent profondément remués; les docteurs enseignèrent deux fois par jour les grandes vérités de la religion; quant au « serviteur de Dieu », il s'était réservé l'explication du Décalogue : « Chose unique peut-être dans sa vie, dit un de ses meilleurs historiens (2), malgré le peu de temps laissé à sa lenteur habituelle et sans le contrôle de l'expérience qui, cette fois, lui manquoit, il atteignit du premier coup à la perfection, si bien que la retraite de Beauvais servit littéralement de modèle à toutes les retraites d'ordination qui se firent dans la suite, après comme avant l'érection des Séminaires. »

---

(1) Collet, t. Iᵉʳ, p. 227. — L'abbé Maynard, t. II, p. 26.
(2) L'abbé Maynard, t. II, p. 27.

En effet, notre prélat se trouvant à Paris quelque deux ans après, entretint M. de Gondi (1) de cette innovation et de ses résultats déjà très appréciables, lui en fit sentir toute la nécessité et pour dernier argument lui remontra qu'il aurait, s'il le voulait, l'inestimable assistance de M. Vincent.

L'archevêque finit par se rendre et prescrivit, en février 1631, une retraite pareille à celle de Beauvais. Et il ne se passa guère de temps que cet exemple ne fut suivi dans tous les diocèses de France.

Il semblait au reste que rien ne pût lasser ni satisfaire le dévouement de notre évêque et que chaque année dût voir quelque nouvel ouvrage de son intelligente charité : l'organisation des missions et des retraites ecclésiastiques fut ainsi suivie, en 1629, d'une autre fondation d'un intérêt au moins égal et « les fruits que la ville de Beauvais en recueille encore à chaque heure suffiraient seule, a dit l'abbé Delettre, pour immortaliser la mémoire d'Augustin Potier (2) ».

De tout temps, la classe ouvrière a vécu dans l'imprévoyance, dépensant ses gains au jour le jour et fatalement prise au dépourvu quand viennent le chômage, la maladie ou la vieillesse; de tout temps la misère a gémi et tendu la main, mais elle fut, lisons-nous, d'une intensité extrême à Beauvais de 1620 à 1629, parmi cette population de tisserands et de drapiers qu'une crise commerciale avait écrasés. Mendiant par troupes de

---

(1) Jean-François de Gondi fut le premier qui eut le titre d'archevêque de Paris.

(2) Delettre, t. III, p. 406.

porte en porte, obsédant et injuriant les passants, ces malheureux allaient jusqu'à répandre dans les églises le scandale, l'émoi de leurs murmures menaçants. Chacun s'alarmait de cet état sans y trouver de solution, lorsque l'évêque enfin, « qui avoit pour son peuple un cœur de père et des entrailles de mère (1) », conçoit et arrête un plan remarquablement simple, pratique et grand. Dresser une liste complète des indigents et constater l'étendue de leurs besoins, établir une Caisse où seront réunies les ressources dont la ville peut disposer, les aumônes individuelles trop souvent mal placées et le produit des quêtes faites à époques réglées, instituer un bureau central pour recevoir et répartir les secours proportionnellement aux souffrances, enfin supprimer abso-

---

(1) Chapitre 1er du *Règlement pour la charité des pauvres malades établie à Beauvais l'onzième novembre mil six cent trente.* Imprimé dans cette ville chez Estienne Vallet, proche Saint-Barthélemy, 1669, in-12. Voici au reste le début dudit chapitre intitulé : *Les raisons et motifs de cet établissement.* La justice qu'il rend à notre prélat ne nous parait pas négligeable. « Comme il n'y a pas de misères corporelles qui soient plus dignes de compassion que la pauvreté et les maladies, quand elles sont jointes ensemble, aussy n'y a-t-il point d'occupation plus digne de la piété des chrétiens que d'assister charitablement les personnes dont Dieu exerce la patience pour cette double affliction, ni de plus saint établissement que de pourvoir à leurs nécessités dans tous les siècles à venir. Car si les riches même deviennent pauvres quand ils sont malades, la douleur et la faiblesse leur ostant la liberté de se soulager dans leurs besoins et les privant du plus grand de tous les biens temporels qui est la santé; la maladie des pauvres est un nouveau poids qui les accable, puisque n'ayant pas d'autre fonds de leur subsistance que le travail de leurs mains pour se deffendre de la mendicité, ils se voient réduits en ce moment à un estat qui les fait dépendre absolument de la charité des autres pour la conservation de leur vie. »

lument la mendicité (1), » tel est le programme qu'Augustin Potier développe en assemblée générale à l'évêché, le 16 avril 1629. Il y apporte « cette éloquence et cette facilité qui lui étaient si naturelles quand il s'agissait de la gloire de Dieu et du salut de ses ouailles, parce qu'il parlait alors avec l'abondance du cœur (2).

Quel honneur ce serait pour la ville, quelle sécurité pour ses habitants, quel bienfait surtout pour les pauvres à qui l'on parlerait ensuite plus utilement de religion, d'ordre et de moralité. Son ardente conviction gagne tout l'auditoire : membres du Chapitre, représentants de la cité, notables, acclament ce projet d'une voix unanime et c'est à qui promettra de travailler à sa réalisation (3).

(1) Delettre, t. III, p. 406.

(2) Delettre, t. III, p. 407.

(3) Dans cette séance, il fut décidé d'appliquer à cette œuvre les deniers provenant de la Maladrerie de Saint-Lazare, y compris les 1 200 livres ci-devant accordés à Mgr l'évêque et le revenu de la ferme dudit Saint-Lazare aussy cy-devant accordé aux sieurs Maire et Pairs, à la déduction sur le total des charges de la Maladrerie et de ce qui devoit estre baillé aux Pères Jésuites. (Archives nationales de Beauvais, GG, 310.) Ce fut par ces considérations tout à fait conformes au zèle d'un vrai pasteur du troupeau de Jésus-Christ que feu messire Augustin Potier, évesque et comte de Beauvais, vidame de Gerberoy, pair de France de très heureuse mémoire, qui avoit un cœur de père et des entrailles de mère pour tous ceux que la Providence avoit soumis à sa conduite, établit la confrérie de la Charité dans sa ville capitale et ensuite dans les autres villes, bourgades et grands villages de son diocèse. Il y avoit déjà depuis plusieurs siècles un Hostel-Dieu dans Beauvais et il avoit toujours regardé cet hospital comme un des principaux objets de son application, par le soin qu'il avoit pris du soulagement des pauvres et du gouvernement des religieux et religieuses qui en avaient la conduite. Mais outre que le nom seul d'Hostel-Dieu fait quelque peine à plusieurs personnes qui dans leur pauvreté mesme ont encore égard à l'honnesteté et à la bienséance du monde, soit à

Vincent de Paul sera, cette fois encore, l'instrument dont Augustin se servira, car « il y avait entre eux un tel concert de vues et de pensées, leurs âmes étaient si bien faites pour s'entendre et il y avait entre eux tant de générosité, que lorsqu'ils avaient médité et entrepris un projet on pouvait d'avance répondre du succès (1) ».

D'ailleurs M. Vincent, par ses travaux antérieurs et notamment par les deux confréries charitables qu'il avait créées, d'abord à Châtillon-les-Dombes, quand il y était curé (2), puis à Mâcon en 1623, se trouvait mieux préparé que personne à seconder le prélat dans une tentative de ce genre ; seulement alors que le saint homme n'avait songé « qu'aux villages et petites villes, où, n'y ayant point d'hospitaux, les pauvres malades se trouvoient

---

cause qu'ils n'ont pas toujours esté dans l'indigence, soit parce que leur condition les met au-dessus des derniers pauvres, il s'estima obligé d'user envers eux de condescendance, et il reconnut par expérience que ceux qui n'estoient affligés que de maladies passagères ne pouvoient souvent estre transportés à l'Hostel-Dieu au milieu de toutes sortes de maladies sans estre exposés à quelque sorte de danger ; il crut donc qu'il estoit à propos de faire assister ces personnes dans leur maison mesme et d'engager dans ce devoir de charité des femmes et des filles de vie exemplaire qui auroient le mouvement de rendre cette assistance aux membres du divin Sauveur.

Ce dessein que Dieu avoit inspiré à ce grand prélat et qui devoit attirer les bénédictions sur toute la ville fut exécuté l'onzième jour de novembre de l'année mil six cent trente dans l'église paroissiale de Saint-Sauveur, où l'on fit élection de celles qui eurent la bonne volonté de s'engager dans ce saint exercice, le jour mesme que l'Église consacre à la mémoire de saint Martin, l'un des plus célèbres évesques de nostre France et des plus parfaits modèles de la charité chrétienne et épiscopale.

(1) DELETTRE, t. III, p. 406.

(2) En 1617.

souvent dans un grand abandon (1) », Augustin, dans
une ville pourvue comme était Beauvais d'établissements
hospitaliers, prétendait « assister jusques dans leurs maisons mesmes les malades, qui n'estant pas réduits au
dernier degré de pauvreté, et ayant quelque aversion de
l'Hostel-Dieu, ne laissoient pas d'avoir besoin de quelque
assistance extraordinaire (2) ». Il voulait, en outre,
comme nous l'avons vu, centraliser en des mains expé-
rimentées les ressources de toute provenance, afin de
rendre les secours aussi efficaces que possible : et ce
sont ces développements, c'est l'économie à la fois ingé-
nieuse et large de ce plan, qui en font incontestablement
l'œuvre personnelle de notre évêque.

Il fit donc venir à Beauvais M. Vincent, et, le 11 novembre (3), fête de Saint Martin, patron tout indiqué
d'une pareille entreprise, une réunion nouvelle eut lieu
dans l'église Saint-Sauveur (4).

On y donna la direction de l'association aux curés sous
l'autorité de l'évêque, afin que l'ordre hiérarchique
demeurât respecté, et l'on y admit non seulement les

---

(1) *Vie de saint Vincent de Paul*, par Louis Abelly, évêque de
Rodez, t. Ier, p. 109.

(2) Hermant, p. 1982.

(3) Hermant, p. 1982.

(4) Dans la magnifique cathédrale de Beauvais se trouve une chapelle dédiée à saint Vincent de Paul. Un vitrail moderne la décore,
dont un compartiment représente cette séance d'organisation de la
confrérie de charité. Augustin y préside. M. Vincent parle; Mlle Legras figure dans l'assistance avec les dames de la ville. Le panneau
voisin nous montre saint Vincent prêchant devant Augustin la première retraite des ordinands, et l'écusson des Potier est appliqué sur
le tout.

femmes et les filles fortunées, mais celles qui pouvaient suppléer le défaut de biens par leur assiduité, et l'expérience ne tarda pas à prouver que leur participation n'était pas la moins précieuse. On nomma une Mère supérieure, une Trésorière et une Gardienne des meubles avec des Sœurs et des servantes pour les soulager. Enfin, prévoyant que, dans la suite, il pourrait y avoir quelques affaires temporelles à conduire, s'il se faisait des legs et des dons, « Mⁱ de Beauvais établit un homme capable d'en prendre soin avec le titre de Procureur des pauvres ».

Mais, en attendant, il fallait trouver des fonds pour entretenir cet établissement, et Augustin permit de faire toutes les semaines une quête dans les maisons de chaque paroisse, ce qui s'est longtemps pratiqué.

Vincent se mit alors à parcourir les diverses paroisses de la ville; toutes les bonnes volontés s'empressèrent au-devant de lui, et il eut bientôt fait de mettre en mouvement plusieurs confréries; mais il y voyait tant de détails à régler, il en souhaitait tellement la perfection qu'il avait craint de n'y point suffire; aussi s'était-il hâté d'appeler à son aide Mˡˡᵉ Legras, son amie (1), fondatrices des Sœurs de Saint-Vincent de Paul, celle que l'on a appelé la *Mère universelle des pauvres*. Elle fit à plusieurs reprises des séjours prolongés à Beauvais, recrutant, dirigeant elle-même ce groupe de femmes de bien qui prirent le nom de *Dames de Charité*. Elle tenait

---

(1) Louise de Marillac, née à Paris, le 12 août 1591, de Louis, sieur de Ferrières, et de Marguerite le Camus, nièce de Michel de Marillac, garde des Sceaux, et de Louis de Marillac, maréchal de France, veuve d'Antoine Legras, secrétaire des commandements de Marie de Médicis.

M. Vincent au courant de ses efforts et de ses embarras, et celui-ci répondait à ses questions dans cette forme nette et serrée qui lui est propre.

« Quand M. de Beauvais sera de retour, lui mandait-il de Paris, le 7 décembre 1639, il sera bon de lui communiquer les choses principales, si vous voyez qu'il l'agrée; il veut cela quelquefois; mais pour prendre la bénédiction de luy, il me semble qu'il n'est pas expédient, pour ce qu'il est fort éloigné de cérémonie, et ainsy qu'on traite avec luy, rondement et respectueusement néantmoins..... » Est-ce pas fin et d'un tour original, et voilà-t-il pas notre prélat supérieurement peint en deux lignes avec sa grande simplicité d'où la dignité n'était pas absente? Et comme Mlle Legras demandait si les Dames de Charité devraient suivre les enterrements de leurs pauvres, Vincent, tout en inclinant à la négative, ajoutait: « Il faut que Monseigneur prononce là-dessus à sa volonté (1). »

Sous cette haute impulsion, avec de tels concours, les résultats furent prompts et considérables: dix-huit confréries existaient à Beauvais dès la fin de 1629, chaque mois en voyait naître de nouvelles, et quand, le 11 novembre 1630, on fit à leur sujet, du haut de la chaire, une solennelle publication, l'état général était déjà si fort amélioré, que la mendicité, cette lèpre honteuse, pouvait être dès lors absolument interdite.

Telles sont les origines modestes de cette admirable institution des bureaux de charité d'où sont sortis plus tard les bureaux de bienfaisance, « rare et merveilleux chef-

---

(1) PILLET et DUMOULIN, *Lettres de saint Vincent de Paul*, 1882.

d'œuvre de charité (1) », conception supérieure, et par les développements qu'elle a pris et par le bien qu'elle n'a cessé de faire. De la plus grande cité au plus humble village, il n'est guère de lieu, à cette heure, au delà comme en deçà de nos frontières, où l'idée réalisée à Beauvais en 1629 ne trouve son application. Chaque jour des milliers de malheureux lui doivent, avec le pain qui fait vivre, le soutien moral qui aide à supporter la vie; chaque jour des milliers de braves cœurs apprennent au contact de la misère cet amour du prochain si malaisé, mais si nécessaire, car c'est par lui seulement, n'en déplaise aux tristes apôtres du socialisme, que les préjugés et les haines pourraient, sinon se fondre, du moins s'atténuer un peu.

Les premiers artisans de cette œuvre bénie ont donc un droit indéniable à la reconnaissance de tous, des riches aussi bien que des pauvres, et nous estimons qu'Augustin Potier peut, à juste titre, être rangé, aux côtés de saint Vincent de Paul, parmi les meilleurs serviteurs de l'humanité. C'est une justice tardive que nous devons réclamer pour sa mémoire, puisque l'histoire trop frivole, négligeant de sa carrière cette page si belle, n'en avait guère retenu jusqu'à présent qu'un côté politique qui fut pourtant contestable.

Une sérieuse mesure fut la conséquence presque immédiate de cette Charité de Beauvais. Depuis l'année 1430, date de leur établissement, les religieuses du Tiers-Ordre de Saint-François étaient chargées des malades et des pauvres et, pour ce, tenaient de la ville des bâtiments

---

(1) Chapitre 1er du *Règlement de la charité de Beauvais.*

fort vastes. Malheureusement le commerce du siècle les
avait peu à peu attiédies de leur règle, et l'évêque, que
cette situation inquiétait, n'y voyait d'autre remède que
la clôture effective. Or, la chose devenait possible du jour
où pauvres et malades se trouvaient secourus par ailleurs.
On pouvait craindre seulement que la ville voulût
reprendre ses immeubles, puisque son contrat avec les
Franciscaines n'avait plus raison d'être. Augustin parvint
à écarter cette difficulté et, sans plus de retard, enjoignit aux
Sœurs, par une ordonnance de juin 1630, de garder désormais la clôture avec les pratiques austères de leur institut.

Ainsi, de tous côtés, par ses soins, sous sa main à la
fois généreuse et ferme, maint et maint progrès avaient
été réalisés : il n'était plus d'église où les offices ne se
célébrassent avec la décence qui convient; un clergé
modeste et instruit commençait à exercer sur les
paroisses la plus salutaire action, de grands abus étaient
réprimés, d'utiles réformes introduites, partout on sentait l'influence d'une direction vraiment sage.

L'intérêt qui s'attachait aux travaux d'Augustin, joint
à « la considération que l'on avait pour sa personne (1),
attirait souvent à Beauvais des évesques de ses amis
qui l'y venaient voir »; c'est ainsi que sur la fin de juillet 1630, il avait reçu Gilles de Souvré (2), évêque

---

(1) HERMANT, p. 1984.

(2) Fils de Gilles de Souvré, marquis de Courtanvault, ancien gouverneur du roi et maréchal de France. Il avait eu d'abord l'évêché
de Conserans, il avait été abbé de Saint-Florent de Saumur et trésorier de la Sainte-Chapelle de Paris. Jeune homme savant qui promettait beaucoup pour le service de l'Eglise. Il mourut l'année suivante en 1631, âgé de trente-cinq ans.

d'Auxerre, et, le mois suivant, l'archevêque de Sens, Octave de Bellegarde; puis ce fut, le 14 avril 1632, Henri d'Escoubleau de Sourdis, archevêque de Bordeaux, puis encore Gilles Boutault, évêque d'Aire (1). Ce dernier dut même à son hôte l'honneur d'accomplir dans Beauvais une fonction épiscopale, car les Minimes ayant durant son séjour, sollicité de Mgr Potier de consacrer la chapelle qu'ils venaient d'achever, il en pria courtoisement M. d'Aire, et la cérémonie s'en fit avec beaucoup de solennité.

L'archevêque de Reims, métropolitain de Beauvais, y vint peu après. Il se montra, lui aussi, très frappé de tant de changements heureux, et ses félicitations s'ajoutèrent à toutes celles dont notre prélat était déjà comblé; mais il répondait avec simplicité que tout cela n'était rien auprès de ce qui lui restait à faire, et son ardeur redoublait aux intérêts généraux du diocèse, comme aux détails même secondaires qui sollicitaient son attention.

La visite des établissements d'instruction était, nous le savons, un de ses délassements préférés; souvent il présidait aux exercices littéraires des collèges de Beauvais et de Gerberoy, louant les meilleurs élèves, excitant la piété de tous, et cherchant à reconnaître dans le nombre ceux qui pourraient un jour honorer le sacerdoce. C'est de la sorte qu'il envoya au collège de Navarre le jeune Godefroy Hermant, celui-là même qui écrivit plus tard cette histoire à laquelle nous devons tant de renseignements; il lui confia à son retour l'éducation de l'un de ses neveux et le pourvut à la fin d'un canonicat.

---

(1) Il mourut sur le siège d'Evreux.

Entre temps, il intervenait dans un procès soutenu par le roi pour son droit de franc fief contre les habitants de Bresles, qui prétendaient ne relever que de l'évêque. De fait, ils payaient à celui-ci une poule chaque année à la fête de saint Pierre ès liens pour le pacage des Marais, laquelle poule était marque de vasselage, et l'on n'avançait point qu'il y eût co-seigneurie. Grâce à Augustin, nous disent les archives de l'Oise (1), une transaction fut acceptée.

Vers cette époque aussi, d'après le susdit fonds, il achetait plusieurs domaines pour les réunir à la seigneurie de Laversines, entre autres les fiefs de Bucamps et de Rochy-de-l'Épine. Il prenait l'engagement de payer tous les ans deux muids de blé et deux d'avoine aux desservants des autels de saint Jean l'Évangéliste, fondés dans les chapelles haute et basse de l'évêché. Enfin, il octroyait des provisions d'administrateur de l'Hôtel-Dieu et de la Maladrerie (2) à dame Judith de Rouzel de Médavy, ancienne abbesse de Gomerfontaine.

A cette heure même, en 1632, M. Vincent créait à Liancourt un nouveau bureau de Charité et adressait là-dessus ses recommandations à Mlle Legras (3). « Il ne faut pas oublier d'avoir la permission de Mgr de Beauvais pour faire l'établissement, s'il ne l'a déjà donnée; que s'il a dit à Madame qu'il le veut bien (4), c'est assez; que si Madame n'a pas cette permission, qu'elle écrive à Mgr de Beauvais. »

---

(1) Archives de l'Oise, G, 247.

(2) Cette maladrerie fut en 1688 remise à l'Ordre du Mont-Carmel et de Saint-Lazare.

(3) PELLET et DESMOULINS, *Lettres de Vincent de Paul*, 1882.

(4) La duchesse de Liancourt.

Augustin nous est encore ici présenté comme assez peu jaloux d'un formalisme étroit, mais imposant la déférence à tous, en quelque façon malgré lui.

Ces affaires et tant d'autres, où nous ne saurions nous attarder, ne l'empêchaient pas de poursuivre activement les missions dont l'importance et les résultats nous ont déjà été révélés.

C'était au printemps de 1633 qu'il devait honorer de sa présence le doyenné de Breteuil. Vincent de Paul et ses prêtres le précédèrent, portant les paroles de la foi et préparant les fidèles à la Confirmation; le prélat vint au lendemain de Pâques, acheva de sa touchante éloquence ce que les ouvriers évangéliques avaient commencé et couronna cette retraite fructueuse par une visite non moins utile à l'abbaye du lieu. Jusqu'alors, en effet, malgré les injonctions de l'autorité diocésaine, malgré ses commissaires et ses règlements, malgré l'élection en 1627 d'un prieur exemplaire, Jean Delacroix (1), tous les efforts étaient restés inutiles pour remettre en vigueur dans ce monastère la règle de saint Benoît (2).

Les sévérités du nouvel élu n'avaient abouti qu'à soulever une partie de la communauté; plainte avait été portée devant l'évêque, et le chanoine Froissart s'était vu chargé d'en instruire.

Derrière lui les prêtres de la Mission étaient venus, exhortant les moines à une plus rigoureuse observance,

---

(1) Il sortait du collège de Cluny à Paris.
(2) Nous avons déjà vu ailleurs que René Potier y avait, lui aussi, tenté sans succès quelques réformes.

mais ç'avait été peine perdue, et l'on n'avait rien gagné sur le plus grand nombre.

Cette fois, d'accord avec le prieur, Augustin assembla les religieux en Chapitre et leur adressa une courte allocution sur les devoirs acceptés par chacun d'eux et sur la faute mortelle de ceux qui s'en écartaient; puis, comme il questionnait Jean Delacroix.

— Monseigneur, lui fut-il répondu, on ne sait de communautés bien régulières que celles de Saint-Maur, et jamais il n'y aura ici d'exacte discipline tant que nous ne serons pas incorporés à cette Congrégation (1).

Et tout à l'instant, une requête dans ce sens fut présentée au prélat par la portion saine de l'abbaye. C'était entrer dans les vues de celui-ci, mais les irréguliers protestèrent, et l'abbé commandataire, André Frémyot (2), eut l'étrangeté de les soutenir.

Plusieurs années se passèrent donc en procédures auxquelles on ne voyait point de fin, quand Augustin, irrité de tant de lenteurs, frappa le coup décisif en rendant cette ordonnance :

« Nous, Augustin Potier, évesque, comte de Beauvais, vidame de Gerberoy, pair de France :

» Pour certaines raisons à nous connues et qui sont suffisamment connues aux religieux de l'abbaye de Breteuil, leur faisons deffense de recevoir aucun novice dans ladite maison jusqu'à ce que nous en ayions autrement

---

(1) Deletthe, t. III, p. 412.
(2) Ancien archevêque de Bourges.

ordonné..... voulons que la présente soit signifiée au prieur et aux religieux de ladite abbaye. »

» Fait le 22 juillet 1639.

» ☩ Augustin
» *évesque de Beauvais* (1). »

Une semblable interdiction vouait la communauté à une décadence rapide ; cinq ans après, elle ne comptait plus que cinq moines, et les malheureux, se reconnaissant vaincus, souscrivaient enfin à l'introduction d'une règle nouvelle.

Nous avons dû conduire tout d'une traite cet incident vers sa solution ; force nous est maintenant de revenir sur nos pas jusqu'au 1ᵉʳ juin de l'année 1634. A cette date, notre évêque « avait perdu à Paris le président de Blancmesnil, son père, vénérable par sa vieillesse et par son mérite, n'y ayant point alors de magistrat dans tout le royaume qui fût parvenu comme luy à l'âge de quatre-vingt-quatorze ans, avec la santé du corps et de l'esprit qu'il avait toujours conservée. »

« Augustin estant à Paris dans le temps de sa mort luy rendit les derniers devoirs et fit le service solennel de ses funérailles en habits pontificaux, avec la permission de Mᵍʳ de Gondy, dans l'église des Saints-Innocents, qui est le lieu de sépulture de ses ancestres (2). »

Un tel fils récitant les dernières oraisons sur le cercueil d'un tel père, cela certes, suffisait pour donner de la grandeur à la cérémonie, mais il est permis de

---

(1) *Histoire de M. S. de Bret.*, p. 571-600.
(2) Hermant, p. 1985.

supposer que l'émotion en était amoindrie par le souvenir des mésintelligences dont il a été précédemment parlé.

Ce décès faisait chef d'armes et aîné de la famille un jeune homme, René Potier de Blancmesnil, fils de Nicolas d'Ocquerre, qui, pour lors, achevait ses études au collège de Navarre. Bien des deuils, en effet, s'étaient, depuis quelques années, succédé autour de M. de Beauvais. Après l'évêque René, ses deux autres frères s'en étaient allés : Bernard, sieur de Silly, président au Parlement de Bretagne, et Nicolas d'Ocquerre, le secrétaire d'État; puis c'avait été le tour de sa sœur Isabeau, mariée au Maître des Requêtes Oudard Hennequin, et celui, pour finir, de Théodore Choart de Buzenval, son beau-frère.

A peine avait-il pu regagner son diocèse que, dans ce même mois de juin 1634, Adrien de Boufflers, bailly de Beauvais, ayant perdu sa femme, Louise Hennequin, s'en vint demander au Chapitre de recevoir le corps à la porte de la ville, pour le conduire en procession à l'autre porte, vers Cagny, où l'ensevelissement devait avoir lieu. La grâce lui en fut accordée, autant pour les vertus de la défunte que pour la considération dont les Boufflers jouissaient en Beauvoisis.

« Messire Augustin Potier, qui estoit d'une façon toute particulière avec Adrien de Boufflers, et qui mesme avait deux neveux proches parents de cette dame, voulut marcher à la queue de cette pompe funèbre où se trouva en grand nombre toute la noblesse du pays (1). »

(1) HERMANT, p. 1987. Cet Adrien, sieur de Cagny, vicomte de Ponches, fut le grand-père du maréchal de Boufflers.

C'est encore à la fin de 1634 que se place la participation de notre prélat à la grande querelle du duc d'Épernon et de l'archevêque de Bordeaux. Nous ne saurions, sans sortir des conditions de cette étude, faire plus que de résumer un différend qui occupa longtemps les cours de France et de Rome et sur lequel nombre d'ouvrages ont été écrits (1).

Il n'est pas, d'ailleurs, que le lecteur n'en sache déjà quelque chose.

Jean-Louis de Nogaret de la Valette, d'abord favori de Henri III et duc d'Épernon par les faiblesses de ce prince, puis gouverneur de huit provinces, colonel général de l'infanterie et amiral de France, soldat brave, mais général médiocre, compromis peut-être dans le meurtre de Henri IV, en tout cas, activement mêlé aux intrigues de trois règnes, était venu de très bonne heure à un degré intolérable d'orgueil et de faste; on conte qu'il n'allait d'ordinaire au Louvre que suivi de sept ou huit cents gentilshommes. Il en sortait certain jour quand, sur l'escalier, Richelieu le rencontrant lui demanda s'il n'y avait rien de nouveau.

— Rien, fit amèrement le duc, sinon que vous montez et que je descends.

Vraie ou fausse, l'anecdote dit bien quelle fut la rivalité des deux personnages. M. d'Épernon dut céder et, plutôt que d'être le second à la cour, échangea la plupart de ses gouvernements contre celui de la Guyenne qui lui valait un million de livres et où il comptait bien

---

(1) Bibliothèque historique de France, t. 1er, p. 561.

être le premier. Mais le siège de Bordeaux étant devenu vacant, le cardinal, à dessein sans doute, y mit un archevêque dont le caractère ne savait non plus ni se contraindre ni fléchir. C'était ce turbulent Henri d'Escoubleau de Sourdis, qui fut intendant de l'artillerie à La Rochelle, qui venait de faire, en 1633, la campagne d'Italie, et qui, jetant encore une fois la crosse pour l'épée, devait assister M. d'Harcourt en 1658 à la reprise des îles Sainte-Marguerite.

Entre deux hommes de cette trempe, le conflit ne pouvait manquer d'être immédiat et permanent, et l'on vit M. d'Épernon s'appliquer avec des raffinements diaboliques à blesser, à humilier, à tyranniser le prélat, et allant, dans une scène odieuse, jusqu'à l'insulter et à le frapper en place publique; l'autre protestant par devant notaire contre chaque acte de violence, mettant habilement de son côté le clergé, le peuple et le Parlement, mais confondant trop volontiers les intérêts de l'Église avec les siens propres et abusant des armes spirituelles pour excommunier solennellement le duc, ses officiers et ses gardes, voire même pour frapper d'interdit toutes les églises de Bordeaux. On ne pouvait cependant lui donner tort; ses griefs furent déférés à une assemblée de vingt-cinq archevêques et évêques dont était Augustin Potier et devant laquelle le duc, inquiet à la fin de ses excès, se déclara prêt à toutes les soumissions désirables. Par malheur, il avait d'implacables ennemis, et rien ne put empêcher l'envoi d'une députation au roi, non plus qu'une harangue véhémente de M. d'Arles demandant un châtiment exemplaire et sûreté pour le clergé, ce qu'oyant l'évêque de Nantes, Cospéan, se serait écrié « que si

Satan se pouvoit soumettre envers Dieu au point que faisait M. d'Épernon il obtiendroit miséricorde ».

M. de Beauvais avait trop de générosité dans l'âme pour ne pas sentir en cette extrémité quelque pitié du triste duc, trop de justice pour se vouloir associer à une rigueur qui semblait excessive. MM. de Sens, de Toulouse et du Mans s'unirent à lui et quelques autres encore (1), et « ces prélats reconnus de toute la France pour personnes de grand mérite et de grand exemple firent à M. d'Espernon tous les offices que la condition du temps pouvoit permettre, mais il y avoit une puissance qui rendoit toutes les autres impuissantes et il leur fallut céder à la force qui fait la loy aux meilleures raisons ».

En effet, un arrêt du Conseil était intervenu qui enlevait au duc toutes ses charges, ses honneurs et ses gardes; l'affaire prenait ainsi la plus fâcheuse tournure, lorsque soudain toute la colère de Richelieu tomba; le duc de la Valette, frère de M. d'Épernon, et qu'on tenait pour le parti le plus considérable de la cour, s'offrait à épouser une parente du cardinal, la fille du baron de Pont-du-Château. Dès lors, tout s'accommoda, et le coupable en fut quitte pour perdre son gouvernement de Metz et pour recevoir dans une humble posture de la main même de son ennemi l'absolution qui lui était envoyée de Rome.

Nous le laisserons à sa défaite pour retourner avec Augustin dans sa ville où il était annoncé déjà par un

----

(1) *Histoire de la vie du duc d'Épernon*, par M. Girard, t. III, p. 261.

billet de Vincent à Mlle Legras touchant les bureaux de Charité (1) :

« J'ay envoyé votre lettre à Mgr de Beauvais, lui mandait-il. Il part dès aujourd'huy et pourra être samedy à Beauvais. Vous luy parlerez. »

Le saint homme nous apprend encore qu'Augustin présida à plusieurs missions dans cette même année (1635)..... « Mgr de Beauvais doit aller faire à Beauvais la mission au mois d'octobre (2) », écrit-il, et plus loin : « Mondit Mgr de Beauvais s'en va faire la mission à Liancourt. » Hélas ! tant de pieuses pratiques ne devaient point avoir cette vertu d'épargner de grands malheurs au diocèse.

Nous avions, en 1636, la guerre de tous les côtés à la fois ; sur le Tessin, où Créqui et le duc de Savoye tenaient tête au marquis de Leganez ; en Alsace, dont le cardinal de la Valette ravitaillait les forteresses ; en Franche-Comté, où le prince de Condé luttait avec des forces inégales contre le duc de Lorraine ; dans la Méditerranée, où la flotte espagnole chassait M. d'Harcourt des îles Sainte-Marguerite ; à Bayonne, enfin, que le duc de la Valette réussissait à protéger.

Nos armes ainsi dispersées, on avait, par une incroyable négligence, laissé dégarnir la plus importante de nos frontières, celle de Picardie ; l'ennemi l'avait franchie, s'était aisément rendu maître de plusieurs petites villes mal pourvues, et, portant avec lui le fer et le feu, avait pénétré

---

(1) À la date du 22 juillet 1635. Voir PILLET et DEMOULINS, *Lettres de saint Vincent de Paul*. 1882.

(2) *Ibid.*, 1880.

dans le Beauvoisis. Là, du moins, on prétendait résister, car Beauvais passait alors pour un des boulevards du royaume, et, sur les collines du Mont-Capron et de Saint-Symphorien qui le dominent, on avait entrepris de construire deux forts. Augustin Potier (1) « remplit en cette occasion tous les devoirs d'un bon évesque et d'un fidelle serviteur du roy. Dès que la nouvelle de l'irruption de l'ennemy avoit été confirmée, il estoit monté en chaire pour exhorter son peuple à appaiser la colère de Dieu par des prières et à demeurer inviolablement attaché au service de son prince, sans se laisser ébranler par la crainte du péril. En sa qualité de comte et seigneur, il assistoit souvent aux délibérations de l'Hostel de Ville », il encourageait les travailleurs de sa présence et de ses paroles, il voulut donner le premier coup de pioche à la tranchée du Mont-Capron (2), et comme « l'argent manquait, pour en soutenir la dépense il se cotisa avec le Chapitre, le corps de ville et plusieurs particuliers habitants (3) ».

À la vérité, il ne revêtit point la cuirasse de M. de Bordeaux, mais son ardeur à la défense ne put être trop admirée, et nous voyons même qu'il fit un voyage à la cour pour concerter avec le roi et ses ministres les moyens d'opposer une barrière à la violence des Espagnols (4).

---

(1) HERMANT, p. 1998.

(2) Relatons en passant qu'on y découvrit un très précieux temple à Bacchus.

(3) HERMANT, p. 2004, délibération du 23 octobre 1636.

(4) *Ibid.*, p. 1998.

Ceux-ci commettaient les plus grandes atrocités, pillant, dévastant, brûlant les bourgs et les châteaux et massacrant leurs habitants. Le prélat dut « demander à la ville qu'on envoyast quelques soldats pour la garde de sa maison de Bresles, qui estoit exposée de plus près à l'incursion de l'ennemy, ce qui fut accordé ». Tout fuyait; les religieuses de Saint-Paul entre autres, justement effrayées, crurent devoir se réfugier dans la cité épiscopale; elles y arrivèrent en procession sous la conduite de leur abbesse, Madeleine de Sourdis, furent installées par Augustin dans une aile de son évêché et y demeurèrent sans la moindre atteinte à leur règle, autant que dura le danger. Le siège fut court et meurtrier. Pour maintenir le privilège qui les exemptait de toute garnison, les bourgeois avaient refusé le régiment de Brézé envoyé par le roi; mais, soutenus par leur évêque, ils justifièrent une fois de plus leur vieille réputation de bravoure, repoussèrent l'Espagnol dans deux terribles assauts, le poursuivirent jusqu'à Corbie, que M. de Soissons reprit après les transes que l'on sait, et contribuèrent ainsi à le chasser de France.

Malheureusement, pendant ce temps même, la peste avait éclaté de nouveau dans le Beauvoisis, engendrée bien fatalement par l'accumulation sur certains points de tant de gens et de tant de maux.

Augustin Potier, à la hauteur de toutes les épreuves, « n'épargna rien encore pour le soulagement des malades et pour empêcher les progrès de l'infection. Comme la première fois, il exposa souvent sa personne, notamment dans le village de Harmes, voisin de Bresles, pour assister spirituellement ceux qui en estoient affligéz, et les misères de cette année fournirent une abondante moisson à sa charité pastorale (1) ».

On se figure en effet sans peine ce que dut être sa tâche après la rencontre de pareils fléaux; il s'y dépensa avec la passion du bien que nous lui connaissons, et celui « dont les exemples et les conseils avaient si puissamment contribué à la conservation de Beauvais (2) » usa de toutes ses ressources personnelles, fit appel à tous les sentiments généreux pour soulager un peuple misérable, sans abri et sans pain. Peu à peu les familles dispersées se rapprochèrent, on rebâtit les villages, les églises furent restaurées, et le digne pasteur s'en allait bénissant celles de Saint-Just, de Luchy, de Moutiers, d'Hennevillers, de Tricot, de Fouilleuse, et bien d'autres encore.

Cependant, il y avait des heures où sa pensée était distraite de tous ces soins par les bruits inquiétants qui venaient de la cour. Sa charge de grand aumônier l'avait mis depuis longtemps dans la confiance d'Anne d'Autriche et jusque dans son amitié. Or, il savait la pauvre princesse incessamment poursuivie par ce qu'on aurait pu appeler la haine amoureuse du cardinal. Accusée d'intelligence avec les princes réfugiés à Sedan, avec ce comte de Soissons qui avait fait à Richelieu l'injure de refuser la main de Marie de Combalet, sa nièce, avec cet Henri de Lorraine, qui, cardinal et archevêque de Reims, voulait sacrifier son siège et quatre cent mille francs de rentes à sa fantaisie d'épouser Anne de Gonzague, enfin

---

(1) Hermant, p. 2004.
(2) Delettre, t. III, p. 418.

avec le duc de Bouillon, l'âme de tous les complots où l'Espagne était mêlée. L'épouse de Louis XIII avait vu ses cassettes fouillées au Val-de-Grâce, et son corsage même visité insolemment par le chancelier Séguier en présence de l'archevêque. Elle eût été perdue si l'on eût découvert la moindre lettre, le moindre papier compromettants, « on ne parlait de rien moins que de la renvoyer dans son pays, et, si cela eust esté, Augustin Potier avait résolu de ne la point abandonner dans sa disgrâce et de la suivre partout, quoiqu'il pust arriver (1) ».

Mais le ciel permit que toutes les recherches demeurassent vaines, et, dans les derniers jours de 1637, un heureux rapprochement, suivi d'une grossesse inespérée, devint pour la reine une justification qui rompit toutes les mesures de ses ennemis.

Le 19 avril 1638, le maréchal de Chastillon, huguenot qui commandait l'armée du roi en Picardie, arriva à Beauvais et s'y établit en attendant que toutes choses fussent prêtes pour former un siège (2).

Son oncle, le cardinal de Chastillon, avait été évêque de cette ville, on ne l'avait point oublié et l'on y fit au neveu de grands honneurs. « Pendant son séjour qui fut assez long, Augustin eut de fréquentes conversations avec luy. Ce prélat, qui ne pouvoit voir sans regret l'engagement où sa naissance l'avoit mis dans une religion si contraire à son salut, eut avec luy quelques conférences passagères à ce sujet et ne désespéra point de voir un

---

(1) HERMANT, p. 2006.

(2) Il avait en vue Saint-Omer qui devait lui échapper et causer sa disgrâce.

jour ce précieux changement en sa personne (1). »

« Mais les profonds jugements de Dieu ne donnèrent point cette consolation à M. de Beauvais (2). »

Le roi, par contre, en réservait une bien sensible à sa piété en plaçant, dans la même année, le noble pays de France sous l'égide de la Vierge Marie, un peu sans doute à cause des espérances de la reine.

Effectivement, le lundi 12 juillet, Augustin transmettait au Chapitre les ordres que Sa Majesté lui avait adressés à ce sujet (3) :

« Mon cousin, ayant par mes lettres patentes du 10 février dernier, déclaré que je prends la très glorieuse Vierge, Mère de nostre Sauveur, pour protectrice spéciale de mon royaume et que j'entends qu'il en soit fait commémoration au jour et feste de l'Assomption en chaque année, je vous fais celle-ci pour vous exhorter de vostre part d'exécuter ma ditte déclaration, tant en vostre cathédrale qu'en toutes les autres de vostre diocèse, faisant publier au jour de l'Ascension et aux trois festes et dimanches prochains suivant le contenu en icelle afin que chacun se prépare à s'offrir avec moy à la bienheureuse Vierge et à joindre ses prières aux miennes pour qu'il luy plaise de faire ressentir au royaume les effets de sa puissante protection..... C'est ce que je vous

---

(1) Il devançait en cela les efforts que Mazarin tenta dans le même sens en 1643. Voir aux carnets de Mazarin, premier carnet, p. 106.

(2) HERMANT. p. 2006.

(3) HERMANT, p. 2007.

diray par la présente, priant Dieu qu'il vous ayt, mon cousin, en sa sainte garde.

» Escrit à Saint-Germain-en-Laye, le 22e jour de may 1638.

» *Signé :* LOUIS. »

Et plus bas :

« DE LOMÉNIE. »

« Le Chapitre inséra cette lettre dans ses registres, et la fête fut célébrée comme le roi l'avoit prescrit.

» Le 13 août suivant, Jean de Chaigne, l'un des anciens chanoines de la cathédrale, dit au Chapitre, de la part de l'évesque, que plusieurs Églises de France avoient présenté des reliques à la reine en considération de sa grossesse, que Sa Majesté avoit receu très agréablement cet office, et que l'église de Beauvais estant voisine de Saint-Germain, ne le cédant à nulle autre du royaume en dévotion ni en loyauté, possédant d'ailleurs de très belles reliques de saint Just, de saint Germès et notamment de saint Evrost, qui, par son intercession, avoit impétré de Dieu un fils pour un bourgeois de la ville, il estoit à propos de députer quelques chanoines vers la reyne pour aller avec M. de Beauvais offrir à Sa Majesté quelques reliques de saints. Cette proposition fut acceptée par le Chapitre après meure délibération et l'on désigna M. Isaac de Bullandre, doyen, et Pierre Menguelen, promoteur, pour accompagner Messire Augustin. Ils exécutèrent leur commission et rapportèrent à la compagnie la vénération avec laquelle Sa Majesté avoit accepté leur présent et la gratitude qu'elle leur en avait témoignée (1). »

---

(1) HERMANT, p. 2008.

Et, le 5 septembre, la reine mit au monde un fils que toute la France appela Dieudonné !

Quelle allégresse, quels transports, quel *hosannah* saluèrent partout cet événement inespéré ! Il faudrait pour les comprendre avoir vécu dans ces siècles de royalisme et de foi si différents du nôtre ; quant à Louis, plein d'une extrême joie, il voulut unir encore les prières de son peuple à l'élan de sa propre reconnaissance, et notre évêque reçut les lettres ci-après qui furent communiquées sans retard au Chapitre (1). »

« Mon cousin, ayant plu à Dieu de me donner l'accomplissement de tous mes désirs dans la naissance d'un fils duquel la reyne mon épouse s'est aujourd'huy heureusement délivrée, j'ay d'autant plus de sujet de louer et remercier sa divine bonté avec tous mes bons sujets que j'estime que ce sera un moyen dont elle se voudra servir pour redonner à la chrestienté la paix si universellement désirée..... C'est pourquoy je vous fais celle-cy pour vous dire que vous ayez à en faire chanter le *Te Deum* en la plus grande cérémonie qui se pourra et avec processions générales et prières..... Ce quoy m'asseurant que vous n'omettrez aucune chose de ce qui a accoustumé d'être fait en semblable occasion, je prierai Dieu, qu'il vous ait, mon cousin, en sa sainte garde.

» Escrit à Saint-Germain-en-Laye, ce 6e jour de septembre 1638.

» *Signé :* LOUIS. »

Et plus bas :

» DE LOMÉNIE. »

---

(1) HERMANT. p. 2009.

En conséquence, il y eut à Beauvais procession après Vêpres, en très grande pompe, feux de joie le soir et réjouissances générales, et il en fut ainsi par tout le royaume.

Le jour même, le dauphin avait été ondoyé dans la chambre de la reine par l'évêque de Meaux, Dominique Séguier, remplaçant le grand aumônier du roi. Plusieurs prélats y étaient, et Augustin Potier au premier rang. Il assista de plus, ledit jour, en rochet et en camail, avec l'ancien archevêque de Bourges, André Frémyot, et les évêques de Lisieux, de Châlons et de Dardaine, au *Te Deum* que le roi fit chanter en sa présence dans la chapelle du vieux Louvre.

L'année 1639 ne fut pas moins bien remplie que les précédentes pour celui qui nous occupe. D'abord, il eut, le 26 mai, l'honneur de recevoir, dans Gerberoy, Louis XIII s'en allant à l'armée. Puis on le voit établir à Clermont, par lettres canoniques, une communauté d'Ursulines semblable à celle qui faisait dès lors tant de bien aux enfants pauvres de Beauvais, et M. Vincent accourut à sa prière pour visiter l'une et l'autre maison, pour y affirmer l'esprit de foi, pour l'y développer s'il se pouvait davantage.

Au mois d'août, Augustin était à Paris.

« J'ai esté ce matin au sacre de M. l'évêque d'Aleth qui s'est faict à Saint-Lazare, écrit l'abbé Arnauld au président Barillon (1).

» Il y avoit un très grand monde. M. de Beauvais a

---

(1) *Lettre de l'abbé Arnauld au président Barillon*. Bibliothèque nationale. Manuscrits français 20632, f. 38.

faict la cérémonie, assisté de MM. de Senlis et de Bayonne (21 août 1639). »

Nous avons dit plus haut combien il s'était ardemment employé à effacer dans son diocèse les traces matérielles des fléaux qui s'y étaient abattus; il n'avait pas eu, on le pense bien, un moindre souci de ses ruines morales : les mœurs dissolues, la religion délaissée, les devoirs qu'elle impose méconnus, faisaient le sujet de ses préoccupations attristées et lui inspirèrent à cette époque de nombreuses ordonnances qui devaient être réunies et publiées plus tard (1).

Ce fut aussi dans ce même temps (2) que, d'accord avec plusieurs de ses confrères, il écrivit aux évêques de France pour provoquer la condamnation de deux livres également dangereux à l'unité catholique, dont l'un était intitulé : *Traicté des libertez de l'Église gallicane*, l'autre : *Preuves des mêmes libertez* (3).

Cette dénonciation, accueillie avec empressement par l'épiscopat tout entier, fut le prélude en quelque sorte des grandes querelles de l'Optatus dont il va être parlé. Mais il conviendrait de dire auparavant comment notre prélat fut amené à prendre parti contre le cardinal, contre son despotisme toujours et chaque jour plus redoutable à l'Église; les incidents que nous allons retracer sont peut-être d'ailleurs un peu oubliés, encore qu'ils aient passionné durant plusieurs années le clergé, Rome et la cour, et ils complètent de si particuliers

----

(1) En 1644 et 1645.
(2) *Gallia christiana*, t. IX, col. 766.
(3) Ces deux volumes étaient des frères Dupuy.

détails le personnage de Richelieu que nous serons sans doute excusés de nous y arrêter un instant.

Le siège de Toulouse appartenait alors à un homme infiniment distingué, très érudit, possesseur d'une bibliothèque magnifique et en relation avec tout ce qui se pouvait d'éminent. C'était Charles de Montchal (1), le fils d'un apothicaire d'Annonay; il avait été précepteur du cardinal de la Valette qui se démit de cet archevêché pour le lui faire avoir, et Tallemant dit de lui « qu'il était le premier homme du clergé (2) ».

Nous l'avons déjà rencontré dans un fragment de lettre où Vincent de Paul lui parle de M. de Beauvais; il était lié avec notre évêque et fut à son imitation un des premiers à établir chez lui des retraites d'ordinands.

Donc, Montchal a laissé des *Mémoires* qui ne sont guère qu'une relation rapide de l'Assemblée de 1641. On peut certes regretter qu'il ne leur ait pas donné plus d'ampleur, car la lecture en est facile et attachante, malgré l'aridité du sujet. Mais, tels qu'ils sont, ils nous vont fournir sur les points qui nous intéressent des éclaircissements qu'on ne trouverait nulle autre part.

Richelieu était fort aigrement avec le Pape vers la fin de 1639. Celui-ci avait refusé à celui-là les bulles qu'il désirait pour les abbayes de Cîteaux et de Prémontré, car on avait remarqué qu'il s'efforçait d'avoir toutes les maisons, *chefs d'Ordre* dans le royaume, et l'on y voyait comme l'arrière-pensée de constituer une Église de France dont il serait le patriarche. Urbain VIII, en

---

(1) Né en 1589, mort en 1651.
(2) Tallemant des Réaux, t. VII, p. 22.

outre, se montrait assez tiède au chapeau que le roi avait promis à Giulio Mazarini.

De ces mauvais procédés, le cardinal se vengeait en refusant de recevoir le nonce Scoti, en interdisant aux évêques tout commerce avec lui et en annonçant la réunion d'un Concile national qui rendrait à la couronne sur l'élection des évêques les droits qu'elle avait abandonnés par le Concordat : il faisait tout en un mot pour jeter le clergé dans la querelle entre la France et Rome.

Sur ces entrefaites, le prince de Condé ayant, de passage à Toulouse, visité M. de Montchal, leur causerie alla tout naturellement vers ces graves questions, et ils s'entretinrent de certaines assemblées tenues à Sainte-Geneviève, où plusieurs prélats s'étaient prononcés pour que Sa Majesté sollicitât du Pape la modération des Annates. Cette redevance venait en effet d'être portée à un taux très onéreux pour les titulaires d'évêchés ou d'abbayes.

Le prince raconta alors à son hôte que « les promoteurs de cette délibération ayant demandé qu'elle fût signée, comme le cardinal de la Rochefoucauld avoit la plume en main pour la souscrire, l'évesque de Beauvais l'en avoit diverti, luy représentant le péril qu'il y avoit d'engager le clergé dans une contestation avec le Saint-Siège, ce qui avoit irrité le cardinal contre cet évesque vertueux, mais d'autre costé luy avoit acquis une grande estime et réputation parmi le peuple. Et ce prince..... ne se pouvoit contenir de le louer (1) ».

Ainsi, par l'intervention d'Augustin, la délibération n'avait été ni signée ni envoyée, et le ministre, outré de

______

(1) *Mémoires de Montchal* (1713), t. Ier, p. 39 et suiv.

la désobéissance du clergé, avait inauguré contre lui un système de persécution vraiment inqualifiable. Un édit parut le 16 avril 1639 que l'on croirait d'aujourd'hui, tant il est arbitraire, et qui prouverait au besoin que toutes les tyrannies obéissent aux mêmes suggestions. Cet acte déclarait odieusement « que les ecclésiastiques, communautés et autres gens de main morte sont incapables de posséder des biens immeubles en France, que le roy les peut contraindre d'en vuider leurs mains, et, à faute de ce faire, les réunir à son domaine, qu'ils ne les possèdent que par pure grâce de Sa Majesté etc. »

D'où cette conséquence qu'on leur laisserait ce qu'ils avaient, mais à condition pour eux de payer des droits évalués par Bullion à 80 millions, et avec l'obligation de produire sous huit jours, à peine de confiscation, des déclarations et justifications établissant nettement la précarité des biens d'Église. Et c'était un prince de cette Église qui avait dicté cela! En vérité, l'on croit faire un mauvais rêve, car c'est exactement la formule des expulseurs de notre temps; avant eux, elle a servi aux Jacobins de 1793 qui l'ont appliquée violemment mais logiquement, et ainsi l'on pourrait soutenir à la rigueur que sur ce point le Capucin Chabot procède de Richelieu comme la pratique de la théorie.

Cependant, la couronne n'avait pas tardé à rabattre beaucoup de ses exigences. « On commence à parler du clergé pour l'année prochaine, écrivait Arnauld à Barillon (1) le 4 décembre 1639.

---

(1) Bibliothèque nationale. Manuscrits fonds français 20 632, f. 199. *Lettre de l'abbé Arnauld au président Barillon.*

» On ne nous menace pas de peu, et enfin M. le cardinal
a tesmoigné que si on veult donner six millions de livres,
on sera deschargé des amortissements et de tout le reste
dont on nous fait peur..... on m'a dit que quelques prélats qui sont icy offrent déjà 4 millions. MM. de Beauvais, de Sens et de Senlis ne sont pas de l'avis de tous
les autres. »

Augustin donnait ici encore un exemple de résistance
qui pouvait être contagieux, et Richelieu répondit sur
l'heure (janvier 1640) par un second édit « faisant
financer ceux qui sont exempts des tailles pour la confirmation de leurs exemptions ». Ce coup visait directement le clergé.

Or, « toutes ces entreprises se faisoient, dit M. de Toulouse, quand la Providence de Dieu..... suscita la plume
d'un personnage qui n'a pas voulu estre cogneu, pour
escrire et publier un livre latin sous le nom d'*Optatum
Galliæ* ». Ce livre avertissait les prélats d' « allumer leur
zèle et d'eschauffer leur courage, pour résister aux
malheurs qui menaçoient la France ». Il affirmait « que
toutes les procédures du cardinal n'estoient que des
entreprises contre le Saint-Siège pour former un schisme...
que le mouvement qu'on avoit donné à quelques prélats
de faire remontrance au roy sur le sujet des Annates
tendoit à préparer la dissension entre le clergé de France
et Sa Sainteté; qu'encore que la demande fût juste,
néanmoins elle estoit faite à contre temps et plus propre
à aigrir les esprits qu'à obtenir une réduction..... Enfin,
qu'on voyait sortir tous les jours de la boutique du cardinal tant d'horribles machinations contre l'ordre et la
juridiction de l'Église, qu'on ne pouvoit plus douter

que ce ne fussent des artifices pour en irriter le chef et
le forcer d'user des censures, afin d'en prendre occasion
de procurer dans le royaume une soustraction générale
de son obéissance et pour usurper dans le schisme le
titre de patriarche qu'il ne pouvoit obtenir dans
l'union..... »

« Toutes ces choses, poursuit Montchal (1), offensoient
d'autant plus le cardinal qu'elles estoient véritables, n'y
ayant rien qui offense plus ceux qui font quelque mauvais dessein que de le voir découvert. M. de Richelieu fit
donc faire de grandes persécutions de l'auteur pour le
punir cruellement, et n'en ayant pu avoir aucunes nouvelles, il crut que l'évesque de Beauvais avoit fait composer cet écrit à cause qu'il avoit empesché que les prélats ne signassent la demande de la modération des
Annates, ce qui lui avoit attiré une grande approbation
des gens de bien. C'est pourquoy le cardinal fit écrire un
grand libelle (2) contre ce prélat, plein d'injures basses et
ridicules qui sont d'ordinaire employées au défaut de
bonnes raisons; et outre cet écrit, il donna charge à
diverses personnes qu'il avoit à son commandement ou
aux pensions du roy de répondre à ce livre..... »

Il y avait dans ce conflit tout autre chose, croyons-
nous, qu'une prétention bien chimérique de Richelieu à
devenir le pape de France; il y avait la volonté de mettre
la main sur les affaires du clergé et d'en tirer un accroissement de force incalculable; c'était ce désir d'envahis-
sement de l'Église par l'État dont Louis XIV et Napo-

---

(1) *Mémoires*, t. Ier, p. 39 et suiv.
(2) L'*Apotreptieus*, dont il sera parlé plus loin.

léon continuèrent la tradition et tentèrent vainement la réalisation complète, et où quelques avocats essoufflés s'essayent encore à cette heure, misérablement; c'était de plus une audacieuse méconnaissance des privilèges ecclésiastiques en matière d'impôt, puisque l'Église, au lieu de consentir dans ses assemblées une contribution toujours renouvelée mais toute volontaire, se voyait frappée d'un droit permanent et assujettie aux taxes communes. Nous ajouterons qu'on ne s'en tenait pas à de simples menaces, que des arrêts formels avaient été rendus, et que cette violence, la plus scandaleuse dont on eût mémoire, allait s'accomplir avec la connivence des propres agents du clergé gagnés par le cardinal.

Est-il besoin de dire si l'émoi fut grand? Des réunions eurent lieu dans plusieurs provinces, et les intéressés reçurent avis « de résister par tous les moyens possibles au payement de ces sommes que nul n'avoit le droit d'imposer sur l'Église, et de laisser vendre plutost leurs surplis et leurs calices mesmes que d'y consentir ». Ces résolutions qu'on parlait de pousser jusques à « fermer les temples » avaient été dénoncées à Richelieu et au secrétaire d'État de Noyers (1).

Les prélats, ils le savaient, correspondaient de leur province avec M. de Nismes, alors en cour, et lui avaient recommandé « de conférer de tout avec l'archevesque de Sens et l'évesque de Beauvais, lesquels ils connaissoient très intelligents aux intérêts du clergé et très zélés pour le défendre, les priant encore d'écrire par tous les Ordinaires aux archevesques de Narbonne et de Thoulouze

____

(1) AUBERY, *Histoire de Richelieu*, in-f° 1660, p. 107.

et à l'évesque de Mande..... avec asseurance que de leur côté ils exécuteroient fidellement et courageusement ce qui leur seroit prescrit; mais, ajoute amèrement Montchal, ils ne reçurent de ces prélats ni réponse ni advis. »

Comment expliquer ce silence? Serait-ce que la cour rend prudents les plus loyaux, circonspects les plus épris de la justice et du bon droit? Était-ce pour Augustin que, grand aumônier et ami d'une princesse toujours inquiétée, il ne pouvait, sans risquer de lui nuire, suivre l'indépendance de son caractère et se déclarer trop ouvertement contre le Conseil? Au demeurant, nous avons la preuve que, s'il n'écrivait pas, il savait du moins parler et agir.

On aima mieux d'ailleurs autour du roi ne pas pousser les choses à l'extrême, et Richelieu, comprenant qu'il n'aurait pas raison du premier Corps de l'État comme d'un Marillac et d'un Montmorency, se prit à rechercher lui-même des moyens d'accommodement.

Justement, une Assemblée du clergé devait se tenir en cette année 1640, et tout d'abord l'intention du cardinal avait été de l'empêcher, mais le retentissement que ce nouvel attentat ne manquerait pas d'avoir à Rome, les éloges que le Saint-Père avait hautement donnés à la conduite des évêques, beaucoup aussi « l'influence et les démarches de ceux de ces prélats qui estoient à Paris (1) », modifièrent à propos les dispositions de Richelieu. Peut-être encore des esprits insinuants lui avaient-ils fait entrevoir la possibilité de ramener cette assemblée à ses vues par des concessions, par des restitutions de franchises qui sembleraient d'autant plus précieuses

---

(1) Montchal.

qu'on en aurait désespéré davantage. Les négociations, toutefois, furent longues et ardues et ne firent qu'ajouter à l'irritation de Richelieu contre Augustin. L'abbé Arnauld nous renseigne fort précisément à cet égard.

« L'affaire du clergé, écrivait-il le 21 novembre 1640, n'est pas encore ajustée..... M. le cardinal dict dernièrement qu'il ne vouloit pas régler sa conscience sur celle de M. de Beauvais (1). »

Et le 28 novembre : « L'affaire du clergé est comme accommodée. Il y aura Assemblée générale qui donnera au roy six millions de livres, ou le quart du revenu des bénéfices. Elle sera convoquée pour la Chandelleur... (2). »

Et encore le 2 décembre : « L'affaire du clergé est embrouillée depuis deux jours, M. de Bullion voulant avoir, oultre les six millions, de quoy dédommager le partisan..... MM. les évesques ont député vers Son Eminence M. de Sens et trois autres..... M. de Sens a signé le traitté des six millions, mais M. de Beauvais ne s'est point voulu trouver à tout cela ; son sentiment estoit que l'on laissast prendre ce que l'on voudroit, mais que l'on n'accordast rien volontairement (3).

Et le 18 décembre enfin : « Les dispositions à nostre brouillerie avec Rome paroissent tous les jours plus grandes..... M. le cardinal de la Rochefoucauld et MM. de Sens, de Beauvais et de Senlis n'ont point voulu signer

---

(1) Bibliothèque nationale. Manuscrits fonds français, 20 633, fo 147.

(2) Bibliothèque nationale. Manuscrits fonds français 20 633, fo 152, verso.

(3) Bibliothèque nationale. Manuscrits fonds français 20 633, fo 169.

certaines choses qui vont contre Rome, comme ce qui regarde les Annates..... MM. de Sens, de Beauvais, de Senlis et de Pamiers paroissent fort romains.

» On prétend que M. de Beauvais n'a pas toujours esté dans ces sentiments-là. On se plaint extrèmement de luy à la cour et cella joint à la complaisance de M. de Novion pourroit produire quelque chose [cela entre nous (1)]. »

On voit par ce qui précède que les choses n'allèrent pas sans difficulté pour cette assemblée. De part et d'autre, cependant, on finit par comprendre qu'elle servirait à retenir le clergé sur une pente fatale, et elle eut lieu au commencement de 1641, sous la présidence de l'archevêque de Sens (2).

Augustin Potier n'y figura point, de parti pris sans doute, et nous n'aurions ainsi rien à en dire, malgré tout ce que le cardinal obtint d'elle, s'il n'en avait souligné la clôture par une de ces brutalités où se complaisait parfois sa toute-puissance.

Une délibération avait été prise, touchant les subsides accordés au roi et que la majorité avait portés bien au delà du chiffre accoutumé. Or, les archevêques de Sens et de Toulouse, avec quelques autres prélats, ayant refusé leur signature, M. d'Esnery, envoyé par Richelieu, vint leur signifier dans les termes les plus blessants de quitter l'assemblée et de regagner leurs diocèses. Une indignation

---

(1) *Complaisance* est mis ici par ironie : quelques jours plus tôt en effet, le président de Novion avait très hardiment et sèchement tenu tête à Richelieu sur un Edit de création de maître des requêtes, et l'abbé Arnauld avait dit à cette occasion « que jamais personne n'avait montré moins de complaisance ».

(2) Octave de Bellegarde.

générale répondit à cette insolence, et partout les expulsés furent l'objet d'ovations enthousiastes. Le ministre ne put ne pas voir « que tous les gens de bien levoient les épaules, entendant cette violence et impiété; il voulut alors faire approuver sa signature par un évesque de grande vertu..... et tâcha vainement de surprendre celuy de Senlis..... Il voulut aussi exciter la jalousie de l'évesque de Beauvais, l'ayant fait visiter par M. de Chavigni, qui estoit son ami, lequel d'abord trouva ce prélat fort retenu à parler de cette action; mais, le pressant d'en déclarer son sentiment, il connut qu'il la condamnoit, de quoy M. de Chavigni ayant fait son rapport au cardinal, il fut contrainct d'advouer qu'il avoit raison de la condamner (1) ».

Ces dernières lignes nous font bien voir la réserve naturelle et la sincérité d'Augustin, en même temps qu'elles disent tout le cas qui se faisait de son jugement.

Nous n'avons pas voulu couper notre récit par les dissertations bibliographiques que comporte pourtant ce fameux *Optatus Gallus* dont la paternité désobligeante fut assez longtemps attribuée à M. de Beauvais. C'est d'abord fort improprement que Montchal lui donnait le nom d'*Optatum Galliæ* qu'on ne retrouve point ailleurs et qu'il traduisait ainsi : *Le désir de la France*.

La France, assurément, avait alors un désir très vif, celui de n'être pas tyrannisée, mais il y faut chercher moins de finesse et dire qu'*Optatus Gallus* signifie tout simplement *Désiré Gaulois*, pseudonyme adopté par

______

(1) *Mémoires de Montchal*, t. II, p. 205.

l'auteur. Voici quel est le titre réel du livre : *Optati Galli de Cavendo schismate ad Illustrissimos ac Reverendissimos Ecclesiæ Gallicanæ, Primates archiepiscopos, Episcopos, Liber Parœneticus* MDCXL (1).

Le P. Le Long, le *Dictionnaire des Anonymes*, et avec eux tous les bibliographes l'attribuent d'assurance à Charles Hersent, chancelier de l'Église de Metz, personnage douteux et qui ne méritait point l'honneur d'être en rien associé au vertueux évêque de Beauvais. Entré d'abord à l'Oratoire et gonflé par quelques succès de chaire, mais bientôt réprimandé pour ses prédications emportées, et furieux de n'avoir pu obtenir un des bénéfices de la Congrégation, il en était sorti avec éclat et s'était déchaîné contre elle dans deux libelles honteux. Même le scandale fut si grand qu'il les dut rétracter dans un nouvel écrit. On peut croire après cela que la palinodie lui était familière, car, pour prévenir le ressentiment du cardinal, au cas où l'auteur de l'*Optatus* vînt à être découvert, il eut soin d'en faire une contre-partie où Richelieu est amplement justifié sur ses prétentions au patriarcat et dont il est mention comme suit, parmi les manuscrits du chancelier Séguier : *Optati galli libel-*

---

(1) Ce livre se termine ainsi : *Hæc vobis precatur, Illustrissimi ac reverendissimi antistites, Dignitatis vestræ humillimus ac Obedientissimus filius Optatus Gallus. Lugduni, Calendis januarii anno millesimo sexcentesimo quadragesimo.*

C'est un petit in-8° de 39 pages petit texte. L'édition originale extrêmement rare était de grande valeur autrefois et est suivie de l'arrêt qui condamna l'ouvrage — 12 pages d'impression. Quant à l'édition contrefaite sous la même date, elle est assez commune et de peu de prix. Brunet indique une variante qui permet de la reconnaître.

lus pænitentiæ ad ill. ecclesiæ gall. primates, etc.

Un comble de platitude.

Violent, acerbe, séditieux même, l'*Optatus* fut, en premier lieu, déféré à une assemblée de prélats, qui ne put se dispenser de le déclarer faux, scandaleux et plein de calomnies, puis après au Parlement qui le condamna à être lacéré et brûlé « comme plus propre à susciter qu'à prévenir un schisme (I) ».

En même temps, le cardinal y faisait faire cinq ou six réponses, dont l'une, l'*Apotreplicus* (2), traitait, nous l'avons dit, indignement notre évêque, mais dont la meilleure est sans conteste celle d'Isaac Habert intitulée : *De cosensu hierarchiæ et monarchiæ* (3).

Augustin Potier souffrit-il avec un grand déplaisir qu'un factum tel que l'*Optatus* lui fût imputé? On est en droit de le supposer, mais non qu'il ait pu prendre un instant le change sur les attaques dont Richelieu le pour-

---

(1) L'arrêt est du 23 mars 1640. Il déclare que « le dit escrit est un libelle diffamatoire contre l'honneur du roy, la souveraineté de sa couronne, tendant à la sédition et pouvant troubler le repos et la tranquillité publique, et comme tel ordonne que le dit escrit sera lacéré et brûlé en la cour du palais, au devant des grands degrés d'iceluy par l'exécuteur de la Haute Justice ; fait inhibition et défense à tous imprimeurs et libraires de l'imprimer n'y l'exposer en vente. Outre, ordonne commission estre délivrée contre l'autheur et imprimeur du dit escrit ensemble contre ceux qui l'ont exposé et envoyé en plusieurs maisons ».

(2) *L'Apotreplicus adversus inanem optati galli de cavendo schismate*, etc., est un in-8° de 70 pages en date de 1640. Nous avouons n'avoir pas réussi à découvrir tout ce que le fâcheux latin dont il est fait pouvait cacher d'agressif pour Augustin Potier. On retrouve à la suite l'arrêt du Parlement.

(3) P. Le Long, 7263.

suivait à son sujet, car manifestement celui-ci connaissait
trop bien ses adversaires pour s'être, en semblable
aventure, si lourdement trompé. Seulement il avait
intérêt à le paraître; l'occasion lui était bonne de frapper
sur un prélat dont la sage conduite ne laissait guère de
prise à ses rancunes, et il n'était pas homme à perdre
cette occasion quand il n'en coûtait qu'un mensonge (1).

Nous venons au reste de voir bien clairement que si
M. de Beauvais ne rédigea ni n'inspira l'*Optatus*, il en
partageait tout au moins les tendances et qu'il était
ouvertement du parti de Rome et de l'Église contre le
despotisme et les empiétements du pouvoir royal; sans
doute, il ne se fût pas montré toujours le défenseur
aveugle de ces abus d'autorité que le Saint-Siège a parfois
tentés chez nous; il avait trop le respect de nos traditions,
trop le culte de nos vieilles franchises; mais il trouvait
naturel que le clergé de son temps, outragé, spolié, fît
cause commune avec la papauté bravée, voire menacée,
il pensait et ne s'en cachait pas, que le danger était
plutôt en deçà qu'au delà des Alpes; sa récente lettre à
l'épiscopat sur les traités des frères Dupuy (2) l'avait
placé au premier rang de l'opposition militante, et lors-

(1) AUBERY, *Histoire de Richelieu*, in-f° 1660, p. 407, dit que l'*Optatus* fut l'œuvre des ennemis du cardinal, « qui, ne pouvant le faire
passer pour ennemi de l'État et traître, essayèrent de le faire déclarer
pour ennemi de l'Église et schismatique ». Il avoue que Son Eminence
en fut très irritée et apporta de particuliers soins à le faire réfuter
par les plus doctes plumes, et il ajoute: « Quoiqu'elle n'en sceut jamais
découvrir l'autheur qui ne se déclara qu'après le décès de Son Eminence, elle ne doutoit point que ce ne fût un ouvrage concerté avec
le nonce et un effet de ses brouilleries avec le Pape. »

(2) Voir p. 48.

qu'un livre avait paru tout hérissé de protestations, ardemment hostile au cardinal et que le nom d'Augustin y avait été attaché, l'opinion, toujours facile à abuser, avait accueilli cette désignation sans surprise. Certes, les théologiens qui s'appliquèrent au texte reconnurent aussitôt que ce ne pouvait être l'œuvre de notre prélat, mais l'erreur n'en persista pas moins dans le public, elle y fit son chemin et certaine historiette de Tallemant est là pour nous le prouver.

M. de Renevilliers, Henri Barjot en son nom, fils d'un maître des requêtes, appartenait à une sorte de gens maintenant disparus avec tant d'autres choses; un peu aventuriers, assez faméliques, tantôt d'épée, tantôt d'Église, quêtant une prébende quand la galanterie ne donnait pas, ni craints, ni estimés, mais tolérés partout pour leur esprit et leur fine lame, avec un certain air de gentilhommerie; et faisant nombre dans la suite des grands seigneurs ou soi-disant tels. Donc « notre galant homme (1), au commencement de la régence espérant attraper un bénéfice, se mit à porter la soutane et à faire le dévot; seulement la dévotion cessa avec l'espérance du bénéfice et aussi la soutane ne valoit plus rien; on a su depuis qu'elle n'estoit pas à luy. Il se défit ainsi de toute sa bigotterie, à une croix d'or près qu'il portoit attachée à son pourpoint avec un ruban violet. Depuis il eut un procès avec M. de Beauvais qui deffendit au curé de Renevilliers de le recevoir à la communion. On pense que c'estoit à cause de Blanche (une servante que l'on soupçonnoit tenir plus de place que de raison en son

_____

(1) TALLEMANT DES RÉAUX, t. VI, p. 147.

logis ». Renevilliers ne s'en prit pas au curé..... Mais luy, qui ne sçait pas lire, il accusa M. de Beauvais d'avoir fait un livre où il y a des choses contre la doctrine de l'Église..... » Or, ceci se passait environ quatre ou cinq ans après les querelles de l'*Optatus* et n'en était évidemment qu'un écho lointain et faux. On voit par là si les sottises ont la vie dure. En sa qualité de huguenot, Tallemant n'était assurément pas tenu d'en savoir long sur ces matières, et pourtant cette étrange accusation contre un évêque aussi respecté qu'Augustin ne laisse pas que de l'étonner quelque peu. Nous ne pouvons nous défendre du même sentiment à voir son très savant annotateur (1) écrire en marge de ce passage : *Traité des libertés de l'Église gallicane*, confondant, ce semble, l'*Optatus* avec le traité des frères Dupuy et ces écrivains avec le prélat qui dénonça leurs doctrines au clergé de France. Il est vrai que le nombre est décourageant des libelles indigestes que ce débat fit éclore (2).

Renevilliers et son aventure nous ont ramenés dans le Beauvoisis, nous en profiterons pour placer à leur date quelques incidents auxquels Augustin se trouva mêlé.

On se rappelle la querelle survenue jadis entre les sieurs de Merlemont et de Bachivilliers et comment le prélat réussit à les accommoder. Son intervention eut de bien autres effets, car son influence et ses conseils ramenèrent peu à peu les Courtils à la foi de leurs pères, et ce fut entre ses mains que Philippe de Merlemont voulut abjurer en 1640.

---

(1) M. Paulin Paris.
(2) Voir P. Le Long.

Cette même année fut marquée par la réunion de l'Artois à la couronne. Le siège avait été mis devant Arras par MM. de la Meilleraye et de Châtillon ; il était fort pénible et durait depuis six semaines lorsque, le lundi 23 juillet (1), un officier de la commune de Beauvais et un pair de la ville, délégués par leur corps, vinrent demander au Chapitre des prières publiques afin de procurer le succès de cette entreprise si importante pour le royaume, si particulièrement sensible au comté qui cesserait par là d'être frontière..... L'évêque était absent, on attendit son retour, et ce fut avec son agrément qu'une procession générale se fit le 29 juillet en grande pompe. Bientôt après, la prise d'Arras remplaçait ces prières par des actions de grâces (10 août 1640).

Le 21 septembre suivant, la reine donnait le jour à un second prince. Nouvelle lettre du roi à Augustin Potier, mais plus courte et plus calme que la première ; c'était dans l'ordre des choses, et le nouveau-né ne pouvait s'en montrer surpris.

« Mon cousin, comme il a pleu à Dieu, dans la continuation de ses grâces et bénédictions, de me donner un second fils dont la reine est aujourd'hui heureusement délivrée, j'ai tout lieu d'en louer et remercier sa divine bonté comme d'un des plus grands biens qui pouvoient arriver à cet Estat, pour sa conservation et accroissement. C'est pourquoi je vous fait celle-cy, pour vous dire que je désire que vous en fassiez chanter le *Te Deum* en vostre église, où assisteront les officiers et princi-

---

(1) HERMANT, p. 2010.

paux habitants en la manière accoustumée. A quoy, m'asseurant que vous n'omettrez aucune chose, je prieray Dieu qu'il vous ait, mon cousin, en sa sainte garde.

Escrit à Saint-Germain-en-Laye, le 21 septembre 1640.

» *Signé :* Louis. »

Et plus bas :

» DE LOMÉNIE (1). »

En avril 1641, Mme Augustin eut une fois de plus la satisfaction de recevoir à Beauvais son vénérable ami, M. Vincent (2). Les si nombreux travaux que le saint homme dirigeait de tous côtés ne lui permettaient guère de s'éloigner de Paris, et ce ne fut que pour obéir à notre évêque qu'il accomplit ce nouveau voyage. Toutes les œuvres, toutes les maisons charitables ou religieuses furent inspectées par lui, et plus particulièrement qu'aucune autre, la communauté d'Ursulines dont nous avons à son heure mentionné la fondation. Cette visite de Vincent de Paul fut plus longue que les précédentes et plus précieuse assurément aux yeux d'Augustin que certaine autre qui la suivit de près. Il dut, en effet, le 27 mai (3) recevoir solennellement à Gerberoy le cardinal-duc qui allait retrouver le roi à Abbeville.

Notre prélat eut encore un ennuyeux procès à soutenir contre son Chapitre pour la justice sur un immeuble dépendant d'une maison canoniale. C'était une affaire

---

(1) HERMANT, p. 2011.
(2) COLLET, t. II. p. 92.
(3) DALETTRE, t. III. p. 422.

de conséquence, d'autant qu'à côté de l'appariteur de la cour spirituelle de l'évêque, MM. les chanoines avaient un bailli de leur justice temporelle (1).

Les premiers mois de 1642 furent marqués par le voyage étrange de Louis XIII en Roussillon, et chacun y devina la secrète ambition du cardinal. Le roi était déjà fort malade; une aussi fatigante campagne hâterait inévitablement sa fin, et, s'il venait à mourir ainsi loin de la cour, entre deux armées dévouées au ministre, la régence ne pouvait échapper à ce dernier. Le Conseil n'était-il pas rempli de ses créatures et ne laissait-il pas à Paris son affidé, M. le prince. Il voulait de plus que le roi emmenât avec lui son frère et la reine, après avoir mis le dauphin et le duc d'Anjou à Vincennes, dont le gouverneur était gagné. Toutes ses mesures se trouvaient ainsi bien prises; mais Anne d'Autriche les rompit en protestant avec larmes qu'elle ne laisserait pas ses fils, et comme on ne les pouvait exposer à ce long voyage, elle obtint enfin la permission de demeurer à Saint-Germain.

Cependant Richelieu paraît avoir cherché un peu plus tard quelque autre moyen de l'éloigner des jeunes princes, car voici ce que l'abbé Arnauld écrivait le 7 mai 1642 au président Barillon (2) :

« La reine attend des nouvelles de la cour et est extrêmement changée dans l'appréhension de se voir séparée de ses enfants. »

Et le 21 mai :

------

(1) Archives de l'Oise.

(2) Lettre de l'abbé Arnauld au président Barillon. Bibliothèque nationale, manuscrits f. français 20634, p. 482-495.

« L'affaire de la reyne pour son voyage de Fontainebleau fait grand bruit ; il semble qu'elle soit résolue à
ne point quitter Messeigneurs ses enfants. M. l'évesque
de Beauvais l'a veue fort souvent, depuis cella, ses amis
appréhendent pour luy. Elle n'a point de confiance pour
cela en Mme de Brassac et Mme Le Gras. »

Et enfin le 25 mai :

« La reine demeure très ferme à ne vouloir point aller
à Fontainebleau si Messeigneurs ses enfants n'y vont
aussy, ne les voulant quitter en façon du monde. M. le
prince ny Mme d'Esguillon n'ont rien pu gagner sur
elle..... C'est une intrigue que l'on ne démesle pas bien
encore..... Il faut se donner un peu de patience. Cette
affaire est considérable. »

Le lecteur sait qu'elle n'eut pas de suite et n'en retiendra
qu'une preuve de plus de la confiance, ce semble exclu-
sive, qu'Anne accordait à Mre Augustin.

L'année suivante nous apporte une nouvelle lettre
royale à consigner. Échappée de Compiègne, où la
laissa la journée des Dupes, Marie de Médicis avait
erré onze ans, tantôt aux Pays-Bas, tantôt en Angleterre, négociant toujours avec son fils un retour que
refusait toujours ce ministre absolu dont elle avait commencé la fortune. Mais voilà que le 3 juillet 1642, sur
le midi, la mort l'était venue prendre dans un galetas (1)

---

(1) Il est écrit partout que Marie de Médicis mourut dans une
extrême indigence. Et cependant on peut voir à la Bibliothèque
Richelieu (manuscrit fonds du Puy 590, f° 258) un testament de ses
derniers jours où la reine distribue plusieurs centaines de mille
livres à sa maison, composée de quatre-vingt-dix personnes, sans

à Cologne et avait rompu cette bizarre existence toute
traversée de grands coups d'ombre et de lumière. On
dit que Louis pleura sa mère, il eût assurément mieux
fait de l'aider à vivre; toujours est-il que, de l'avis de
Richelieu, il ordonna qu'on fît à sa mémoire des cérémonies magnifiques, suprême et saisissant contraste
avec le dénuement de ses derniers jours. M. de Beauvais avait gardé une grande considération à cette princesse, dont M. de Blancmesnil, son père, et ensuite
M. de Novion, son frère, avaient été les chanceliers. Ce
fut donc avec une émotion respectueuse qu'il commu-
niqua à son Chapitre les ordres du roi :

« Mon cousin, ayant appris le décès de la reyne,
Madame ma mère, et voulant qu'il lui soit rendu l'honneur deu et accoustumé à celles de sa qualité et que son
âme soit assistée et soulagée des prières de l'Église, je
vous ai bien voulu faire celle-cy pour vous prier de faire
faire, tant en vostre église qu'en toutes celles de vostre
diocèse, un service solennel pour impétrer de la divine
Majesté qu'il lui plaise l'admettre au nombre de ses saints.
Et sur ce, n'estant la présente à autre fin, je prieray
Dieu qu'il vous ayt, mon cousin, en sa sainte garde.

Escrit à Fontainebleau le 24 juillet 1642.

» *Signé :* Louis. »

Et plus bas :

» DE LOMÉNIE (1). »

compter les legs nombreux à ses anciens amis et aux serviteurs pour
lors éloignés d'elle.

(1) HERMANT, p. 2015, et Archives nationales de Beauvais. BB, 43.

Notre pieux prélat eut vers la même époque un grand sujet de satisfaction : le duc de Liancourt avait précédemment constitué une rente annuelle de 900 livres pour que trois prêtres vinssent à Liancourt, « afin, disait l'acte de fondation, que l'office divin fût célébré dans l'église paroissiale avec plus d'honneur, de décence et de dévotion, afin aussi que les habitants fussent mieux instruits des obligations de la vie chrétienne ». Or, pour des causes diverses, ces dispositions n'avaient pu jusque-là recevoir leur exécution et Augustin en désespérait, lorsqu'enfin le P. Bourdoise, frappé de tout le bien qu'il y aurait à faire en ce lieu, consentit à un « essay d'une année », et arriva avec Philippe Leclerc, ancien principal du collège de Beauvais. Augustin en ressentit tant de joie qu'il entreprit tout aussitôt le voyage de Liancourt pour remercier les fervents missionnaires, les engager à demeurer et leur promettre toute sa protection. De fait, venus pour une année, ils en restèrent neuf, et, comme il est dit dans la vie de Bourdoise (1), « leur succès dépassa toutes les espérances ».

Ici commence la phase la plus critique de la carrière d'Augustin Potier. Pour de longs mois, bien à regret sans doute, il va de nouveau quitter son cher diocèse, ses pauvres, toutes ses œuvres qu'il aime tant, et regagner la cour où la confiance d'Anne d'Autriche lui réserve en secret la succession de Richelieu mourant. C'est assurément une charge au-dessus de ses forces, un rôle à côté de ses moyens et auquel il n'est point préparé. De l'aveu de tous les contemporains, il s'y montrera

---

(1) P. 489-90.

médiocre, et sa chute ne sera qu'une question de temps, car, avec des amis fâcheux, il n'aura pour lui que ses seules vertus contre les vices brillants de Mazarin, son souple génie et les faiblesses de la reine. M. de Beauvais ne fut jusqu'à présent devant nous qu'un évêque admirable, et voici que les tracas du pouvoir, les compétitions, les intrigues vont altérer incidemment le charme de cette noble figure, tant il est vrai que toujours la politique contamine peu ou prou qui la touche. Sous cette réserve, le passage d'Augustin aux affaires après la mort du roi ne manquera pas, croyons-nous, d'intérêt, et nécessitera même d'importants développements, mais, avant de nous y appliquer, besoin est de rappeler ce qu'avait fait le cardinal sur la fin de sa vie et quelles difficultés intérieures il laissait après lui.

Nous revenons en 1641; depuis près de sept années, la France est en rupture ouverte avec l'Espagne et avec ses alliés; ni trèves ni suspensions d'armes; enfin de compte, tout nous a réussi: les Catalans et les Portugais révoltés tendent vers nous les mains ; nous avons acheté au duc de Weimar et ses soldats et ses conquêtes qui nous couvrent du côté de l'Allemagne ; les Hollandais, le duc de Lorraine et Mme de Savoye sont dans notre étroite dépendance, et il semble que la terrible Éminence n'ait plus à prendre soin que de ses ennemis personnels. Ils sont assez nombreux d'ailleurs pour lui donner de l'occupation.

Est-ce pas, en effet, la destinée du pouvoir excessif de se croire, de se sentir en un constant péril, de s'en défendre le plus souvent par la violence, de semer la crainte et de récolter la haine? Richelieu a sacrifié à la sécurité de sa puissance ou de sa personne les biens, la liberté, même le sang de tout ce qui lui a fait ombrage. Il a opprimé le clergé sans mesure, sous couleur de le réformer; il a traité les Parlements avec une hauteur humiliante, et, quant à la noblesse, si fortement constituée naguère, il en a eu raison comme du reste, et l'a rudement meurtrie en plus d'une rencontre : les supplices de Chalais, de Bouteville, de Montmorency, le traitement de La Rochelle, tant de villes et de châteaux démantelés, témoignent assez, aux yeux de tous, de la longueur et de la pesanteur de son bras.

Sans doute les turbulentes prétentions des grands étaient un insupportable obstacle au fonctionnement plus régulier qu'il voulait imposer à l'État; il n'en demeure pas moins que Richelieu, et Mazarin à son exemple, en mutilant, en annulant la noblesse, l'ont réduite peu à peu à ne plus être qu'un vain meuble de cour, et qu'en privant ainsi la royauté de son naturel soutien, ils ont rendu fatal le triomphe des révolutions à venir.

Certes, le génie de cet homme, la grandeur de ses vues, sa force, ne sont pas sans lui attacher quelques partisans de marque; c'est ainsi qu'il a avec lui les Condé et leur faction, surtout depuis que l'une de ses nièces, Mlle de Maillé, a épousé le duc d'Enghien (1), mais cette rigueur continue, mais tant de sacrifices ont lassé le plus grand nombre, la guerre a trop duré, les ressorts du gouvernement sont trop tendus, les troupes se mutinent pour leur solde, les peuples gémissent sous les impôts, et le mécontentement est partout.

(1) 7 février 1641.

Nous avons vu M. de Richelieu passant le 27 mai 1641 par Gerberoy où M. de Beauvais le fut recevoir. « On remarqua, raconte le chanoine Pillet (1), que le cardinal estoit pensif, sans doute à cause de la résolution qu'il avoit à prendre sur la bataille qui se donna quelques jours après par le maréchal de Châtillon contre l'armée des princes. » A la vérité, il y avait bien alors de quoi « être pensif ». Une victoire de M. de Soissons qui tient la campagne vers Sedan avec le duc de Bouillon (2) suffirait à précipiter le ministre, car M. le comte est entouré d'une popularité immense, et Paris, travaillé par M. l'abbé de Retz, s'est hautement déclaré pour lui ; de plus, Charles de Lorraine, sous le charme de Mme de Chevreuse, vient d'entrer dans le complot, sans vergogne du traité encore frais qu'il a signé la veille. « On conjurait jusque dans la Bastille », a dit le coadjuteur, jamais rien de si formidable ne s'était tramé contre Richelieu.

Or, cette bataille que la France et l'Europe attendent anxieusement, les princes la gagnent à la Marfée ; c'en est donc fait du cardinal, et demain, quand on apprendra la défaite, chacun escomptera sa chute tant désirée.

Mais point : il appartient à la race de ces redoutables qu'un coup d'audace ou de hasard se plaît à relever, comme par un irritant défi, au moment même qu'ils semblent toucher à leur perte. Quelques heures après sa victoire, M. de Soissons, à la tête de ses officiers, regardait fuir l'armée royale. Tout à coup, il chancelle et tombe le front troué d'une balle étrangement opportune, et de

---

(1) *Histoire de Gerberoy*, p. 272 et suiv.
(2) Frédéric-Maurice de la Tour d'Auvergne.

vainqueur qu'il était, M. de Bouillon se voit à la merci
d'un ennemi qui se montre du reste très généreux à son
égard.

MM. de Guise, de Vendôme, d'Épernon, d'autres encore
sont moins bien traités et subissent de dures conditions.

L'irritation générale ne fait que s'exaspérer davantage
de cette insolente fortune, de ce despotisme chaque jour
plus impérieux. Parfois les plaintes arrivent jusqu'au
roi qui laisse deviner sa lassitude d'un joug si pesant à
lui-même. Son favori, M. de Cinq-Mars, croit le temps
venu de renverser celui qui le mit jadis près de Sa
Majesté et qui, ne le trouvant plus maintenant ni docile
ni utile, s'efforce à ruiner son crédit; aussi léger qu'il est
ardent, le Grand Écuyer ne craint pas de s'engager, sur
la foi pourtant bien peu sûre du duc d'Orléans, dans une
conjuration maladroite où la garantie de l'Espagne intervient; M. de Bouillon, l'éternel conspirateur, en est encore
et aussi la reine, suivant toute apparence.

Leur secret est vite éventé, et pendant que la cour est
en Roussillon avec l'armée, il n'est question que de cela
à Paris. Le cardinal avait senti sa faveur entamée. Pour
lui, ce complot sera le salut, et l'occasion en est saisie au
vol. Il a réussi à se procurer une copie du traité espagnol, comment? nul ne l'a jamais su. Mais voici que le
déplorable Gaston, par sa déclaration d'Aigueperse (1),
achève de perdre ses complices, et que le roi, lui aussi,
pour complaire à son ministre, dénonce aux Parlements,
dans une lettre inqualifiable, le crime de M. le Grand.
Avec lui, M. de Thou est condamné, expiant un peu sans

______

(1) 7 juillet 1642.

doute les vérités que son noble père osa écrire sur le compte de Son Éminence. Les deux amis sont décollés à Lyon le 12 septembre. M. de Bouillon, pour avoir la vie sauve, est contraint de céder sa principauté à la couronne, et Richelieu rentre dans la capitale, triomphant et détesté.

Cependant il observe d'un œil attentif l'état inquiétant de la santé du roi et travaille à assurer son pouvoir contre les chances d'un nouveau règne. Sa domination devient plus lourde encore : il épie tout le monde, se méfie de chacun et de Louis plus que de tout autre; chaque jour il exige quelque renvoi nouveau de ceux qu'il croit capables d'être gens d'action, et le pauvre prince, subissant malgré lui ces volontés hautaines, éloigne jusqu'à ses officiers des gardes.

« Mon cousin le cardinal, disait-il à Chavigny (1), a bonne grâce de vouloir que j'écarte les amis qui me servent le mieux, tandis qu'il retient près de luy des personnes qui ne me sont guère agréables. »

Et comme celui-ci protestait humblement que Sa Majesté n'avait qu'à les nommer et qu'elle serait aussitôt satisfaite :

— C'est vous-mesme, répliquait le roi.

Petite vengeance qui n'empêcha point d'ailleurs Chavigny de rester, ni le fidèle Tréville de partir, mais, en congédiant ce brave soldat, Louis XIII, pour le consoler, lui glissait que « sa disgrâce ne seroit probablement pas de longue durée (2) ».

---

(1) Charles-Léon Bouthillier de Chavigny.
(2) *Mercure de France*, t. XXIV.

En effet. l'écrasant ministre, en dictant naguère son testament à Narbonne, fait trop paraître qu'il se sent à bout de forces. Le monarque n'en ignore rien et attend : spectacle étrangement saisissant que celui de ces deux hommes, associés si longtemps pour le gouvernement des peuples, tous deux usés bien avant l'âge, ensemble parvenus aux portes du tombeau, et se demandant chaque matin auquel des deux la mort va donner le pas sur l'autre !

C'est le cardinal-duc qui s'en ira le premier, en bon courtisan. Plusieurs mois de langueur et de frissons, la fièvre, des ulcères nés d'un sang corrompu, un mal de côté tel qu'on le saigne deux fois le 23 novembre, et puis la gangrène. Sa fin approche, manifestement, mais tout est à ce point subjugué, que rien ne bouge. La veille même de son trépas, il fait signer au roi une déclaration qui enlève au duc d'Orléans ses droits à la régence éventuelle, et cette déclaration sera enregistrée huit jours après, malgré les supplications de Mlle de Montpensier. Jusqu'à l'heure suprême, Richelieu dispose souverainement des charges, des honneurs, de la faveur du prince, et l'on peut dire qu'il règne encore même après son dernier soupir (1).

C'était le 4 décembre 1642. « Voilà un grand politique mort », dit le roi, et ce fut tout. « Quoiqu'il en eust une joye incroyable », assure le médisant abbé de Retz (2),

---

(1) *Mercure français*, t. XXIV. *Mémoires de Mme de Motteville*, t. Ier, p. 115. — *Mémoires de Montrésor*, t. II, p. 170. — *Mémoires de Brienne*, t. II, p. 152. — *Mémoires de Montglat*, t. II, p. 65.
(2) *Mémoires de Retz*, t. Ier, p. 53.

il voulut conserver toutes les apparences ; il confirma toutes les dispositions que le ministre avait faites, « caressa ses proches et maintint toutes ses créatures ».

Le cardinal Giulio Mazarini était du nombre : Né dans les Abruzzes, d'assez basse extraction pour que Saint-Simon, qui du reste ne l'aime point, prétende qu'on n'a jamais pu remonter plus loin que son père, d'abord officier distingué en Valteline, puis nonce extraordinaire en France sous Antoine Barberini, très goûté de Chavigny *pour ses bons contes à l'italienne*, introduit enfin par celui-ci dans les meilleures grâces de Richelieu, il avait, à force d'application et de souplesse, gagné toute la confiance du maître, qui en décembre 1641, lui obtint le chapeau et qui lui laissait présentement « sa succession comme Auguste la sienne à Tibère (1) ».

Ce trait brutal, hâtons-nous de le dire, est du coadjuteur qui eut bien quelques raisons de honnir Mazarin, mais l'histoire, plus équitable, ne saurait oublier que c'est cet étranger qui a signé pour la France les traités de Westphalie et des Pyrénées.

Quoi qu'il en soit, il eut le tort de le vouloir prendre d'assez haut dès le premier moment et n'en reçut que du déplaisir. Ce fut aux funérailles de Richelieu, il s'était fait disposer « à costé de l'Évangile, près le marchepied de l'autel, un fauteuil de veloux violet et un drap de pied de mesme étoffe (2) ».

---

(1) *Mémoires de Retz*, t. 1er, p. 96.

(2) Archives des Affaires étrangères, fonds de France, t. CIV, pièce 11. C'est un mémoire signé de M. de Sainctot sur la cérémonie.

Il s'y pensait mettre, mais sa place devait être du côté de l'épître, les évêques à côté de lui sur le même rang et avec des sièges égaux au sien. Aussi ces prélats ne voulurent-ils point souffrir pareille nouveauté, « et la contestation alloit en longueur à retarder le service (1) » lorsque, enfin, écrit l'abbé Arnauld (2), « M. de Beauvais porta la parole au nom de tout le haut clergé présent. » Outré d'une prétention à ce point malséante en face de ce grand mort qui criait aux vivants le néant de leurs vanités, Augustin parla avec l'autorité de son nom, de ses vertus, de son long épiscopat, et le cardinal finit par céder. « Il se passa là, conclut Arnauld, des choses fort aigres qui ont merveilleusement piqué M. de Mazarin et qui pourroient avoir suitte ; je serois très marry que cella nuisît à M. de Beauvais..... » Mais ce premier choc n'était-il pas entre eux comme le prélude d'une rivalité prochaine, et la « trop fameuse Éminence (3) » n'en dut-elle point garder rancune à notre évêque ?

C'est une figure singulière, triste, mais non sans grandeur, que celle du roi Louis XIII au déclin de ses jours. Chagrin, soupçonneux et faible, l'âme aussi malade que le corps, isolé parmi sa cour, sans affections vraies depuis que Mmes d'Hautefort et de la Fayette, toutes deux si touchantes, l'ont quitté ; privé de sa mère dont nous avons dit les tribulations et la fin, séparé de la reine et par un tempérament frigide et par une défiance assez justifiée,

---

(1) Archives des Affaires étrangères, *Ibid.*

(2) Lettres de l'abbé Arnauld au président Barillon. Bibliothèque nationale, manuscrits français 20 635, p. 232.

(3) SAINT-SIMON.

malheureux durant tout son règne et asservi toujours aux passions et aux visées de son ministre, ce prince, au demeurant, se relève à nos yeux par le haut sentiment qu'il avait de la dignité royale ; mais incapable de se déterminer seul en rien, il ne pouvait se passer d'un conseiller et ne sortit ainsi d'une première tutelle que pour en chercher une toute semblable.

Mazarin s'était attaché à Richelieu et à la France dès 1639. On rendait volontiers justice à son mérite, mais on méconnaissait sa portée, en sorte qu'il ne donnait d'ombrage à personne ; formé aux maximes de son maître, il devait mieux qu'un autre continuer sa politique qui n'était en fait que celle de Henri IV, à savoir : la ruine de la féodalité, le respect de l'édit de Nantes, mais la suppression des protestants en tant que parti ; enfin l'abaissement de la maison d'Autriche et l'élargissement de nos frontières.

Or, le roi voulait encore tout cela, seulement il voulait aussi qu'il n'y eût plus de sang versé ; en sorte que, après Richelieu, après cet impitoyable, qui avait, comme dit de Retz, « foudroyé plutôt que gouverné les humains », Mazarin, « le doux, le bénin », le très humble, était pour convenir à merveille.

On eut donc la surprise de voir tout de suite ce cardinal dans le conseil étroit du prince, avec MM. de Chavigny et Sublet de Noyers, secrétaires d'État. Il ne semblait pas que rien fût changé. Cependant Sa Majesté voulut rapporter presque aussitôt les mesures de rigueur dont tant de gens considérables avaient été victimes ; les ministres, de leur côté, inquiets de l'avenir et soucieux de se faire des amis, enchérirent à l'envi sur ces dispositions clémentes, et, après quelques négociations avec l'abbé de la Rivière (1), on put voir Monsieur embrasser les genoux du roi et en obtenir son pardon. En même temps, on rappelait de l'exil, on tirait des prisons les maréchaux d'Estrées, de Vitry et de Bassompierre, les Vendôme, les ducs d'Elbeuf, de Saint-Simon, de Retz, d'Épernon, de Sully, de Bellegarde, MM. de Baradas, de Fiesque, de Cramail, de la Châtre, de Montrésor, de Chandenier, etc., et la duchesse de Guise revenait de Florence, ramenant avec elle, comme une preuve navrante de si longues discordes, les corps de son mari et de deux de ses fils.

Il ne se passa guère de temps, on le conçoit, que ces graciés ne fissent entendre en tout lieu des réclamations presque impérieuses; chacun d'eux prétendait se rétablir dans ses anciens emplois, ce qui ne pouvait pas aller tout seul, et les mécomptes eurent bientôt fait de diviser la cour en deux camps, celui des ministres et celui des mécontents, — ce dernier de beaucoup le plus nombreux.

Anne d'Autriche avait appelé Augustin Potier à Saint-Germain : depuis tant d'années qu'il était son grand aumônier, elle avait su éprouver la droiture de son caractère et le désintéressement de sa fidélité; peu à peu, elle avait pris avec lui de grandes habitudes de confiance, et plus d'une fois, « elle avait trouvé des consolations dans

(1) Louis Barbier de la Rivière, né en 1595, dont le père avait été commissaire de l'artillerie en Champagne, fut premier aumônier de Monsieur, devint évêque, duc de Langres, mais, en dépit de ses intrigues, ne put jamais avoir le chapeau.

ses entretiens (1) » ; en fait, il était le seul de ses anciens serviteurs que Richelieu ne lui eût pas enlevé (2).

Dans ces conjonctures difficiles, la présence d'un ami sûr lui devenait plus précieuse que jamais et elle lui avait commandé de ne la point quitter.

Les mémoires de la Châtre nous montrent, dès la fin de 1642, notre prélat remplissant déjà près de la reine de délicates fonctions. On sait que l'ambitieux marquis, devenu, à son tour, colonel général des Suisses, s'était mis habilement du côté de la reine et témoignait pour elle d'un zèle passionné. « Elle parloit de moi à ses plus confidents, écrit-il, comme d'un homme qui lui estoit absolument dévoué, ordonnant particulièrement à M. l'évesque de Beauvais, qui avoit alors son secret, de me communiquer librement les choses qui seroient de son service (3). »

C'est que, en effet, l'état du roi permettant d'escompter une régence peu éloignée, Madame Anne ne pouvait ne pas être déjà l'objet et comme le centre de la plupart des menées qui travaillaient la cour. Il est évident que ce n'était pas là un terrain nouveau pour elle, car, tenue par son époux dans une constante disgrâce, malgré les deux fils qu'elle lui avait donnés, elle avait conspiré toute sa vie avec celle que Louis XIII appelait *le Diable*, avec cette adorable duchesse de Chevreuse (4), qui portait partout.

---

(1) Petitot, *Introduction aux Mémoires de la Fronde*, p. 25.

(2) Bibliothèque nationale. Manuscrits fonds français 10457. Anonyme.

(3) *Mémoires de la Châtre*. Collection Michaud et Poujoulat, 3e série, t. III, p. 272.

(4) Marie de Rohan, veuve du connétable de Luynes et remariée à Claude de Lorraine, duc de Chevreuse.

disait-on, « le feu de la guerre et celui de l'amour » que
Richelieu traita toujours en ennemie digne de lui, et qui
devait être aussi pour Mazarin l'adversaire le plus redoutable. Mais on sait aussi que pas une des entreprises où
la reine était entrée n'avait pu réussir, et que le cardinal,
bien servi par ses limiers, avait démasqué et puni sans
pitié les intrigues les mieux cachées.

C'était donc avec la reine et pour la reine que tant de
gens avaient joué naguère leur fortune, leur liberté et
leur vie; le compte eût été bientôt fait de ceux qui n'y
avaient rien perdu; et, partant, il était naturel que ces
vaincus de la veille l'entourassent à cette heure, s'agitant
sous son nom, et fondant tous leurs espoirs sur les changements qui suivraient certainement la mort du roi!

De cette faction toujours grossissante se détachaient
avec un relief particulier quelques grands seigneurs et
officiers, comme le duc de Retz, le marquis de la Châtre
dont nous venons de parler, les comtes de Fiesque (1) et
d'Aubijoux (2), de Beaupuis et de Béthune, le commandeur
de Jars, MM. de Montrésor (3) et de Saint-Ibard (4),

---

(1) D'une des quatre grandes familles de Gênes. M. de Fiesque
avait beaucoup d'esprit. Saint-Simon raconte qu'il chanta un jour
au roi une si drôle de chanson sur Béchameil que Sa Majesté en
pensa mourir de rire.

(2) François-Jacques d'Amboise, comte d'Aubijoux, chambellan
du duc d'Orléans.

(3) Claude de Bourdeille, comte de Montrésor. Il a laissé des
Mémoires.

(4) Henry des Cars, seigneur de Saint-Ibard. On voit encore aux
environs d'Uzerches les ruines pittoresques du vieux château de ce
nom. Dans maint ouvrage du temps, Saint-Ybard se change en *Saint-
Ybal* sans aucune raison plausible. Ajoutons que ces *des Cars*-là
n'ont rien de commun avec les Pérusse des Cars.

et ce Fontrailles (1) qui avait négocié le traité de Cinq-Mars avec l'Espagne; des magistrats, comme les présidents de Blancmesnil, de Barillon et Gayant; des femmes mêmes, comme la marquise de Senecey, dame d'honneur de la reine; Mlle de Saint-Louis et Mme d'Hautefort, dont nous aurons lieu de peindre ailleurs la vertu sereine et quelque peu superbe, etc. Tous également attachés à la princesse, possédés des mêmes appétits, des mêmes passions, des mêmes rancunes, tous remuants, tous courageux, ils représentaient en germe ce qu'on nomma aux premiers mois de la régence *la cabale des Importants :* mais tout d'abord ils avaient opéré isolément, livrés à la plus complète inexpérience, sans organisation, sans direction commune, et justifiant par leurs fièvres stériles toutes les sévérités de l'opinion. Il y avait là un danger qu'ils ne tardèrent pas à comprendre, et la nécessité leur apparut en même temps de se mettre sous l'égide de quelque personnalité hautement honorée.

Ils crurent ne pouvoir mieux faire que de se ranger derrière l'évêque de Beauvais : « Il estoit à la reyne depuis longtemps, écrit Mme de Motteville, et la place qu'il tenoit dans sa confiance le faisoit regarder comme celui qui, estant ami de MM. de Vendosme, devoit gouverner pendant la régence. Il avoit de la piété, et la reyne paraissoit l'aimer et le considérer (2). »

Et Godefroy Hermant dit de même : « La voix publique élevoit au ministère, si Dieu venoit à disposer du roy,

---

(1) Louis d'Astérac, marquis de Fontrailles. *Mémoires Montglat.* t. II, p. 84.

(2) *Mémoires de Mme de Motteville.*

l'évesque de Beauvais, grand aumônier de la princesse, dont il avoit esté le principal confident pendant l'hiver de cette année (1642-1643), et quoyque la conduite d'un diocèse, qui avoit esté son unique application pendant vingt-cinq ans, soit quelque chose de fort différent du ministère d'un grand Estat, on se figuroit néanmoins que l'estime qu'elle avoit de sa probité et de sa fidélité inviolable seroit d'assez puissantes considérations à son égard pour l'engager à se servir de ses conseils préférablement à tous autres (1). »

Certes, en se tournant vers Augustin, vers le chef probable du futur Conseil, en se parant des reflets de sa réputation sans tache, en opposant prélat à prélat, dans l'hypothèse d'une compétition possible avec Mazarin, les mécontents tenaient une conduite logique et ce semble fort avisée. Par contre, on s'expliquera moins aisément que notre évêque, qui n'était ni un mécontent, ni un intrigant, ni un sot, ne se soit pas défendu nettement de tout commerce avec ces « devanciers des Frondeurs », comme les appelle M. Cousin (2). A la vérité, il n'avait jamais aimé Richelieu, qui le lui rendait, comme il parut, on s'en souvient, dans la querelle de l'*Optatus :* mais, tout occupé d'un diocèse qu'il délaissait le moins possible, et toujours resté, malgré sa pairie, en dehors des choses politiques, il n'avait jamais donné d'inquiétudes au premier ministre, et c'est dans ce sens que La Rochefoucauld a pu écrire « qu'il estoit le seul des serviteurs de la reyne

---

(1) HERMANT, p. 2017.
(2) COUSIN, *Mme de Chevreuse*. Avant-propos.

que le cardinal avoit trop peu considéré pour l'oster d'auprès d'elle (1). »

Augustin n'avait donc en 1643 ni représailles à exercer ni rancunes à satisfaire, et l'on ne voit rien de son côté qui le dût rapprocher des mécontents. Faudrait-il plutôt croire qu'il s'abandonna aux suggestions de la vanité et de l'ambition? car « on le flattoit et il se flattoit luy-mesme », a-t-on dit (2), de sa prochaine promotion au ministère et au cardinalat. Mais une telle supposition n'est-elle pas contrariée par tout ce que nous savons d'un si sage prélat? Manifestement, il n'avait jusque-là montré l'humeur ni d'un Mazarin, ni d'un Retz, et son Église, avec tout ce qu'il y voulait encore de réformes utiles, suffisait bien à son activité. Quant au chapeau, l'évêque de Beauvais, pair de France, grand aumônier de la reine, et très avant dans son amitié, avec de longs services et une parenté considérable, était plus que personne en droit d'y prétendre et en état de l'obtenir sans avoir besoin pour cela de courir les aventures. A coup sûr, la crise qui se préparait était trop grave pour qu'il lui convînt de s'en désintéresser complètement; assurément aussi son indignation eût été violente à la seule idée qu'un étranger

----

(1) *Mémoires du duc de la Rochefoucauld*, édition de 1662. On trouve ce passage modifié comme il suit dans les *Mémoires* publiés par Petitot (LI. 373), et aussi dans l'édition Michaud et Poujoulat : « M. de Beauvais estoit le seul des serviteurs de la reyne que le cardinal n'avoit pas jugé digne d'en estre éloigné. » Or, cette variante, qui n'est pas tout à fait insignifiante, nous a paru, par suite de rapprochements avec le texte des éditions premières de 1662 et de 1677, n'être point un fait isolé. Nous confessons ne pas savoir comment elle se justifie.

(2) Aubery, *Histoire de Mazarin*, t. Ier, p. 209.

pourrait recommencer en France la tyrannie de Richelieu, mais cela n'eût pas été capable de le détourner sérieusement des devoirs et des travaux de toute sa vie. Si donc il demeura parmi la cour, ce fut, nous le savons, que son dévouement céda aux volontés formelles de la reine, et ce dut être la reine aussi sans doute qui lui dicta sa conduite à l'égard de MM. de Vendôme et de leurs partisans.

Cependant, la santé de Louis, plus languissante chaque jour, faisait de la régence éventuelle un problème énervant jusqu'à l'anxiété, pour tous ceux qui rêvaient de puissance, d'honneurs et de biens; il y avait là une inconnue terrible. De quel côté se mettre, à quels pieds déposer les protestations et l'encens? Chacun cherchait le vent et s'orientait de son mieux. Ainsi Mazarin penchait vers Monsieur avec Chavigny, et tous deux le voulaient rétablir en grande grâce auprès du roi, tandis que de Noyers prenait d'autres brisées, et, par l'entremise de Chandenier, son intime ami, faisait assurer la reine de son service et de son attachement. Il s'était « lié (1), paraît-il, avec le confident de cette princesse, Mre Augustin Potier, dont l'influence estoit telle qu'on devoit surtout compter avec elle », et, « après cette déclaration de loyauté, il eut sur le mesme sujet quelques entretiens avec ledit évesque (2), dans lesquels il s'ouvrit assez clairement des desseins de ses collègues, qui lui donnèrent belle matière d'entretiens dans ce temps-là ».

---

(1) Mezeray, t. XII, p. 135.

(2) *Mémoires de la Châtre*, Michaut et Poujoulat, IIIe série, t. III, p. 272.

Il ne s'agissait de rien moins, en effet, que d'un projet de co-régence entre la reine et Monsieur, étrange conception caressée de Mazarin, et par où, dans son incertitude, il cherchait à se concilier tout le monde. M. de Noyers, il faut en convenir, n'était pas d'un secret exemplaire, mais on voit assez quelle importance ses révélations durent avoir pour Anne d'Autriche. Quelle surprise d'abord, et quel émoi dans son entourage quand on sut que le cardinal avait décidé le confesseur du roi, le P. Sirmond, à parler de cet arrangement à Sa Majesté ! Heureusement que, tout aussitôt, l'on apprit comment l'ouverture avait été mal prise, que le pauvre Jésuite était congédié et que le P. Dinet le remplaçait.

Cet échec, cette disgrâce jetaient enfin quelque jour sur la situation. Mazarin et Chavigny sentirent qu'ils avaient fait fausse route et qu'il leur fallait à tout prix se rapprocher de la reine dont les chances devenaient meilleures : « Ils essayèrent de regagner quelque créance auprès d'elle, lui firent faire de nouvelles protestations de fidélité, et tâchèrent mesme de ménager l'esprit de M. de Beauvais (1). »

Évidemment, c'étaient leurs démarches que visait l'abbé Arnauld quand il écrivait le 22 février : « M. l'évesque de Beauvais est raccommodé avec M. le cardinal Mazarin, chez lequel M. de Chavigny le mena dernièrement (2). »

Mais est-il besoin de dire qu'en fait toutes ces

---

(1) *Mémoires de la Châtre*, t. III, p. 276.

(2) *Lettre de l'abbé Arnauld au président Barillon*. Bibliothèque nationale, manuscrits f. français 20635, f° 294.

avances furent d'abord assez peu goûtées? Ces mêmes hommes ne travaillaient-ils pas la veille ouvertement pour Monsieur, et leur retour n'était-il pas plus une preuve d'impuissance qu'une montre de bonne volonté?

Sur ces entrefaites, et fort à propos pour le cardinal, il advint que le roi s'avisa un matin de tout le désespéré de son mal, et comme si les testaments royaux n'étaient pas faits pour être déchirés, il souhaita naïvement prendre ses dispositions afin « d'exclure des affaires les personnes qui lui estoient suspectes ». Mazarin se mit donc à l'œuvre; l'occasion s'offrait à lui magnifique de se préparer pour l'avenir une suffisante part d'autorité, mais sa tâche était délicate aussi, puisqu'il lui fallait à la fois tenir compte des répugnances de Sa Majesté et ne se point faire une ennemie de la reine.

Louis XIII, en effet, ne pouvait se résoudre à laisser simplement la régence à sa femme, qu'il jugeait trop frivole et surtout trop passionnée pour la maison d'Autriche, — en quoi il n'avait pas tout à fait tort; — de plus, il lui gardait toujours rancune de sa participation avérée au complot de Chalais et du beau dessein qu'on y avait formé de la remarier à Monsieur, après que lui, le roi, aurait été supprimé. D'un autre côté, il lui était tout aussi difficile d'oublier les trahisons, les parjures et les honteuses faiblesses de ce frère, une des plus piètres figures de notre histoire. Mazarin avait donc besoin de beaucoup d'ingéniosité et de beaucoup d'adresse pour trouver et pour faire accepter au roi une combinaison qui, respectant en apparence les droits de la reine et du duc d'Orléans, leur enlevait en fait toutes les réalités du pouvoir.

Il fut ainsi amené à préparer un acte qui disposait qu'Anne serait régente, et Monsieur lieutenant général du royaume sous l'autorité de la reine, mais sans qu'ils pussent rien faire qu'avec l'avis d'un Conseil dont Mazarin et M. le prince devaient être les chefs, ayant la direction et l'intendance des bénéfices. On dit que ce fut Chavigny qui rédigea cette déclaration en une langue plus correcte que n'était la prose du cardinal, et ce fut lui encore que Son Éminence chargea de la porter à la reine avec toutes sortes de réserves atténuantes et de protestations humiliées. Madame Anne ne s'y laissa pas prendre « et n'eust pas peu de mortification de voir sa qualité de régente enfermée dans des bornes si étroites. Mais nostre évesque, dont elle suivoit alors les sentiments, luy conseilla de n'en témoigner aucun chagrin, luy remonstrant que ce titre de régente luy suffiroit un jour pour l'affermir dans la jouissance du droit des reynes qui l'avoient possédé et que ceux qui avoient voulu s'asseurer du gouvernement par cette précaution auroient peine à en recueillir le fruit quand elle seroit en possession de la principale autorité dans le Conseil (1) ».

L'avis était d'un homme sagace et prudent et qui s'était instruit de ces choses aux événements de la dernière minorité, mais il aurait bien dû se rappeler aussi que la puissance de Richelieu en était sortie.

Il paraît au demeurant qu'Anne d'Autriche se laissa convaincre, puisque, le 20 avril 1643, dans le château neuf de Saint-Germain, où le roi s'était fait porter pour

____

(1) HERMANT. p. 2019.

avoir de meilleur air (1), il assembla au chevet de son lit, avec sa femme et le duc d'Orléans, les princes de Condé et de Conti, Mazarin, l'évêque de Beauvais, les ducs de Vendôme, d'Uzès, etc., etc., en tout, quinze témoins, et qu'entre ses mains la reine et Gaston jurèrent d'un air décent d'observer fidèlement la déclaration; sur-le-champ une députation du Parlement fut introduite, à laquelle le roi commanda qu'elle fût enregistrée, et tout de suite Sa Majesté ajouta qu'elle permettait le retour des magistrats naguère exilés; concession certainement fort équitable, mais plus opportune encore sans contredit, car il fallait à tout prix en pareille occurrence satisfaire l'auguste compagnie et gagner ses bonnes dispositions. Or, Hermant donne à entendre qu'Augustin Potier fut de ceux qui conseillèrent cet acte de clémence. « M. de Beauvais, nous dit-il, qui avoit dans le Parlement un très grand nombre de parents et d'amis, servoit utilement la reyne par cette conduite et luy applanissoit les voyes pour rendre sa régence plus absolue (2). » C'était lui rendre, en effet, un très notable service.

De nos jours, le dépôt des manuscrits de la Bibliothèque nationale s'enrichit de nombreux documents copiés aux Archives de Venise, et l'on y trouve, entre autres, les dépêches des ambassadeurs rendant compte à la Seigneurie, avec une méthode, une impartialité, et parfois une pénétration admirables, de tous les faits qui s'accomplissent ensemble sous leurs yeux; cette correspondance est

---

(1) Bibliothèque Richelieu, manuscrits ambassadeurs vénitiens, t. XCIX, fo 40, verso.
(2) Hermant, p. 2021.

complète pour la période qui nous occupe; nous avons eu déjà l'occasion de la citer et nous y ferons désormais des emprunts assez fréquents.

Gierolamo Giustiniani, qui tient la plume en 1643, affirme qu'on applaudit généralement à la régence de Madame Anne, *principessa molta amata e di gran bontà* (1), et que Monsieur se montra très satisfait de son lot tout comme le prince de Condé. Mais on n'en pouvait attendre autant de la reine; on sentait bien qu'elle n'était résignée que de visage à une aussi humiliante tutelle; ses secrètes espérances n'étaient un mystère pour personne, les brigues de ses partisans n'en devenaient que plus ardentes chaque jour, et l'importance de Mre Augustin allait grandissant à mesure. « La reyne, écrivait la Châtre, peu habituée aux affaires et se trouvant accablée de voir beaucoup de monde qui venoit l'aborder, voulut, pour s'en décharger, que chascun allast trouver M. de Beauvais, à qui, dès longtemps, mais particulièrement depuis l'hiver, elle avoit donné sa principale confiance. Elle ne pouvoit mieux choisir pour la fidélité, ni guère plus mal pour la capacité, ce bon prélat n'ayant pas la cervelle assez forte pour une telle charge », et la Châtre ajoute : « Nous le reconnûmes dès les premiers jours, en ce que des personnes de la robe, très zélées pour la reine, venant luy demander quel service on pouvoit rendre à Sa Majesté dans le Parlement (ny ayant point lieu de doubter que son premier but ne dut estre de faire casser la déclaration),

---

(1) Bibliothèque nationale, manuscrits ambassadeurs vénitiens, p. 54, verso.

il leur fit hors de propos l'ignorant des intentions de sa maistresse et voulut mettre la chose en longueur; dans un temps où le roy paraissoit tirer à sa fin, tous les moments sembloient estre précieux. Il est homme de grande probité et fort désintéressé du bien, mais il est ambitieux comme le sont la plupart des dévots, et, se voyant désigné pour premier ministre, tout le monde luy faisoit ombrage (1). »

A cette attaque suffisamment vive, on serait tenté de croire que le plus ombrageux des deux pourrait bien n'être pas le grand aumônier, et il est manifeste que son trop de crédit lui avait déjà procuré plus d'un ennemi. Ce n'est pas tout pourtant sur ledit incident, car les *Mémoires apocryphes* du comte de Brégy assurent que la réponse d'Augustin « ayant été depuis rapportée à la reyne, le perdit dans son esprit, parce qu'elle connut par là, ou son peu de capacité ou l'excès de son ambition, puisqu'elle ne pouvoit attribuer qu'à l'une ou l'autre de ces deux choses la conduite qu'il avoit tenue en cette occasion (2). »

Nous n'avons que faire de discuter ici cet ouvrage, dont le véritable auteur (3) a cru devoir mettre ses compilations, d'ailleurs sérieuses et intéressantes, sous le nom d'un homme beaucoup plus considérable que lui (4).

---

(1) *Mémoires de la Châtre*, p. 278.

(2) *Mémoires pour servir à l'histoire du* XVIIe *siècle*, par le comte DE BRÉGY.

(3) Meunier de Guerlon, très probablement.

(4) Léonor de Thuilles, comte de Brégy, conseiller d'Etat, ambassadeur, etc.

Mais nous ne saurions du moins ne pas contester un dilemme où suinte cet agréable venin qui est spécial aux gens de cour. *Ambition* ou *incapacité*, voilà ce qui leur vient d'abord à la plume ou aux lèvres dès qu'ils se sont heurtés à quelque trait de prudence ou d'honnêteté ; c'est là tout ce qu'ils voient dans l'homme qui ne pense, ne parle et n'agit pas comme eux ; ne vivant que pour leur seul intérêt, ils ne supposent même pas qu'on puisse obéir à des mobiles d'un ordre plus élevé, traitent de sottise ce qui leur échappe et n'attribuent ce qui les gêne qu'à des vues étroites et personnelles. Sans doute, Augustin manque un peu d'astuce et son bon sens tout droit le laisse trop désarmé en face des habiletés, des fourberies qui l'environnent ; mais ce genre d'incapacité n'est, on en conviendra, que très relatif, et quant à l'ambition ombrageuse de ce prélat, il suffit de nous rappeler les origines et les conditions de sa faveur, il nous suffira de voir plus tard la sérénité de sa disgrâce pour décider ce qu'il en faut penser.

Venant au cas particulier qui lui était reproché, nous ne saurions douter que le confident de la reine ne fût dès lors très fixé sur la procédure qu'elle comptait suivre au regard de la déclaration, et son rôle dans l'affaire du Parlement dont il vient d'être parlé en serait au besoin la preuve ; mais c'était déjà trop peut-être qu'une hypothèse de cette sorte fût éventée et commentée dans certains milieux ; en faire un aveu formel, aller jusqu'à s'expliquer sur les voies et moyens, c'eût été sans contredit commettre une impardonnable imprudence, car le roi n'eût pas manqué d'en être informé : tout mourant qu'il fût, il avait la tête saine, et un pareil

mépris de ses volontés eût pu jusqu'à son dernier souffle
lui dicter quelque résolution violente. La réserve la plus
complète s'imposait donc à M. de Beauvais; son langage
en cette occasion fut ce qu'il devait être, et si quelque
chose a lieu de nous étonner, c'est que M. de la Châtre
ne l'ait pas compris. Mais à la cour, quelqu'un l'a dit,
on croit tout parce qu'on se sent capable de tout.

Cependant, que devient M. de Mazarin, un habile
celui-là, dans la plus complète acception du mot? A la
vérité, sa situation est étrangement malaisée, tous les
chemins lui sont devenus périlleux et il n'est pas jusqu'au goût excessif qu'il a inspiré au roi qui ne soit pour
le perdre auprès d'Anne d'Autriche. La faveur royale
est allée, en effet, jusqu'à le désigner avec la princesse
de Condé (1) pour tenir le Dauphin sur les fonts baptis-
maux. Longtemps cette cérémonie avait été ajournée,
mais il n'est plus permis de la différer davantage : un
nouveau règne se prépare « et les actes publics de la
royauté doivent porter à leur teste le nom de nos rois
qui se donnent aux chrestiens dans le baptême (2) ».
Or le temps manque pour quérir un parrain hors de
France et cet immense honneur échoit au cardinal qui,
toute sa vie, en gardera sur le jeune prince comme une
sorte d'autorité religieuse.

Toutefois, un vrai courtisan sait le peu que doit peser
l'amitié d'un roi moribond, et si l'heure présente est glorieuse pour Mazarin, l'heure qui vient a grande raison
de lui sembler redoutable. Il voit, en effet, les mécon-

(1) Charlotte de Montmorency.
(2) Hermant, p. 2021.

9

tents plus étroitement serrés que jamais autour de celle qui bientôt détiendra le pouvoir suprême ; or, cette garde jalouse qu'ils lui font n'est-elle pas infranchissable, pour lui surtout, pour la créature de ce Richelieu qu'Anne d'Autriche a tant haï? Et alors, s'il ne peut parvenir jusqu'à elle, s'il ne réussit à triompher de ses répugnances et de ses préventions, n'est-ce pas fait de lui sans retour, n'est-ce pas la chute inévitable, la ruine et l'exil? Jusqu'à présent, ses efforts sont demeurés sans résultat. Les humbles soumissions qu'il a naguère fait porter à la reine par Chavigny ont été, nous l'avons vu, mal accueillies. Maintenant, il laisse accréditer le bruit de son prochain départ pour l'Italie ; il pense donner ainsi le change sur ses visées ; il cherche à paraître inoffensif et de mince conséquence. Mais il faudrait autre chose. Qu'essayera-t-il encore? A quelle intervention lui sera-t-il permis de recourir? C'est M. de Brienne qui va nous l'apprendre (1).

Mazarin, dit-il, « estant adverty que la reyne avoit beaucoup de confiance dans l'évesque de Beauvais qui estoit d'ailleurs d'un esprit simple et facile et d'un tempérament prompt, crut qu'il luy seroit bien plus aisé de s'emparer de ce prélat que de tout autre pour qui Sa Majesté auroit de l'affection, mais ne sachant qu'employer pour cela, il s'adressa au nonce qui fut depuis le cardinal Grimaldi. Le nonce voulut bien se charger de la commission et luy faire le plaisir de dire à l'évesque de Beauvais la passion qu'avoit le cardinal Mazarin de rendre ses services à la reyne et le prélat peu fin en eut tant de joye qu'il l'alla d'abord déclarer à Sa Majesté en

______

(1) *Mémoires de Brienne*. Collection Pʀᴛɪᴏᴛ, t. XXXVI, p. 30.

lui conseillant de s'assurer de Mazarin qui fut ravi d'apprendre que les choses réussissoient à son gré. »

« M. de Beauvais, poursuit M. de Brienne, me fit part de ceci et de ce qui avoit esté ménagé par de plus habiles que luy. J'en fus extrêmement surpris, mais n'ayant eu assez de force pour dissimuler ma pensée et me trouvant dans la nécessité de prendre un parti, je dis à ce prélat que je souhaitois qu'il n'eust pas un jour subject de s'en repentir. »

Mélange d'aigreur et d'ironie, ce passage ne relate pourtant rien qui puisse être en bonne justice reproché à Augustin Potier. Nous avons approuvé sa retenue à l'endroit de certains magistrats trop zélés. Depuis lors, la situation n'avait en rien changé. Louis XIII était vivant et son engouement pour le cardinal demeurait le même; était-il donc à propos de se faire de celui-ci un ennemi déclaré? Ne devait-on pas craindre qu'il n'usât de son influence pour nuire à la reine s'il s'en voyait mal traité? Était-ce pas fort sage, au contraire, de montrer bon visage à cet adversaire converti et de gagner sa neutralité sans accepter ouvertement son concours? Si M. de Brienne n'a pas vu cela ou ne l'a pas voulu voir, c'est qu'il comptait alors parmi les mécontents et ne jugeait des événements qu'au gré de son intérêt. Nous écrivons cette étude à coups de Mémoires, pour ainsi parler, et nous estimons que le procédé est excellent sous bien des rapports. Mais on ne saurait nier le défaut de vues et d'idées générales par où pèchent beaucoup de nos chroniqueurs et l'on doit prendre bien soin de dégager leurs témoignages des passions trop souvent personnelles et mesquines qui les ont dictés.

Au reste, nous n'avons qu'à tourner la page et Brienne se charge sans plus tarder de nous donner raison : « Je fus, dit-il, promptement trouver la reyne dans l'impatience où j'estois de savoir de Sa Majesté mesme si ce que M. de Beauvais m'avoit dit estoit véritable et ce qui avoit pu engager la reine à suivre le conseil de ce prélat : « Deux raisons, me répondit cette princesse :
» la première que, sur la parole du nonce, je suis per-
» suadée que le cardinal Mazarin est mon serviteur; la
» seconde qu'ayant l'intention de me défaire de Bouthi-
» lier de Chavigny et de tous ceux qui n'ont pas esté
» dans mes intérêts, je seray bien aise d'y conserver
» quelqu'un qui puisse m'informer des intentions que
» pourra avoir le roy pour les suivre, et qu'il ne soit
» dans la dépendance ni de Monsieur ni du prince de
» Condé. » Sur quoi le très avisé Brienne exécute un changement de pied, raye incontinent de ses tablettes tout le mal qu'il a jusque-là pensé et répété du cardinal, et, devinant la future inclination d'Anne d'Autriche, se met, ajoute-t-il cyniquement, à lui conseiller « tout ce
» qu'elle vouloit ».

Le roi, cependant, va s'affaiblissant de plus en plus et le 23 avril, surlendemain du baptême du Dauphin, on peut croire que sa dernière heure est venue. L'Extrême-Onction lui est apportée. Ce que voyant, M. de la Meilleraye, grand-maître de l'artillerie, qui redoute quelque violence de la part des Vendôme, envoye chercher par tout Paris les officiers dépendant de sa charge (1).

Une aussi grosse troupe dans les rues de Saint-Ger-

(1) *Mémoires de M. de Brégy*, t. 1er, p. 5.

main inquiète Monsieur, puis M. le prince, et tous deux de s'entourer de nombreux gentilshommes. La reine prend peur, croit qu'on veut lui enlever ses enfants, les confie à M. de Beaufort et ordonne à la Châtre d'appeler ses Suisses.

Pendant quelques heures, la cour est pleine de gens armés, formés en deux camps, s'observant et quasi prêts à en venir aux mains. Si le roi était mort ce jour-là, c'en était fait des ministres. Mais il se remet un peu et passe même l'après-dîner du lendemain à voir « enfiler des morilles et des champignons, à ouïr chanter Nielle dans sa chambre et à lui répondre parfois (1) ».

C'est ce jour d'émoi qu'on a nommé le *grand jeusdy* ou *journée des importants*, de ce que les partisans de la reine y affectèrent une supériorité, une jactance dont les princes durent être blessés et alarmés.

Mazarin et les autres ministres n'en eurent point non plus le *cœur rehaussé*, et, sentant le terrain leur manquer, redoublèrent d'intrigues pour se rendre la reine indulgente. Ils étaient alors surtout défendus auprès d'elle par Mme la princesse, outrée contre Beaufort du peu de cas qu'il avait fait de M. de Longueville, par M. de Liancourt et sa femme très favorables à Chavigny, par M. Vincent qui prêchait à Sa Majesté le pardon des offenses, par Beringhen, son premier valet de chambre, par la princesse de Guémenée, sa grande amie, par Brienne, enfin par l'Anglais Montaigu, l'ancien compagnon de ce galant Buckingham dont le souvenir n'était point effacé.

(1) *Mémoires de la Châtre*, p. 280.

Suffisamment lié avec Chavigny, mais plus encore avec Mazarin, sachant à fond l'état et les menées de la cour, très insinuant, très adroit, très bien vu de Mme de Chevreuse, ledit Montaigu ne se lassait pas de vanter en haut lieu les mérites du cardinal, et il fut dit en ce temps-là qu' « après les impressions qu'il avoit données à la reyne, elle avoit pris la résolution de suivre les avis de l'évesque de Beauvais, lorsqu'elle seroit régente, pour les choses qui concerneroient l'intérieur du gouvernement du royaume, mais que pour les affaires étrangères, elle auroit recours aux conseils du cardinal Mazarin, n'y ayant personne qui les sceut si bien connoître que luy, par la cognoissance qu'il avoit des intérêts de la plupart des princes de l'Europe (1) ».

Madame Anne, en effet, nourrissait un désir sincère de procurer enfin au pays la paix avec l'Espagne, et la haine que se portaient les deux nations lui pouvait faire croire qu'un étranger mènerait plus aisément les choses à bonne fin. « Il n'y avoit d'ailleurs point de sujet, nous dit Hermant, de se défier de l'inclination de l'évesque de Beauvais pour l'exécution de ce dessein de la paix, car sa plus forte ambition estoit d'y parvenir s'il avoit un jour quelque part dans les conseils, et son plus fascheux embarras eust esté de ne le pouvoir accorder avec le soulagement du peuple incompatible avec cette entreprise de la paix qui ne s'achève jamais que les armes à la main et après s'estre rendu formidable à l'ennemy (2). »

Rien de plus naturel, en fait, qu'une restriction de ce

----

(1) Hermant, p. 2018.
(2) Hermant, p. 2018.

genre et rien de plus conforme aux penchants que nous
pouvons supposer à Augustin; comme citoyen, comme
prêtre, il devait passionnément souhaiter la paix; mais
il avait vu de près la guerre et ses horreurs, et si cette
paix ne semblait réalisable qu'au prix de nouvelles campagnes, il était assurément moins homme que Mazarin à
les engager sans délai, à les poursuivre sans merci.

Or, ces différences de tempérament ne manquèrent pas,
on le pense bien, d'être exploitées par les alliés du cardinal et de Chavigny, en sorte qu'Anne d'Autriche finit
par croire tout à fait à la nécessité de retenir, pendant
les premiers temps au moins, deux hommes très au courant des affaires et seuls capables d'amener à l'extérieur
une heureuse solution.

« On s'étonnera peut-être, insinue la Châtre (1), que
toutes ces choses se pussent passer sans que nostre cabale
se remuast davantage, mais à cela j'ai à répondre qu'en
premier lieu M. de Beauvais, qui sembloit avoir le principal secret de la reine, fut le premier trompé, et que
Sa Majesté, n'ayant pas été satisfaite des réponses qu'il
luy fit sur les affaires qu'elle luy proposa d'abord, com-
mença à se dégoûter de luy et ne luy découvrit plus le
fond de son âme. Quelquefois à luy et à tous nous autres,
elle tesmoignoit quelqu'envie de garder le cardinal pour
un temps; mais au mesme instant qu'on luy disoit
quelques raisons pour l'en dissuader, elle sembloit
acquiescer et n'en parloit plus; si bien que si ces premiers
sentiments nous donnoient quelque soupçon, cette condescendance à ce qu'on luy représentoit nous rasseuroit

---

(1) *Mémoires de la Châtre*, p. 286.

presqu'aussitost..... Je crois qu'il peut y avoir eu beaucoup de dissimulation dans tout ce procédé, mais aussy il y a eu sans doubte beaucoup d'incertitude et d'irrésolution. »

En vérité, on ne saurait mieux dire, et la suite le fera bien voir. Entre ces ministres, qui, par les ordres de Richelieu, l'ont jadis traitée si indignement, mais qui sont habiles, instruits, pertinents, et les Importants, ses amis, qu'elle sait avides, présomptueux et, en tout cas, fort nouveaux aux affaires, l'hésitation de la reine était très explicable et se devait traduire par un manque de franchise et des oscillations qu'il ne faut pas juger trop sévèrement.

Surtout il y avait, au premier rang de la cabale, quelques personnages très propres à lui donner de l'inquiétude par leur ardeur brouillonne et leur envahissant orgueil. Le plus en vue de tous était certainement ce beau François de Beaufort (1), qu'Anne d'Autriche, quand il revint d'Angleterre, avait appelé « le plus honneste homme de France ». Il « estoit de tout temps à la reyne, il en faisoit mesme le galant et s'estoit mis en teste de gouverner dont il estoit moins capable que son valet de chambre ». Il avait en effet plus de bravoure et d'honneur que « d'esprit et de secret et n'estoit bien fait que pour jouer les héros de théâtre (2) ».

« L'évesque de Beauvais, dit La Rochefoucauld, avoit creu ne se debvoir point opposer à la faveur de M. de Beaufort, et souhaita de faire une liaison avec luy, affin

____

(1) Second fils du duc de Vendôme.
(2) Priorato, *Ministère de Mazarin*, Traduction, p. 321.

de ruiner de concert le cardinal Mazarin qui commençoit de s'establir; ils creurent d'en venir facilement à bout par l'opinion qu'ils avoient de leur crédit et par l'expérience que l'évesque de Beauvais avoit faicte de la facilité avec laquelle il avoit ruiné des personnes qui debvoient estre plus considérables à la reyne par leurs services que le cardinal Mazarin.

» Cette confiance fit négliger au duc de Beaufort et à l'évesque de Beauvais beaucoup de précautions durant les derniers jours de la vie du roy, qui leur eussent été bien nécessaires après sa mort, et la reyne estoit encore assez irrésolue en ce temps-là pour recevoir les impressions que l'on eust voulu luy donner (1). »

La note est à peu près juste et le dernier trait confirme ce qu'on vient de lire des indécisions où flottait Madame Anne. La Rochefoucauld, lui (2), tenait au milieu de ces événements un rôle fort ambigu; lié en apparence avec les Importants, il était en réalité des amis de Mazarin, et grâce à ce double jeu, fut quasi le seul qui sortit de l'aventure sans disgrâce; homme de cour et d'intrigue s'il en fut, il avait dû rencontrer Augustin en travers de sa route, et ainsi s'expliquerait suffisamment l'animosité qui paraît en ce passage. Il fallait même, ou que son irritabilité fût bien grande, ou que ses griefs fussent bien sensibles, puisqu'il y insiste quelques lignes plus loin et reproche encore à notre prélat d'avoir « par son assiduité auprès de la reyne, trouvé occasion d'y détruire presque

______

(1) *Mémoires de La Rochefoucauld*, édition de 1677, p. 9.
(2) François, prince de Marsillac, baron de Verteuil, duc de La Rochefoucauld.

tous ceux qu'elle avoit considérez ». C'était généraliser
par trop, ce semble, une querelle particulière, car nous
cherchons vainement quelles purent être les si nombreuses
victimes de M. de Beauvais.

Cependant, trois semaines se sont écoulées depuis le
Grand Jeudy; nous sommes au samedi 13 mai et le
P. Binet a prévenu le roi qu'il lui reste à peine quelques
heures à vivre. Sa Majesté vient de rejeter plusieurs vers
dans ses vomissements, et « c'est une chose horrible,
s'écrie Giustiniani, c'est un mémorable exemple de l'hu-
maine misère de voir le plus puissant prince de la chrétienté devenu avant la mort comme une manière de
cadavre, un foyer de pourriture, un sépulcre hanté des
vers (1) ».

Il est si maigre, si défait, qu'il donne pitié à tout le
monde, découvrant parfois ses bras décharnés et les mon-
trant aux courtisans; pourtant Pontis assure « qu'il est
fort mal servy et qu'à peine lui donne-t-on un bouillon
qui soit chaud (2) ».

Le pauvre monarque a reçu avec joie l'annonce de sa
délivrance; la foi la plus vive, le plus noble souci des destinées de son peuple le soutiennent dans ce terrible passage; les évêques de Meaux (3), de Beauvais, de Lisieux,
avec M. Vincent de la Mission, exercent sa piété par
leurs remontrances et leurs prières (4). Sa vie ne tient
plus qu'à un fil.

---

(1) *Ambassadeurs vénitiens*, p. 78..... *primo cadaverito che morto
fatto centro della putredine et sepolcro de vermi.*
(2) *Mémoires de M. de Pontis.*
(3) Séguier.
(4) Hermant, p. 2023.

Déjà, quatre jours avant, c'est-à-dire le 9 mai, la reine a fait savoir par son aumônier ordinaire (1) à l'avocat général Talon qu'elle est résolue d'amener le Dauphin au Parlement aussitôt que Dieu aura disposé du roi; qu'il y a accommodement entre elle, Monsieur et le prince de Condé et qu'elle espère que la Compagnie ne fera pas difficulté de lui reconnaître une autorité entière. « Je demandai à M. de Montrouge, écrit Talon, de quelle sorte cette affaire avoit esté ménagée si adroitement et si secrètement. Il me dit que la reine s'estoit expliquée avec Monsieur, frère du roy, seule à seul, et avec M. le prince et que l'évesque de Beauvais y avoit travaillé (2) ».

Ce serait, en effet, une grande simplicité de croire qu'un événement aussi certain que la mort du roi ait pu trouver la reine au dépourvu, et qu'elle n'ait su d'abord où donner de la tête, comme tant des gens l'ont avancé. Tout était au contraire soigneusement réglé d'avance. Conseillée par Augustin, dont la réserve si mal à propos critiquée allait porter ses fruits, elle avait pris grand soin de faire « voir à Monsieur combien la déclaration luy estoit injurieuse, si bien qu'enfin elle et luy s'accordèrent à la faire casser, et M. le prince y consentit aussy ». « Il est vrai, ajoute ici la Châtre, que pour les y faire condescendre tous deux, il fallut que M. de Beau-

---

(1) Anne d'Autriche avait un grand aumônier : Augustin Potier; un premier aumônier: M. de la Fayette, évêque de Limoges; un aumônier ordinaire, Jacques de Montrouge, qui fut évêque de Saint-Flour, et quatre aumôniers servant par quartier (Etat de la France).

(2) *Mémoires d'Omer Talon*, MICHAUD et POUJOULAT, 3ᵉ série, t. VI, p. 88.

vais promît de la part de la reyne un gouvernement avec une place pour Son Altesse Royale et la mesme chose ensuite pour M. d'Enghien (1). » Brienne fait aussi mention de cet arrangement, mais c'est avec un sentiment d'animosité très visible : « M. de Beauvais, écrit-il, qui s'attendoit à être tout-puissant dans l'Estat, recherchoit M. le duc d'Orléans et M. le prince de Condé en leur promettant des gouvernements, des places et généralement tout ce qu'ils pourroient désirer. Il assura encore Monsieur que, sans le titre de régent, il en auroit toute l'authorité (2). »

Quoi qu'il en pût être, la conquête de M. de Condé fut certainement moins facile que celle de Gaston tout à fait asservi à l'abbé de la Rivière. M. le prince était un autre homme que ce fils dégénéré du grand Henri; né protestant, devenu catholique à l'exemple du feu roi, ambitieux autant qu'avare, guerrier médiocre et brave douteux, mais politique habile, avec un heureux mélange de prudence et de fermeté, il pouvait vouloir s'accrocher à ce que la Déclaration lui promettait de puissance. « Il n'estoit pas question avec luy, a dit un historien, de brusquer l'affaire, comme le prétendoient l'évesque de Beauvais et ses échos, il fallut le flatter, faire agir sa femme, amie intime de la reyne, enfin luy asseurer en biens et en dignitez plus qu'il ne perdoit (3). »

Que ces négociations aient été ou non *brusquées*, en vérité, peu nous importe; ce qui est intéressant à cons-

---

(1) *Mémoires de la Châtre*, p. 282.
(2) *Mémoires de Brienne*, t. II, p. 37 et 182.
(3) Mezeray, t. XII, p. 241.

tater, et ce qui demeure bien établi, c'est qu'Augustin y travailla et qu'elles réussirent.

Par contre, ce ne fut qu'un jeu de gagner le chancelier Séguier, celui-là même qui avait outragé la reine au Val-de-Grâce, qu'elle détestait avec toute la cour, mais que le crédit de sa sœur, la Mère Jeanne, Carmélite à Pontoise, suffisait à soutenir. Anne vit encore et rassura Mme d'Aiguillon et par elle les proches et les anciens amis de Richelieu. Quant à Chavigny et aux autres, ils se montrèrent de bonne composition et tout prêts à renoncer, eux aussi, aux avantages de la Déclaration: Mazarin leur avait fait la leçon.

L'heure était suprême, en effet, pour ce dernier; elle devait décider de sa fortune et il en avait conscience. C'est pourquoi, au lieu de s'en défendre, et comme jaloux de ne rien tenir que des bontés de la reine, il redoublait à son égard de soumissions insinuantes, affectait d'espérer qu'elle lui saurait gré peut-être d'avoir fait accepter au roi une combinaison qui ne l'écartait pas *absolument* des affaires; il donnait à entendre, au dire de la Rochefoucauld, que ce point seul importait, puisqu'elle aurait licence avant peu de corriger le reste. En même temps, il continuait à jouer publiquement la petite comédie du départ et se faisait même adresser par un de ses domestiques, le sieur Naudé, un discours « pour sçavoir s'il fallait qu'il se retirast à Rome (1) ».

C'est un mémoire long, méthodique et assez curieux au demeurant, où l'auteur, après avoir mûrement réfléchi

---

(1) Bibliothèque nationale. Manuscrits fonds français, 10 222.

à l'avenir de son maître, lui conseille de s'en aller, malgré toutes les grandeurs que lui promet la cour de France, nonobstant aussi « le peu d'affection que, s'il faut en croire au commun bruit, Sa Sainteté et le cardinal Barberini luy ont toujours porté ». Que sera-t-il jamais à Saint-Germain? Qu'un ministre comme M. de Chavigny et M. de Noyers; qu'un étranger soutenu par le prince, il se peut même par la régente, mais sans assiette solide et constamment suspect au plus grand nombre. Tandis qu'à Rome, avec son génie, il peut et doit préparer son pontificat, ce but magnifique offert à l'ambition d'un homme d'Église et si fort au-dessus de tout ce qu'un roi peut donner.

Diversement jugés, ces bruits de départ faisaient néanmoins leur chemin. « Le cardinal Mazarin, écrivait Giustiniani, parle ouvertement de son retour à Rome. Pourtant la reine le voit volontiers, car, élevé comme il l'a été à la cour romaine, il est très expert en complaisances et en bonne grâce (1). »

Cette fine observation ne semble-t-elle pas indiquer qu'il avait déjà commencé auprès d'elle ce manège de culte respectueux qui devait le si bien servir? Et cela étant, ne pouvait-on dès lors prévoir qu'il ne partirait point, et qu'insensiblement la reine reviendrait à son égard à des dispositions tout autres. « Elle voyoit, sans qu'il fût besoin de l'avertir, que l'évesque de Beauvais n'estoit pas capable de tenir près d'elle la première place

---

(1) *Ambassadeurs vénitiens.* p. 79, verso. *Essendo egli, come nutrito nella corti di Roma, molto adretto alle massime della compiacenza e della buona gratia.*

dans le Conseil d'en haut. Cependant, elle ne pouvoit se passer d'un premier ministre (1). »

C'est Loménie de Brienne, fils du secrétaire d'État et non moins partial que lui, qui rapporte cela, prétendant, en outre, qu'elle consulta son père et le président Bailleul, que celui-ci, repoussant en Mazarin la créature de Richelieu, se serait rabattu sur Châteauneuf, mais que Brienne, assuré de la préférence de la reine pour l'étranger, aurait fait son bon courtisan et dit comme elle. Ce n'était d'ailleurs pas la première fois.

En fait, Anne d'Autriche hésita beaucoup, alla jusqu'à l'Oratoire chercher les avis de M. de Gondy (2), voire même, au dire du coadjuteur, lui proposer le ministère, et prenant à la fin son parti, envoya Béringhen parler au cardinal. L'adroit Italien triomphait; on raconte que dans sa joie, il saisit les tablettes du messager et y mit son renoncement à la Déclaration, l'assurance d'une obéissance absolue au bon plaisir de Sa Majesté (3).

Mais il était trop fin pour se manifester avant l'heure, et jouissant discrètement du succès de ses efforts, sut demeurer derrière le rideau jusqu'à ce que la régence fut proclamée.

On doit reconnaître avec Michelet (4) qu'en tout cela « Mazarin fut admirable de perspicacité et de savoir-faire. La reine, de son côté, se montra également très forte. » « Sa prudence en cette conjoncture, écrivait Gius-

---

(1) *Mémoires de Brienne*, t. Ier, p. 196.

(2) Père de M. de Retz.

(3) *Mémoires de Brienne*, t. Ier, p. 296.

(4) *Histoire de France*, t. XII, p. 282.

tiniani, fut admirée de tout le monde; chacun loue sa réserve et les membres de la cabale en sont très inquiets(1). »

En vérité, nous n'avons nulle peine à l'admettre; car la partie n'était pas moins grave pour eux que pour les ministres et leur commandait d'épier soigneusement les plus menus symptômes.

C'est au milieu de toutes ces transes qu'Augustin Potier reçut la lettre assez étrange que l'on va lire, et que nous avons trouvée dans les papiers de Mazarin, aux Archives des Affaires étrangères (2).

Elle traite le cardinal un peu durement sans doute, mais elle nous édifiera très à propos sur le beau calme, la philosophie et le détachement dont il affectait alors de s'envelopper.

Voici la suscription de cette pièce :

Monseigneur,

Monseigneur l'Archevesque de Beauvais.

En Cour.

Tout d'abord on eût pu croire que cet *Archevêché* n'était que l'erreur d'un homme mal instruit des sièges épiscopaux, mais voyant le morceau sans signature, nous avons aisément reconnu qu'il n'y avait là qu'un raffinement de ruse pour dérouter les gens que cet anonymat aurait par trop intrigués. Comment supposer, en effet,

----

(1) *Ambassadeurs vénitiens*, p. 80. *Il suo silenzio da ogni uno lodato e molto temuto a cabalisti.*

(2) Archives des Affaires étrangères, fonds de France, t. CIV, pièce 102.

qu'un propre diocésain de M. de Beauvais se serait à ce
point trompé sur le titre de son évêque? On devait logiquement chercher partout ailleurs. Or, en poursuivant
le dépouillement du fonds sus-indiqué, nous avons rencontré deux autres lettres de la même plume incontestablement que celle qui nous occupe, adressées l'une et
l'autre à Chavigny, signées *Auteuil*, datées d'Auteuil, près
Beauvais et que nous donnerons en leur lieu. La paternité de la première ne saurait ainsi demeurer douteuse, et
le correspondant masqué de Mme Augustin, au 12 mai 1643,
était bien Charles Combaut, baron d'Auteuil, écrivain
plus besoigneux que disert et fort plat intrigant, comme
on le verra plus loin. Voici ce qu'il écrivait :

« Monseigneur,

» Après avoir pensé aux moyens d'avertir la royne des
brigues et des secrettes menées du cardinal Mazarin, j'ay
creu que vous en seriez un très asseuré, et que, vous en
donnant avis par celle-cy, vous ne perdriez point de temps
d'obvier à ses entreprises, affin d'étouffer ce monstre naissant, lequel aïant esté *disciple du cardinal de Richelieu*, et
ensuitte de son Conseil, n'a pas *des dessains moins per-
nitieux et moins violents que ceux de son maistre*, et
adioutant à cela les qualitez de sa nation, sans doute ce
sera un très dangereux personnage. Je vous advertis donc
que nonobstant qu'il tesmoigne s'en vouloir aler, comme
il fit incontinent après la mort du cardinal de Richelieu,
il fait des créatures par belles promesses, qu'il brigue
puissemment la charge de gouverneur du roy pour une
personne qui luy est acquise, afin de se faire incinuer
insensiblement dans l'affection et dans les bonnes grâces

de ce jeune prince, pour, par ce moïen, establir sa fortune plus seurement et qu'il n'a aucune pensée pour la paix sachant bien que çà esté dans la guerre que le cardinal de Richelieu a trouvé les moïens de ce rendre nécessaire et de s'agrandir; enfin, Monseigneur, pour tout dire en un mot, *c'est un Italien, très fin et très spirituel et disciple du plus méchant et du plus grand fourbe qui fut jamais*, et vous devez tenir ce que je vous dis de lui pour très asseuré, bien que je m'abstienne de vous dire ce que ie suis. J'ay creu le devoir cacher tant à cause que c'est un secret qui m'a esté bien particulièrement confié par une personne qui l'a ouy lorsqu'on y pensait le moins, qu'à cause que l'effait de ma lettre peut estre doutteuse et que par ainsy ie me ferois un ennemi irréconciliable dont ie n'ay nullement affaire. Je prie Dieu qu'il soit avec vous, qu'il vous inspire et qu'il vous comble tous de ses grâces et de ses bénédictions; cependant ie suis.

    » Monseigneur,

    » Vostre très humble et très obéissant serviteur. »

.·.

De Paris, ce 12 may 1643

Voilà qui est fort bien, et le baron d'Auteuil ne pose point, on le voit, pour le courage inutile. Mais comment cette lettre à M. de Beauvais se retrouve-t-elle aujourd'hui parmi les papiers de Mazarin? Est-ce chez M. de Mesme qu'elle y fut jointe? Tomba-t-elle, au contraire, aux mains du cardinal et connut-il le traître qui se cachait sous ces trois points? Cette hypothèse n'est pas invraisemblable, étant donné que l'écriture n'était pas déguisée. A tout prendre, ce dut être sans grand péril. Son Éminence n'était guère vindicative de sa nature, et devait bien trop mépriser les gens de la cour pour faire à celui-ci l'honneur d'un peu de colère.

La journée du 13 mai, qui précéda la mort du roi, fut marquée à Saint-Germain par une agitation extraordinaire. On touchait au dénouement et la fièvre avait gagné les plus désintéressés. Il a été dit partout que Louis montra jusqu'au bout à la reine un front sévère et froid; cependant nous lisons encore dans les dépêches de Giustiniani que le « soir du dit jour il lui parla et aussi au duc d'Orléans avec des marques de grande tendresse, avec de pressantes exhortations à ce dernier de demeurer toujours uni à la reine, avec d'affectueuses prières de ne la point abandonner, ce qu'oyant la cour se répandit en chaudes larmes, Anne s'évanouit et Monsieur parut fort désolé (1) ».

Le 14 mai 1643 était la fête de l'Ascension, le roi demanda à son médecin combien de temps il pouvait vivre encore.

— Deux heures peut-être, Sire.

— Dieu soit loué, fit le prince, je m'en vais de bon cœur.

Augustin put entendre ce cri de délivrance, car il était alors dans la chambre du mourant (2).

A la fin « après deux ou trois hoquets et quelques soupirs, Sa Majesté rendit l'âme sur les 2 heures du

---

(1) *Ambassadeurs vénitiens. Il signor duca d'Orléans se mostra molto addoloratissimo.....*

(2) *La France en deuil*, pièce in-4° 1643, Bibliothèque nationale.

soir, au même jour, au même moment, que jadis le roi son père, coïncidence vraiment étrange, et par conséquent trente-trois années tout juste à compter de son avènement ».

René Potier de Tresmes, capitaine des gardes du corps en exercice — il avait en ce temps-là un brevet de duc et pair, — commanda aussitôt à quelques-uns de ses gens d'aller entourer le jeune dauphin que ce décès faisait roi. Un contemporain (1) affirme que ce fut « par le mouvement de nostre évesque qui estoit considéré à la cour comme un ministre qui devoit alors commander ». Nous ne savons si cela est vrai, mais la précaution, au demeurant, n'était pas inutile, puisque Montglat rapporte qu'en cette « journée la foule estoit si grande à Saint-Germain qu'on ne s'y pouvoit tourner (2) ».

La cour revint à Paris dès le lendemain, laissant le pauvre mort presque seul, car rien de plus abandonné souvent que la dépouille d'un roi, comme rien de moins respecté que ses volontés dernières.

Le nouveau monarque n'avait pas cinq ans à l'aurore de ce grand règne qui devait en durer soixante-douze et qui, commencé avec les troubles et la guerre civile, puis poursuivi dans une splendeur sans égale, était destiné par un retour saisissant de la fortune à s'achever dans les revers et dans la tristesse. Les partisans d'Anne d'Autriche atteignaient donc enfin au but tant désiré. Ils en eurent comme un éblouissement.

---

(1) HERMANT, p. 2 023.

(2) *Mémoires de François de Paule de Clermont, marquis de Montglat.* Collection MICHAUD et POUJOULAT, 3ᵉ série, t. V, p. 137.

En effet, entre leurs convoitises et le pouvoir, il n'y avait plus d'autre obstacle que l'acte du 19 avril, et Augustin Potier proclama dans l'instant que « la régence appartenoit de droit à la reine, que les restrictions mises à son autorité par la création d'un Conseil estoient injurieuses à sa dignité et qu'il n'y avoit d'autre moyen d'en effacer la honte que de le détruire (1) ».

Ce langage, on le pense bien, ne manqua pas de soulever autour de Madame Anne un transport auquel elle s'associa discrètement ; elle savait qu'elle pouvait compter sur le peuple, sur l'armée et sur le Parlement (2).

Elle avait avec elle le duc d'Orléans, les Vendôme et les Guise ; sa contrainte passée n'était plus de saison et elle laissa dire partout qu'elle allait faire casser la déclaration. Naturellement, les ministres prirent l'alarme ; le roi au Parlement, c'était pour eux, le renvoi presque fatal ; or, ils n'avaient renoncé à l'acte en question que dans l'espérance de rester au pouvoir.

Ils essayèrent donc de parer le coup en protestant de leurs intentions inoffensives ; ils ne se prévaudraient point des dispositions royales pour entrer dans le Conseil malgré la reine. « Il dépendroit d'elle seule de les y appeler et ils estoient prêts à lui donner cette abdication par escrit si elle le jugeoit à propos (3). »

Anne d'Autriche eut cette soumission pour agréable et inclina tout d'abord à ne point passer outre ; elle paraissait craindre que ce lit de justice, après celui qui avait

---

(1) Hermant, p. 2.027.

(2) *Ambassadeurs vénitiens*, p. 79, verso.

(3) Hermant, p. 2027.

consacré la régence de Marie de Médicis, ne créât pour l'avenir un précédent inévitable, « mais nostre évesque, qui avoit un frère (1) et plusieurs autres proches parents à la cour, luy fit changer de résolution en luy représentant qu'il luy estoit plus avantageux de faire casser par le roy son fils, en séance plénière, ce qui avoit esté ordonné par la Déclaration du roy son mary, en faveur de ces ministres, que de leur estre redevable de sa pleine autorité et de la tenir d'eux comme une espèce de grâce et de bienfait, que l'escrit particulier qu'ils luy avoient donné pour y renoncer n'estoit point assez solennel ni assez fort pour infirmer une déclaration du roy publié en son Parlement, que cette Compagnie, selon l'instabilité des choses humaines, pourroit peut-être avoir un jour des sentiments contraires aux siens, et que, si cela arrivoit et qu'en mesme temps les ministres vinssent se plaindre de n'avoir signé que par contrainte leur renonciation, le Parlement pourroit encore ordonner leur rétablissement dans le ministère, au lieu que si la reyne l'en rendoit juge elle-mesme, il estoit indubitable qu'il décideroit cette affaire selon son intention et en seroit plus porté à l'avenir à luy rendre obéisssance (2) ».

« Ce n'estoit pas donner un mauvais conseil à cette princesse dont la régence ne pouvoit estre mieux autorisée que par ce moyen. » « MM. d'Orléans et de Condé furent du mesme sentiment, disant que comme la reyne, pendant sa régence, devoit tenir la place du roy son fils, elle devoit aussy jouir du droit qu'ont les roys d'appeler

---

(1) André de Novion, président au Mortier.
(2) Hermant, p. 2027.

dans leurs Conseils, telles personnes qu'il leur plaist. »

« Il n'y a ainsi, conclut Hermant, qu'à louer M. de Beauvois d'avoir inspiré à la reyne le dessein de mener le roy au Parlement. » La chose fut exécutée sans retard.

« Le 16 may, nous dit Talon (1), je fus averty par M. l'évesque de Beauvais que la reyne ameneroit lundy au Parlement le roy et que M. le duc d'Orléans, oncle du roy, et M. le prince de Condé consentiroient que la reyne fût régente avec autorité absolue, et que, dès l'après-dinée, ces seigneurs en tesmoigneroient au Parlement. »

La nouvelle était prévue, on ne l'avait pas attendue pour peser les chances de chacun, et, dès la veille, c'est-à-dire à la date du 15 mai, l'ambassadeur Giustiniani écrivait à Venise : « On dit déjà que le président Bailleul (2) et l'évêque de Beauvais, serviteur et confident de la reine, entreront au Conseil avec M. de Bellegarde, ami du duc d'Orléans, et, de cette occurrence, il pourra bien surgir encore d'autres changements (3). »

Quelques lignes plus loin, il ajoute : « Mazarin restera en observation et temporisera jusqu'à ce qu'il voie s'il peut trouver son compte dans le futur gouvernement. A la vérité, on assure qu'il veut retourner à Rome, mais il ne le fera que contraint et forcé (4).

Après ce que nous savons de certaine démarche faite auprès du cardinal par ordre de la reine, cette note de

---

(1) *Mémoires d'Omer Talon*, t. Ier, p. 242.

(2) Louis de Bailleul, marquis de Chateaugontier, marié à Marie le Ragois de Bretonvilliers.

(3) *Ambassadeurs vénitiens*, p. 84, verso.

(4) *Ma no lo fara che necessitato!*

Giustiniani a de quoi étonner, venant d'un si bien informé d'ordinaire. Mais il est supposable, à tout prendre, que Mazarin n'avait encore reçu que de vagues assurances, rien qui obligeât précisément Anne d'Autriche à son égard, et que, soupçonnant les irrésolutions de la princesse, il croyait avoir lieu de s'alarmer à nouveau des intrigues de ses familiers, de l'importance que le lit de justice allait leur donner et du parti qu'ils en pourraient tirer contre les ministres et contre lui-même.

La Châtre affirme aussi « qu'il ne laissoit pas de faire tout haut l'homme ulcéré et dirigeoit déjà ses bagages vers l'Italie (1) » et les *Mémoires du marquis de Chouppes* (2) nous donnent encore une idée plus nette de l'émoi qui travaillait alors Son Éminence.

Le jour même de la mort du roi, il a fait prier Chouppes, naguère un des fidèles de Richelieu, de le venir trouver, il lui parle de sa situation, il lui confesse qu'il est inquiet. Le roi l'a, il est vrai, chargé du ministère, mais son testament va être cassé : « La reyne luy tesmoigne de la confiance, mais il a un concurrent qui luy fait ombrage, M. de Beauvais. »

Il craint qu'Anne d'Autriche devenue maîtresse absolue ne veuille point de premier ministre ou que son choix ne tombe sur un autre que lui. Il sait d'ailleurs qu'elle tient en aversion tous ceux qui ont été nommés du Conseil de régence, et c'est autre chose d'être premier ministre en vertu du testament de Louis XIII ou bien par la volonté mobile de sa veuve. Toutes ces réflexions l'ont jeté dans

---

(1) *Mémoires de la Châtre*, p. 282.
(2) *Mémoires du marquis de Chouppes*, 1861, p. 41.

une grande agitation d'esprit : son parti est bien arrêté de se retirer et il n'en fait pas mystère; même ses amis l'ont déjà quitté.

« Je le trouvai seul, dit M. de Chouppes, il donnoit ordre à ses affaires et faisoit emballer ses meubles..... Je luy dis que j'estois convaincu que la reyne ne le laisseroit pas partir; qu'elle luy donneroit certainement toute sorte de satisfaction, qu'il n'y avoit certainement personne en France capable de le remplacer, que l'évesque de Beauvais n'avoit point les talents nécessaires pour gouverner un Estat et surtout dans une conjoncture où la France avoit à soutenir une guerre très vive contre l'Espagne..... Je connois assez l'esprit de la reyne, me répliqua-t-il, pour croire que j'aurois autant de part à la faveur de cette princesse que ceux qui paroissent dans ce moment le plus accrédités, si j'avois la lâcheté de faire les bassesses auxquelles on voudroit me réduire, mais si je demeure en France, je veux que ce soit de la belle manière et qu'on me prie de rester. »

Était-ce là seulement un manège du cardinal jaloux de rehausser l'éclat de sa victoire prochaine par la saveur de l'imprévu ? Était-ce une simple comédie dont il s'offrait à lui-même le plaisir secret? Voulait-il, en donnant ainsi à jaser, solliciter et retenir un peu sur soi l'attention de Madame Anne? Enfin, impressionnable et agité comme il l'était par nature, prêtait-il pas une oreille trop anxieuse aux bruits divers qui lui venaient de la cour? Il pouvait y avoir de tout cela dans son attitude, et la question est vraiment assez difficile à trancher; mais il est certain que l'opinion se prononçait dans un sens fort défavorable aux ambitions de Mazarin. La masse des courtisans ne jugeait des choses que d'après les apparences et d'après la logique. Or, la reine avait « déclaré qu'elle avoit des serviteurs particuliers dont elle vouloit se servir comme l'évesque de Beauvais, le président de Bailleul et Brienne (1) », on savait qu'elle « se faisoit un honneur de recomoistre les services que son grand aumônier luy avoit rendus dans tous les estats de sa vie (2) ». Tout le monde en inférait donc que la face du gouvernement « alloit estre absolument changée, que les créatures de Richelieu qui avoient conservé leur crédit après sa mort alloient tomber dans une entière disgrâce par l'autorité d'un prélat qui n'avoit nul sujet d'estre satisfait de luy, tant pour les intérests de sa maistresse que pour sa propre personne et pour sa famille et qu'ayant toujours tesmoigné de bonnes inclinations pour le public, il useroit bien du rang auquel il alloit estre élevé (3). » Le choix d'Augustin Potier n'était ainsi douteux pour personne et cette attente générale donne quelque piquant à certaine anecdote de Tallemant des Réaux (4).

Il y est cas d'un « Ecossais huguenot nommé Duncan, homme d'esprit et faisant bien les vers latins », qui fut précepteur du marquis du Fort, fils de M. du Vigean et s'était après avisé de passer en Suède où il se faisait appeler Cérisante. Il s'y trouvait « à la mort du roy, et comme on ne scavoit qui seroit ministre et qu'on luy

---

(1) *Mémoires de Brienne*, t. II. p. 181.
(2) HERMANT, p. 2082.
(3) HERMANT, p. 2032.
(4) *Historiettes de Tallemant des Réaux.* Edition Montmarqué et Paulin Paris, t. V, p. 436.

eust demandé son sentiment, il dit qu'il croyait que ce seroit le cardinal Mazarin. C'estoit pourtant M. de Beauvais, mais, ajoute le chroniqueur avec un peu d'exagération, devant que les lettres arrivassent, le règne de M. de Beauvais estoit finy ». Le plus plaisant fut que la pénétration de Cérisante frappa Oxenstiern à ce point qu'il estima que personne ne saurait mieux que lui servir la Suède à Paris : le célèbre Grotius qui en dirigeait alors l'ambassade avait cessé de plaire, et l'extravagant Cérisante, devenu conseiller d'État, le remplaça quelque temps après. La fortune a de ces caprices.

Quoi qu'il en fût de tout cela, les précautions bien prises, les détails bien réglés, les rôles bien étudiés, on vit, le lundi 18 mai, sur les 8 heures du matin, le jeune roi quitter le Louvre en carrosse avec sa mère et s'en aller à la Sainte-Chapelle ouïr la messe qu'y célébra Mgr Augustin, d'où Leurs Majestés furent solennellement conduites en la Grand'Chambre.

L'assistance était magnifique : le Parlement tout entier en robes et chaperons d'écarlate, les présidents revêtus de leurs manteaux, le mortier à la main; avec cela nombre de seigneurs et des plus considérables. Le roi ayant été porté et assis sur son trône, le grand chambellan se mit à ses pieds et le prévôt de Paris plus bas. Aux hauts sièges à main droite proche du roi, une place entre eux, était la reine; après elle, sur le même siège, Monsieur, les princes du sang, les ducs et les maréchaux.

Dans les hauts sièges à la main gauche du roi, qui est le lieu des pairs ecclésiastiques (1), « M. de Beauvais

---

(1) HERMANT, p. 2028.

prit place, seul (1) en chappe violette; chacun le regardoit comme le confident de la reyne, et M. le prince lui vint parler deux ou trois fois (2) », signe bien éclatant de l'influence qu'on lui attribuait. Enfin, sur le banc des gens du roi, se tenaient le premier président Molé avec M. Potier de Novion et les autres présidents et les conseillers en leurs séances ordinaires (3).

On remarqua beaucoup que ni Mazarin ni les Bouthilier n'étaient présents.

Le roi dit, d'une grâce merveilleuse et au delà de ce qu'on pouvait attendre de son âge :

— Messieurs, je suis venu pour vous tesmoigner ma bonne volonté, mon chancelier vous dira le reste.

La reine aussi prit la parole :

— Dans mon affliction si extrême, fit-elle, je serois bien aise de me servir en toute occasion de vos conseils, vous priant de les donner au roy, Monsieur mon fils, et à moy tels que vous jugerez en vos consciences pour le mieux.

Sur quoi le duc d'Orléans se leva, et, protestant de son dévouement absolu à Leurs Majestés, déclara renoncer aux droits que lui attribuait l'acte du 19 avril. M. de Condé renchérit encore sur ces marques de désintéressement et de soumission, et dans l'instant M. le chancelier, ayant reçu du roi commandement de parler, soutint qu'il avait « tout sujet de désirer qu'une si vertueuse princesse

---

(1) Le P. Anselme dit aussi qu'il fut le seul des pairs ecclésiastiques qui assistât à ce lit de justice.

(2) *Journal d'Ormesson*, t. Ier, p. 49.

(3) AUBERY, *Histoire de Mazarin*, t. Ier, p. 167.

prît en main la régence, mais avec une pleine et entière autorité suivant la proposition qu'en venait de faire Monsieur, oncle du roy, approuvé et loué par M. le prince ». Enfin, les gens du roi furent invités à requérir, et M. Talon, mêlant dans son discours Auguste, Daniel et Salomon, s'étendit sur le danger de morceler la puissance, parce que, de cette division, naissent les factions et les partis.

Le prince de Conti opina du chapeau. M. le chancelier, laissant alors le duc de Vendosme (1), se tourna vers l' « évesque de Beauvais qui dit que la régence ne devoit point être partagée avec la reyne, estant très digne de l'exercer seule, non tant à cause de sa naissance et de l'honneur qu'elle avoit d'estre veufve et mère de roy, que pour ses vertus personnelles et toutes ses excellentes qualités qui ne pouvoient estre mises en comparaison de personne ».

Après lui, on revint à M. de Vendosme qui suivit les memes sentiments; les autres ducs, pairs et maréchaux, opinèrent également du chapeau; l'archevêque de Paris et M. de Senlis parlèrent et furent suivis du bonnet par les secrétaires d'État, les maîtres des requêtes et autres officiers; enfin, Mathieu Molé, grand caractère, grand magistrat, tout d'une pièce, comme dit Retz, prononça une harangue au nom du Parlement.

« Messieurs, à ce que rapporte la Châtre (2), avoient eu l'idée de faire quelques remontrances et de supplier Sa Majesté de se servir de gens d'une probité reconnue et d'écarter les ministres de la tyrannie passée. Mais il

---

(1) *Journal d'Ormesson*, t. Ier, p. 52.
(2) *Mémoires de la Châtre*, p. 282.

n'y eut que le président Barillon (1) qui en dit obliquement quelque chose, et l'on ne poussa point davantage cette affaire par l'avis de M. de Beauvais qui dit qu'il falloit laisser à la reyne la gloire de se défaire elle seule de ces Messieurs. L'effet, conclut la Châtre, a fait assez paroistre combien son opinion estoit mauvaise, et l'on doit demeurer d'accord que si le Parlement eust parlé comme il devoit faire, la réputation des ministres en eust esté si tachée que la reyne n'eust pu s'en servir et ils estoient déjà si chancelants que le moindre effort les eût abattus. »

Il est probable que s'il eût prévu le revirement qui se devait produire dans les dispositions de la reine, Augustin aurait agi tout autrement ; mais il n'est pas aussi certain que les remontrances dont s'agit auraient changé la face des choses et consommé la ruine du cardinal ; peut-être n'auraient-elles fait que retarder un peu son arrivée aux affaires. Mazarin n'avait pas assez de

---

(1) Ce Barillon appartenait à une excellente famille d'Auvergne, depuis longtemps ennoblie et fort riche. Il s'appelait Jean-Jacques et épousa la fille du président Fayet ; un de ses fils fut évêque de Luçon, grand ami de Rancé et de Vincent de Paul ; un autre ambassadeur en Angleterre, homme d'esprit, bien vu de Mme de Sévigné. Quant à Jean-Jacques de Barillon, probe, honnête, mettant sa conscience à s'élever toujours contre le pouvoir, écouté, influent, il était un des présidents des Enquêtes et très attaché aux Importants. Mazarin chercha à s'en défaire avec l'ambassade de Suisse, mais il devint chaque jour plus hostile et plus gênant, si bien qu'en 1644 le cardinal le fit chasser et enfermer à Pignerol où il mourut l'année d'après. Il y avait aussi un autre Barillon nommé Claude qui se démit de sa charge de président au mortier pour qu'on la rendît à M. Le Coigneux, puni par un exil de treize années d'avoir conseillé jadis à Monsieur de quitter le royaume.

fierté pour s'éloigner ainsi sur l'heure et sans esprit de retour, et tout allait dépendre en réalité des mystérieuses oscillations d'un cœur de femme couronnée. Toujours est-il que, Messieurs entendus, le chancelier prononça l'arrêt qui instituait Anne d'Autriche tutrice et régente sans restrictions.

Et voilà comme fut respectée « la très expresse et dernière volonté » du roi Louis XIII, voilà comment se vit consacré le triomphe bien éphémère des mécontents.

D'Ormesson raconte que M. de Vendôme vint « après la séance quereller le chancelier de ce qu'il avoit demandé l'avis de M. de Beauvais avant luy, et que le chancelier, obligé d'avouer qu'il avoit fait une faute, promit que l'on escriroit dans l'arrêt comme il le désiroit (1) ».

Fort inquiet de son sort, le pauvre Séguier avait-il donc tenté de s'accrocher, par une platitude, au pouvoir naissant d'Augustin? ou bien plutôt ce grave oubli des préséances n'était-il point la conséquence et l'aveu irréfléchi de l'importance que prenait dès cet instant notre évêque?

On ne saurait contester que tout l'honneur de cette journée lui revenait de droit. Il l'avait dès longtemps voulue et préparée, en dépit des fréquentes hésitations d'Anne d'Autriche; de même, il en avait assuré le succès par sa prudence, par ses démarches, par son action personnelle, et Brienne qui, par ailleurs, ne lui est pas tendre, lui rend à cet égard du moins une justice entière.

---

(1) *Journal d'Ormesson*, t. 1er, p. 52.

« La régence, dit-il, fut déférée à la reyne par les suffrages unanimes du Parlement de Paris où l'évesque de Beauvais, principal ministre alors, avoit beaucoup de parents et d'amis. C'est l'unique service que ce bon et vertueux prélat rendit à sa maistresse. En peu de jours son insuffisance luy fit perdre le rang qu'il occupa quelque temps, faute d'autre (1). »

De fait, la situation prit tout à coup une tournure fort imprévue, et la surprise fut extrême quand on sut que la reine, quelques heures après son retour du palais, avait fait dire à Mazarin de rester ; M. de Chouppes prétend qu'elle lui envoya l'évesque de Beauvais lui-même pour « luy offrir de sa part dans le Conseil la place que le feu roy luy avoit donnée et qui convenoit à sa dignité ».

Godefroy Hermant (2) et M. de Brégy (3) soutiennent, au contraire, que la négociation fut confiée à M. le prince. Cette seconde version nous paraît seule admissible, car, outre l'invraisemblance d'une pareille mission confiée par la reine à son grand aumônier, nous avons la preuve non douteuse que ce fut en dehors de lui qu'elle s'arrêta à ce parti tout à fait inopiné. Il faut lire dans la Châtre (4) le récit de l'incident :

« Nous croyions, écrit-il, le cardinal prest à passer les monts, lorsqu'en arrivant le soir au Louvre nous apprîmes cette belle nouvelle. Je trouvay M. de Beauvais dans le cabinet de la reyne et luy en tesmoignay

---

(1) *Mémoires de Brienne*, p. 293.
(2) Hermant, p. 2034.
(3) *Mémoires de M. de Brégy*, p. 9.
(4) *Mémoires de la Châtre*, p. 282.

mon estonnement; il me répliqua, en haussant les épaules, qu'il avoit bien respondu du premier acte, mais non pas de la suite, me voulant dire qu'il sçavoit bien comme l'affaire passeroit au Parlement, mais qu'il ignoroit ce que la reyne feroit ensuite. Je me retiray fort confondu du peu de suffisance de notre principal directeur, et m'en estant allé le soir à l'hostel Vendosme, j'y appris de M. de Beaufort que M. de Beauvais s'estant plainct modestement à la reyne de ce qu'elle avoit faict ce choix sans luy faire l'honneur de luy en rien communiquer, elle luy avoit respondu qu'elle s'estoit creue nécessitée à garder dans le commencement quelqu'un de ceux qui sçavoient le secret des affaires et qu'elle n'en avoit point jugé de plus propre que le cardinal parce qu'estant estranger, il n'avoit nul intérest ny nul appui en France; que cela ne devoit point donner l'allarme ny à luy ny à ses autres serviteurs qui n'estoient pas bien avec le cardinal, puisqu'elle promettoit de ne les point délaisser, et que, pour marque qu'en arrestant ce ministre, elle n'embrassoit pas tous ses intérests, elle abandonnoit tout le reste de sa cabale. Ce discours nous rassura un peu, mais, après un tel trait, nous crusmes bien toujours avoir lieu d'appréhender un revers d'un esprit si couvert. »

Anne n'avait pas manqué d'ajouter (1) qu'elle renverrait le cardinal dès qu'elle n'aurait plus besoin de ses lumières, et Brégy suppose que « cette réponse endormit l'évesque de Beauvais et le duc de Beaufort et les éloigna de prendre leurs seuretés contre la consolidation

____

(1) *Mémoires de M. de Brégy*, p. 9.

de Mazarin dans le ministère ». Pour nous, quelqu'incontestable qu'ait été dans cette occasion l'habileté de
la reine, nous ne pensons pas qu'elle ait pu donner
complètement le change à ses vieux amis. Le coup était
trop subit, trop direct et trop sensible pour qu'ils n'en
demeurassent pas très émus ; ils durent forcément
ouvrir les yeux à l'évidence, s'avouer que leur victoire
n'était rien moins que complète, et se dire, avec la
Châtre, que « l'esprit si couvert » de Sa Majesté leur
réservait peut-être encore des étonnements plus grands.
Mais l'illusion est, on le sait, facile et chère à l'esprit
humain ; les séductions d'une femme sont grandes, surtout quand cette femme est reine, et quelques bonnes
promesses purent bien, pour un moment, fermer chez
nos mécontents les blessures de leur confiance.

D'aucuns ont écrit (1) que Mazarin répondit d'abord
aux avances de la reine « avec une répugnance qu'on
suppose avoir esté concertée, promettant cependant de
rester jusqu'à l'exécution de la paix ». Si l'on en croit
au contraire les *Mémoires de Chouppes*, le cardinal,
après avoir écouté les offres de la régente, se rendit au
Louvre sur-le-champ et vint en recevoir la confirmation
de la propre bouche de Sa Majesté. Elle lui aurait alors
témoigné que, si elle avait désiré de faire quelque changement dans le Conseil, « ce n'avoit esté que pour y
faire entrer M. de Beauvais qu'elle en croyoit plus capable,
mais qu'asseurément il s'accommoderoit bien avec luy.
Ce discours estoit accompagné de mille choses flatteuses ».

Tout se serait ainsi passé au mieux dans cette entre-

---

(1) Hermant, p. 2032 et suiv.

vue, mais en paroles seulement, si bien que, quand, le lendemain, mardi 19 mai, Madame Anne demanda le cardinal pour tenir conseil, celui-ci s'excusa, disant qu'il n'avait plus de titre pour y assister (1).

En sorte que M. le prince fut obligé d'envoyer à ce ministre et à tous les autres des brevets nouveaux, destituables néanmoins à volonté..... « et là-dessus l'on disoit que la reyne faisoit sagement de ne rien changer, n'ayant point encore connoissance des affaires ni mesme des personnes capables de les conduire. L'on disoit aussi que M. de Beauvais estoit fort bon évesque, fort pieux, mais nullement capable de conduite ».

Au reste, que ne disait-on pas dans ces heures d'ambitieux prurit? Les nouvellistes avaient vraiment beau jeu; il se répandait que Chavigny demandait à se retirer, et on en tirait toutes sortes de conséquences; on attendait d'un jour à l'autre la chute de ses collègues et l'introduction de nouveaux membres parmi le Cabinet. Mais, concluait une dépêche de Giustiniani du 19 mai, « en dehors des deux déjà signalés, à savoir de l'évêque de Beauvais et du président Bailleul, ces propos étaient sans fondement (2) ».

Cependant il n'avait encore été statué que pour Augustin, comme on peut voir dans le *Mercure de Vittorio* (3).

« La reine maintient au Conseil tous ceux que son époux y a nommés..... seulement elle y met aussi l'é-

---

(1) *Journal d'Ormesson*, t. Ier, p. 54.
(2) *Ambassadeurs vénitiens*, p. 90.
(3) *Mercurio de Villorio Siri*, t. III, p. 708.

vêque de Beauvais, son grand aumônier, pour y être le ministre de son entière confiance (1). »

A la même date, l'ambassadeur de Venise ajoutait : « Le nonce négocie avec beaucoup d'utilité et a trouvé la meilleure voie en se poussant assez avant dans la confiance de l'évêque de Beauvais qui est en grand crédit auprès de la reine (2). »

Pendant ces premiers jours, en effet, les ambassadeurs ne savaient à qui parler, car les ministres, peu sûrs du lendemain, montraient une réserve extrême à traiter les affaires. « Augustin Potier, dit M. de Retz, avait alors la figure de premier ministre (3). »

Plusieurs ont avancé qu'il souhaitait en avoir aussi le titre, et Cousin s'est fait un peu bénévolement peut-être l'écho de cette supposition. « M. de Beauvais, a-t-il imprimé, s'était mis en tête de succéder à Richelieu. » Nous serions tentés de croire que l'historien de Mme de Longueville a pu prendre cela dans certaine note manuscrite (4) de la Bibliothèque nationale ainsi conçue : « Petite étoile de M. de Richelieu, Mre Augustin, qui pensoit que les astres empruntoient de luy les lumières qu'il ne devoit qu'aux autres, aspira au ministère. »

Assurément, il serait malaisé de déterminer ici la mesure exacte de sa vanité et de ses prétentions. Par nature, par caractère, nous le disions plus haut, il ne pouvait se sentir que peu de goût pour le pouvoir, mais les pro-

---

(1) *Ministro d'intera sua confidenza.*

(2) *Ambassadeurs vénitiens*, p. 93. *Assai confidente del vescovo di Boce, molto accreditato appresso la regina.*

(3) *Mémoires de Retz.*

(4) Bibliothèque nationale. Manuscrits f. fr.

testations de la reine, les caresses de la cour, les espérances que tant de gens mettaient ouvertement en lui,
avaient dû l'habituer à l'idée de tenir dans l'État une
place importante. D'ailleurs, tout le monde partageait
cette conviction : Mme d'Hautefort, l'intime amie, la
confidente d'Anne d'Autriche, écrivait que « la reyne
avoit seulement gardé Mazarin à cause de ses talens, et
pour ainsi dire en attendant que celuy qui possédoit
toute sa confiance, son grand aumosnier Potier qui luy
avoit esté très fidèle pendant les mauvais jours, eust
appris l'art de gouverner (1) ».

Et la Châtre, qui ne l'aimait point, tout en recherchant
sa protection, montre à son tour la même croyance :
« C'estoit un grand dévot, dit-il, la reyne ne pouvoit
mieux choisir pour la fidélité, plus mal pour la capacité
pour premier ministre (2). »

En réalité, le temps se passait sans que Mazarin eût
encore nettement accepté la situation qui lui était faite ;
tout restait en suspens, et on en était toujours aux brevets
révocables dont il a été parlé. Même le jeudi (22 mai), au
Conseil de direction, « M. le prince dit à M. le chancelier et au surintendant que la reyne avoit fait telle chose
sans luy en avoir parlé, ni à Monsieur, que cela n'estoit
pas bien, et qu'il s'en plaindroit à M. de Beauvais. Je
jugeoi de là, conclut d'Ormesson (3), que l'establissement des ministres n'estoit pas bien certain et que l'on
pensoit à d'autres. A l'issue, l'on me dit que M. de

---

(1) *Mme d'Hautefort*, p. 104.
(2) *Mémoires de la Châtre*, p. 283.
(3) *Journal d'Ormesson*, t. Ier, p. 55.

Beauvais avoit un brevet de ministre et qu'il estoit désigné pour estre cardinal. »

Toutes les chances semblaient ainsi devoir être de son côté. « Chacun, raconte Hermant (1), vint en foule en sa maison luy en faire ses compliments, et luy offrir ses services, pendant que celles qui avoient dominé jusqu'alors étoient désertes..... On applaudissoit hautement au choix que la reyne faisoit d'un ministre qui passoit publiquement pour homme de probité, désintéressé, fidèle et sincère envers ses amis, comme ont reconnu mesme par leurs écrits ceux qui luy ont reproché ses défauts après sa disgrâce. Cependant, M. le président de Novion, son frère, au lieu de s'ennyvrer de cette apparence de faveur, eust fort souhaité qu'après avoir tesmoigné à la reyne la joye de la voir au comble de ses désirs, il allast reprendre le chemin de son diocèse, qui, estant voisin de Paris, luy donneroit toujours la facilité de l'assister dans les affaires importantes, s'il plaisoit à Sa Majesté de l'y appeler. Cette conduite l'auroit moins exposé à l'envie et à la contradiction de ceux qui avoient plus d'expérience que luy des intrigues de la cour, et il eust esté comme impossible qu'il ne fust devenu cardinal par cette voye. Tout cela est fort sensé et M. de Novion raisonnait à merveille, « mais la confiance qu'Augustin avait dans la bienveillance de sa maistresse fut comme une chaîne qui le retint près d'elle. » A notre gré, Godefroy Hermant n'a rien écrit de plus vrai que ces deux lignes. Le sentiment qu'il y exprime, nous l'avons déjà formulé. Oui, c'est avant tout dans l'attachement de

______

(1) Hermant, p. 2632.

notre évêque à la reine, dans sa confiance excessive jusqu'à l'aveuglement, mais, au demeurant, noble et touchante qu'il faut chercher la raison de sa conduite et l'excuse à son erreur; certainement aussi, son aversion croissante pour le cardinal et l'envie qu'il put avoir de faire obstacle à ses entreprises ne furent chez lui que des mobiles de second degré.

Mazarin ne s'en inquiétait pas moins pour cela, et ses tablettes en font foi (1).

« M. de Beauvais, y lisons-nous, est froid et raide avec moi, malgré les avances que je lui ai faites. Je suis informé de plusieurs côtés qu'il ne peut tolérer la bienveillance dont Sa Majesté m'honore et qu'il espère bien y mettre promptement un terme; il a dit au prince que Chavigny était un homme remarquable, dont le travail était excellent et dont il fait beaucoup de cas. Lui et Novion son frère ont mené grand tapage sur la résolution qu'a montrée Sa Majesté de me donner le brevet. Il a dit à Mme de Brienne que Sa Majesté avait juré de me laisser partir. Il a promis alliance et complète amitié à Chavigny qui a tout mis en œuvre pour le gagner. »

Ainsi, les avances naguère recommandées par la reine au cardinal n'ont pas été bien reçues d'Augustin, et celui-ci, tout au contraire, a mis dans son jeu le très habile

____

(1) 1er *Carnet*, p. 102 et 103. *M di Bove freddo et intiero con me non obstanti li avanzi flattili; sono avvisato dà più parti che non puol soffrire l'onore che ricevo da S. M. e che spero ben presto impedermene la continuazione..... Lui e Novion suo fratello fecero gran rumore della resolutione di S. M. di darmi il brevetto. Dice à Mad. Brienna che S. M. havera promesso di lassarmi andar via.*

et capable Chavigny. C'est M. le prince qui a procuré ce rapprochement et les Brienne sont dans l'affaire. On se compte et on se rapproche contre l'étranger.

Anne d'Autriche vient enfin de prendre une résolution qui n'a pas laissé de coûter quelque peu sans doute à sa nature faible et indécise. Annulant le brevet provisoire du 19 mai, elle a décidément fait de Mazarin un des chefs de son Conseil (1), et Mazarin, après quelques dernières feintes de résistance, a daigné accepter. Dès le 23 mai, Giustiniani en envoie la nouvelle à la sérénissime république et il ajoute : « M. de Beauvais est adjoint au Conseil de la reyne et a toujours sur elle beaucoup d'influence (2). »

Voici donc les deux adversaires face à face et de très près ; l'un avec sa vieille fidélité, ses services reconnus, sa réputation, son nom, ses alliances ; l'autre avec son adresse, son intelligence et cette particulière connaissance des affaires du pays qui n'a pas permis en quelque

---

(1) Et non pas le *chef de son Conseil*. Voici ce qu'il en écrivait lui-même au maréchal de Guébriant avec lequel il entretenait une correspondance continuelle et intime (il y a dans les *Cinq-Cents Colbert* deux volumes pleins de leurs lettres).

« Monsieur,

» Vous aurez sceu l'honneur que la reyne m'a faict de me commander de demeurer ici pour servir le roy comme *un des chefs* de son Conseil, quelqu'instance que j'eusse faicte pour avoir la permission de l'aller servir ailleurs..... »

Ce 9 juin 1643.

(Bibliothèque nationale. Manuscrits *Cinq-Cents Colbert*, t. CXVI, f. 73.)

(2) *Ambassadeurs vénitiens*, p. 100. *Il vescovo di Bove e aggiunto al Consiglio della Regina e tien molto credito appresso di lei.....*

sorte qu'on se pût passer de lui. De ce jour, la lutte va prendre un caractère plus personnel en apparence sans rien perdre de son intérêt. Les partis seront debout, derrière leurs champions, s'observant, s'attaquant ou de front ou de biais et comptant les moindres coups avec une passion sans égale.

Placée entre les deux camps, Madame la Régente ne laissera pas que d'être à plaindre, tour à tour obsédée par les sollicitations et par les reproches, par les caresses et par les menaces; soucieuse de ne blesser, de n'écarter personne, elle aura besoin d'une dose de patience et de sang-froid tout à fait remarquable pour garder tant de ménagements et pour tenir entre tant de prétentions une balance à peu près égale.

Considérons-là dès cette première heure : le brevet du cardinal est à peine expédié que, déjà, elle semble redouter d'avoir trop fait pour lui : prétend-elle diminuer aux yeux de tous la portée d'un pareil choix, ou, redoublant de bontés pour son grand aumônier, cherche-t-elle à couper court aux récriminations de ses amis? Croit-elle à propos que Mazarin n'ait pas plus longtemps sur Augustin l'avantage de la pourpre? Toujours est-il qu'elle a au même temps fait demander à Rome le chapeau pour M. de Beauvais. C'est Mme de Motteville qui nous l'apprend et avec elle Vittorio Siri et aussi l'agent de Venise dans une nouvelle dépêche, à cette même date du 23 mai (1), car il est rare qu'il n'en envoie pas deux et souvent trois à la fois.

---

(1) *Spendendosi a Roma per procurargli il cappello cardinalizio..... Mercurio de Vittorio Siri*, t. III. p. 708.

« Cette nuit, doit être expédié un courrier à l'ambassadeur Fontenay, afin qu'au nom de la reine et du roi son fils, il adresse au Souverain Pontife de formelles instances pour obtenir à l'évêque de Beauvais le chapeau de cardinal, marque bien évidente du crédit dont il jouit auprès de la reine (1).

» Cette poursuite du cardinalat pour M. de Beauvais ne change rien au protectorat qu'exerce cette couronne sur les affaires de Parme. On en a donné ici avis au nonce qui n'a pas pour cela vu la reine aujourd'hui plus que les autres ministres. Mais je ne puis croire que, par suite de cette demande de chapeau pour Beauvais, il y ait de meilleures dispositions à la bonne entente avec le Saint-Siège..... La reine, autant d'elle-même que par l'influence de Beauvais qui poursuit le cardinalat, ne voudra pas s'engager en faveur de Parme, mais il n'est pas à croire, cependant, que l'on songe à l'écarter de la protection que la couronne de France donne au seigneur duc. »

Cette affaire de Parme était à la fois assez embrouillée et assez vulgaire. Nous avions jadis soutenu le duc Édouard Farnèse (2) contre les Espagnols.

Une méchante paix qu'il avait faite avec eux, de gros emprunts contractés à Rome et dont il payait mal les intérêts, l'avaient conduit à une nouvelle guerre avec le pape Urbain VIII, et maintenant il intriguait pour nous

----

(1) *Ambassadeurs vénitiens,* p. 101. *Perche facce espressa instanza al Pontifice per il cappello di cardinale al vescovo di Boue, signo ben evidente del credito che possiede appresso la regina.....*

(2) Cinquième duc de Plaisance et de Parme, second fils de Ranuce Ier, auquel il avait succédé en 1622.

arracher *qualque assistenza di danaro:* la cour de France faisait montre de sympathie, mais ne s'engageait point et traînait en longueur. Tout cela n'intéresse que petitement notre étude, et si nous avons reproduit ces passages, c'est plutôt à cause du peu de jour qu'ils jettent sur la position d'Augustin.

Jean-Louis Guez de Balzac adressait alors à Chapelain les deux lignes que voici : « La reine fit entrer dans le Conseil l'évesque de Beauvais avec le titre de *secrétaire d'Estat* (1). » Manifestement, c'était *ministre d'Estat* que Balzac voulait dire, et Montglat, plus précis, s'est bien gardé d'une distraction pareille : « A ce commencement, écrit-il, la reyne se servit du Conseil de ses anciens serviteurs..... entre autres de l'évesque de Beauvais, auquel elle avoit grande confiance, le tenant pour homme de bien ; aussi elle le fit ministre d'Estat et le nomma cardinal pour la première fois que le Pape en feroit pour les couronnes (2). »

Et la Châtre, justement fort ému, comme tous les Importants, du maintien de Mazarin dans le Conseil, s'épanchait ainsi de son côté (3) :

« Il sembloit cependant que nos intérests n'estoient pas désespérés, et, quoique la capacité de M. de Beauvais fût médiocre, c'estoit toujours quelque chose de le voir déclarer ministre d'Estat et désigné cardinal, la reyne ayant écrit pour luy à Rome, et de voir qu'en

---

(1) *Lettres de Balzac à Chapelain.*

(2) *Mémoires de Montglat.* COLBERT, MICHAUD et POUJOULAT. 3ᵉ série, t. V, p. 139.

(3) *Mémoires de la Châtre*, p. 283.

mesme temps elle promettoit à M. de Vendosme le gouvernement de la Bretagne. »

A la vérité, ces marques d'un bon vouloir auguste ne manquaient point d'importance, et la cabale était fondée à croire que Madame Anne ne s'en tiendrait pas là. D'heure en heure, plus ardemment pressée par ses partisans de la veille, par tous ceux qui s'étaient vus maltraités ou en petite considération dans le règne précédent pour l'amour d'elle (1), faible et généreuse, elle accordait beaucoup, promettait davantage encore. Eux, « fiers de la confiance de la reyne, se donnoient des airs d'importance et de protection (2) ». Ils déclamaient contre la tyrannie et prétendaient rétablir les anciennes lois du royaume (3). Ils marquaient un culte particulier pour la mémoire de M. de Thou et se faisaient un point d'honneur des principes et des actions les plus extrêmes. « On les nommait les *Importants*, dit M. Cousin (4), à cause des airs de suffisance qu'ils se donnaient, blâmant à tort et à travers toutes les mesures du gouvernement, débitant des maximes d'État, affectant une sorte de mélancolie, de profondeur et de sublimité quintessenciée qui les séparait des autres hommes. » Tallemant prétend (5) que ce fut Mme Cornuel, « qui avoit de l'esprit autant qu'on en peut avoir », qui donna le nom d'Importants aux gens de la cabale, « parce qu'ils disoient tou-

---

(1) *Mémoires de Montglat*, t. V, p. 139.

(2) Anquetil. *Intrigue du Cabinet*, t. III, p. 152.

(3) *Histoire de la Fronde*, par M. de Saint-Aulaire.

(4) *Vie de Mme de Longueville*, p. 219.

(5) Tallemant des Réaux, t. V, p. 137.

jours qu'ils alloient pour une affaire d'importance (1).

De toutes ces définitions multipliées ici à dessein, puisque notre récit doit être un peu, par incidence, l'histoire de la cabale, il ressort à tout prendre, qu'ils étaient gens assez fâcheux et certainement très faits pour lasser promptement la bonne grâce de la reine. Nous avons dit plus haut leurs principaux chefs auxquels il convient d'ajouter le vertueux La Fayette, évêque de Limoges; Philippe de Cospéan, évêque de Lisieux, et M. le duc de Guise, ce grand seigneur vain, brillant, incapable, qui, nommé à l'archevêché de Reims au sortir de l'enfance, avait jeté la mitre aux orties pour se marier, voire deux fois, et dont l'existence fut un tissu d'accidents et d'étrangetés.

Les plus sages, sans conteste, étaient, avec Augustin Potier, MM. de La Rochefoucauld et de la Châtre et cet Alexandre de Campion que nous verrons servir Mme de Chevreuse d'un admirable dévouement. Mais ces sages n'étaient point en nombre pour dominer et diriger un grand parti tout soulevé d'ambition, de vanités et de rancunes, sans cohésion, sans discipline, où chacun s'orientait à la boussole de son intérêt et de sa passion; aussi faut-il nous attendre à des fautes répétées, dont un adversaire avisé ne manquera pas de tirer profit.

Pour commencer, les Importants se divisèrent en deux factions bien distinctes qui contribuèrent l'une et l'autre, comme à l'envi, au succès de Mazarin; les *dévots* prêchaient à la régente le pardon des injures; *les politiques*,

---

(1) Elle a dit depuis que les Jansénistes « estoient des Importants spirituels ». TALLEMANT, *ibid.*

craignant que la petite coterie d'Augustin ne prît sur elle trop d'empire, lui représentaient que le cardinal avait seul la clé des questions étrangères si graves en ce moment-là, qu'il était laborieux, attaché à la France, et que son penchant vers l'Espagne n'était pas pour inquiéter. N'était-ce point d'ailleurs aussi la secrète inclination d'Anne d'Autriche?

Dans sa paresse et son inexpérience, elle sentait le besoin d'avoir à ses côtés une capacité éprouvée, qui, en assumant le fardeau du pouvoir, lui laissât tout l'honneur de l'autorité suprême.

Et si le souvenir odieux de la déclaration lui revenait à l'esprit, si elle se rappelait encore que Mazarin en avait été le principal auteur, n'était-il pas avéré désormais que cette déclaration avait seule empêché le feu roi de s'arrêter à des résolutions beaucoup plus dures? Le cardinal, au reste, n'avait-il pas pris, dans les négociations pour le lit de justice, une attitude parfaite? Et, depuis, pouvait-elle n'avoir pas apprécié la réserve si respectueuse et en même temps si câline qu'il avait observée? « L'esprit de Mazarin et sa docilité luy plurent dès les premières conversations qu'elle eut avec luy », nous dit Mme de Motteville (1), et son sentiment particulier s'accordait avec les conseils de quelques-uns de ses amis, avec les désirs de M. le duc d'Orléans et de M. le prince dont elle n'avait qu'à se louer (2).

Cependant, elle n'était point encore résolue, ce semble, à le garder autrement qu'à titre provisoire, et le crédit

---

(1) Édition d'Amsterdam, 1750, t. Ier, p. 137.
(2) *Ambassadeurs vénitiens*, p. 103, verso.

d'Augustin Potier paraissait intact, car voici ce que Giustiniani mandait le 26 mai (1) :

« L'évêque de Beauvais s'établit de plus en plus dans la faveur de la reine. Le prince de Condé est enclin à appuyer ledit Beauvais pour se conformer au goût qu'a pour lui ladite Majesté. » Et les dispositions de ce seigneur nous sont confirmées par le chef de son Conseil, par le président de Nesmond, qui contait même peu de temps après à Godefroy Hermant (2) que « ce premier prince du sang, recherchant à s'unir avec Augustin par une étroite liaison, luy avoit offert les choses les plus avantageuses pour l'establissement de sa famille dans les grandes charges et les dignités du royaume, mais qu'il avoit négligé cette proposition par le dessein qu'il avoit de remettre à la seule volonté de la reyne la disposition de tout ce qui le pourroit concerner ».

Beau désintéressement, confiance naïve et qui fut mal récompensée : saluons en passant ces sentiments de quelque rareté, et achevons la dépêche vénitienne : « Le cardinal Mazarin continue à administrer, mais dans une mesure beaucoup plus étroite que du temps du feu roi. Il déclare que, s'il est bien traité, il continuera, et qu'il est prêt, au cas contraire, à s'en aller du jour au lendemain. »

Ainsi, pour le mieux instruit des ambassadeurs, M. de Beauvais, à la date du 26 mai, tient encore le premier

---

(1) *Ambassadeurs vénitiens* p. 103, verso. *Il vescovo di Bove si va sempre avanzando in credito appresso la regina. Il principe di Condé inclina al sostinemento di detto Bove per conformarsi al gusto della detta regina,* etc.....

(2) G. Hermant, p. 2032.

rôle, et Mazarin, malgré son brevet, n'a qu'une action assez restreinte; on a voulu retenir l'homme d'affaires, mais c'est Augustin qui joue le principal ministre. D'Ormesson nous fournit à cet égard un renseignement décisif lorsqu'il écrit (1) : « A la séance du Conseil de Direction, M. de Beauvais signoit les arrêts et non M. le prince, et remarquoit fort bien si l'on avait suivi la résolution. » Cela ne saurait laisser aucun doute, et d'Ormesson, comme pour insister sur la prépondérance de notre évêque, ajoute aussitôt : « L'on me dit que M. de Buzenval, neveu de M. de Beauvais, avoit place d'ordinaire au Conseil », aussi le « vendredi (29 may), après disner, je fus le visiter et me resjouir de sa place ».

Dans une seconde note datée du 28 mai, Giustiniani relatait encore ce qui suit (2) :

« La demande du chapeau de Beauvais n'est pas la conséquence d'un accord entre cette couronne et Rome, elle a tout simplement pour prétexte la nomination que les Espagnols ont faite du frère du marquis de Powar. » Mais ce détail est de mince importance et le moment n'est pas venu de nous étendre sur la question du chapeau.

Ce qu'il faut constater, c'est qu'au point où nous voilà, Mazarin ne donne encore que bien peu d'ombrage à Mʳᵉ Augustin et à son entourage. L'émoi d'abord causé par son maintien au Conseil tend à s'effacer promptement; et seuls quelques courtisans madrés, comme la Châtre, comme Brienne, s'étonnent, s'inquiètent de l'in-

---

(1) *Journal d'Ormesson*, t. Iᵉʳ, p. 54.
(2) *Ambassadeurs vénitiens*, p. 106.

dulgence dont on use avec le cardinal et surveillent attentivement ses menées. Cette remarque a son intérêt parce
que nous avons à tâche de bien indiquer les étapes successives par lesquelles passa Mazarin avant de posséder
la plénitude du pouvoir. Aucun de nos historiens n'a
pris la peine d'y beaucoup insister et il y aurait pourtant
dommage à laisser croire que la puissance de ce ministre
soit sortie entière et tout armée de la séance du Parlement, comme Minerve fit du cerveau de Jupiter.

Cependant une grande, une triomphante nouvelle était
arrivée à la cour : le 19 mai, au lendemain même du jour
qui vit déchirer le testament de Louis XIII, M. le duc
d'Enghien gagnait à la France cette immortelle bataille
de Rocroy que le monarque avait entrevue dans les rêves
de sa lente agonie. Nos frontières assurées, celles de
l'ennemi ouvertes, notre supériorité imposée à l'Europe,
la régence affermie dès son premier pas, telles en étaient
les conséquences immédiates : c'était le plus beau coup
de fortune que pût rencontrer un gouvernement nouveau,
auquel les divisions de la cour et les mouvements des
huguenots ménageaient tant d'embarras. C'était une
céleste aubaine sur laquelle on n'aurait jamais tout dit.
Mais force nous est de n'en faire que cette mention
rapide pour revenir à de plus menus faits.

Anne d'Autriche venait d'établir ce que l'on appela
vulgairement le Conseil de conscience (2), chargé d'affermir
et d'étendre la foi catholique et particulièrement aussi
de distribuer au mieux les évêchés, prélatures, grandes

---

(1) Voir *L'État de la France 1648-1649*, et le *Journal d'Ormesson*
t. Ier, p. 59.

cures, abbayes, prieurés et autres bénéfices; ce Conseil, elle le forma de Mazarin, du chancelier Séguier, de M. de Beauvais, de M. Vincent et de l'évêque de Lisieux, Cospéan, son premier aumônier, « leur haute intelligence, leur zèle et insigne piété devant faire approuver et grandement estimer de tout le monde le choix que Sa Majesté faisoit de leurs personnes (1) ».

En même temps, la reine continuait à se répandre en bienfaits de toutes sortes avec « une libéralité qui ne refusoit rien (2) »; le bonheur dispose à la générosité, à l'indulgence, et Sa Majesté était trop épanouie de cette souveraineté reconquise pour marchander longtemps aux proscrits des lettres de rappel ou des places aux courtisans. C'est ainsi, nous dit la Châtre (3), que « cinq ou six jours après Rocroy, la reyne me fit une très grande grâce en consentant à la suppression de la charge de commissaire général des Suisses, mais ce fut après y avoir fait beaucoup de difficultés. M. de Beauvais fut le seul à qui j'en parloi d'abord ». L'appui d'Augustin semblait pour lors indispensable à quiconque attendait un bienfait d'Anne d'Autriche. Comme tant d'autres, le maréchal de Guébriant l'avait sollicité et, le 28 mai, l'évêque lui répondait :

« Monsieur,

» Je n'ay rien faict pour vostre service, et quand j'aurois faict quelque chose, il seroit toujours au-dessous de

---

(1) *Gazette de France*, année 1643, 6 juin, p. 471.
(2) Lettre de Guy Patin à Charles Spon.
(3) *Mémoires de la Châtre*, p. 283.

vostre mérite. Bien que je n'aye pas l'honneur de vous connoistre ny d'estre conneu de vous, néant moins la gloire de vos actions et les advantages qu'en a receus l'Estat sont conneus de tout le monde et en mon particulier, outre ce que j'en apprends dans le public mon nepveu de Buzenval me parle de vous en des termes si advantageux que je vous croirois digne des emplois les plus grands quant ce que vous aves faict jusques à présent ne me l'auroit pas appris. J'en ay dict mes sentimens à la reyne qui les a très bien receus. Il me reste à vous demander vostre amitié que je souhaite avec grande passion et à vous supplier de croire que je seray toute ma vie,

» Monsieur,
» Vostre très humble serviteur (1). »

C'est ainsi encore que nous trouvons aux carnets de Mazarin cette note tracée le 31 mai 1643 : « Beauvais a dit à M. d'Avaux qu'il sera satisfait; mille protestations d'amitié et qu'il ne pouvoit lui en dire davantage (2). »

D'Avaux devait entrer peu après dans le Conseil; on s'assurait par avance de son concours en réchauffant sa fidélité.

---

(1) Jean-Baptiste Budes, comte de Guébriant, le vainqueur de Wolfenbuttel, ne devait pas survivre longtemps à la chute d'Augustin Potier. Blessé à la tranchée de Rothweil et la ville s'étant rendue, s'y fit porter et mourut à quarante et un ans, le 24 novembre 1643. Bibliothèque nationale. Manuscrits *cinq cents Colbert.* 11C, fo 159.

(2) 1ᵉʳ carnet, p. 112. 31 maggio 1643 : *Boce a M. d'Avoche sara contente : molte protestazioni d'amicizia e che non li poteva dir altro.*

C'est ainsi enfin que l'on envoya la permission de rentrer aux derniers exilés, à la duchesse de Chevreuse et même à son fidèle ami M. de Châteauneuf (1).

« Jamais, assure Montglat, jamais la cour ne fut si belle que dans ce commencement (2) durant le règne de peu de jours de M. de Beauvais (3). »

À cette heure, en effet, notre prélat était mêlé à tout, intervenait dans tout, décidait de tout avec une autorité manifeste ; ce fut certainement pour lui comme le point culminant de la faveur et il y paraît bien clairement dans le mémoire adressé le 30 mai, pour le chapeau, à M. de Fontenay Mareuil (4).

Qu'on en pèse les termes et qu'on dise s'il se peut rien de plus pressant, rien qui donne une idée plus nette de l'importance acquise par Augustin :

« L'ambassadeur verra par les lettres de Leurs Majestez qu'elles ont eu agréable de nommer M. l'évesque de Beauvais pair de France, pour estre promeu au cardinalat.

» L'on ne croit pas qu'il puisse y avoir aucune difficulté pour sa personne qui a toutes les bonnes et grandes qualités requises pour soustenir cette dignité !

» Sa doctrine et sa capacité sont assez connues, mais on considérera principalement à Rome le zèle qu'il a

---

(1) Charles de l'Aubespine, marquis de Châteauneuf, créature de Richelieu, homme d'intrigues et de galanteries, fut un des juges de Marillac et de Montmorency et obtint les sceaux en récompense.

(2) *Mémoires de Montglat*, MICHAUD et POUJOULAT, p. 139.

(3) TALLEMANT DES RÉAUX, t. IV, p. 388. E. Paulin Paris.

(4) Bibliothèque nationale. Manuscrits fonds français, t. 15870, p. 109, anciens fonds Harlay.

tousjours tesmoigné pour le Saint-Siège dont il a sous-
tenu l'honneur et les avantages en plusieurs occasions qui
s'en sont présentées avec beaucoup de vigueur et de fermeté.

» Ledit sieur ambassadeur sçait qu'il sert la reyne en
la charge de grand aumônier depuis longtemps, pendant
lequel sa prudence et sa capacité luy ont acquis une si
particulière confiance près de Sa Majesté qu'elle a résolu
de luy donner part dans l'administration des affaires de
ce royaume et de le faire entrer pour cet effect au Conseil
qui se tient maintenant près d'elle. Si le Pape, contre
toute sorte de raisons, ne veut point faire de cardinaux
pour les couronnes, il faudra faire valoir la confiance
que la reyne a audit seigneur évesque et aux cardinaux
neveux, que quand mesme elle ne fera point de cardinaux pour les princes dans la prochaine promotion, elle
peut néantmoins, sans donner suict légitime de dégoût
à l'empereur ny au roy d'Espagne, faire le dict seigneur
évesque de Beauvais cardinal en considération de la
reyne seulement, qui dans le commencement de sa régence,
laquelle, selon l'aage du roy doit durer longtemps, luy
demande cette grâce pour une personne qui la mérite,
en qui elle a beaucoup de confiance et qui entre dans le
maniement des affaires, de sorte que le contentement
que Sa Saincteté donnera à la reyne touchant celle-cy et
la faveur qu'elle fera audict seigneur évesque seroit très
utilement employez.

» Ledit sieur ambassadeur appuyera donc fortement
sur ce poinct et n'oubliera rien de tout ce qui luy sera
possible près du Pape et des cardinaux neveux pour les
obliger à donner satisfaction à la reyne en cette occasion,

soit en faisant des cardinaux pour les couronnes, ou en faisant le dit seigneur évesque cardinal en considération de la reyne seulement.

» Pour convier d'autant plus Sa Saincteté à donner ce contentement à la reyne et luy témoigner l'entière confiance qu'elle a en sa bonté, ledit sieur ambassadeur luy dira que Sa Majesté se remet absolument à elle de tout ce qui regarde cette grâce, s'asseurant que Sa Saincteté aura si bonne volonté de la luy accorder qu'elle luy en fera trouver les expédiens et les moyens, ce qui augmentera de beaucoup la faveur que Sa Saincteté luy fera et obligera Sa Majesté à un plus particulier ressentiment. Il parlera de mesme sorte à M. le cardinal Barberin et à M. le cardinal Antoine aussy s'il est besoin.

» Fait à Paris, le 30 may 1643. »

D'autres symptômes encore témoignaient de la haute influence de M. de Beauvais. Nous avons déjà vu quelle recherche les Condé faisaient de son alliance, alors que la gloire de M. le duc d'Enghien donnait à sa maison une force, un éclat tout à fait exceptionnels.

Mazarin s'en inquiète et revient à chaque instant sur ce sujet. « M. le prince, écrit-il, dit qu'il est décidé que quand Beauvais sera cardinal, je serai renvoyé (1). »

Et quelques lignes plus loin : Condé « fait l'impossible pour exciter Beauvais contre moi, et puis s'en va disant que Beauvais me déteste (2) », et cette note

---

(1) 1ᵉʳ *Carnet*, p. 92. *Dice essersi resoluto che quando Bove sara Cardinale, io saro rimandato.*

(2) *Ibid.*, p. 92. *Fa il impossibile per metter Bove contro me e poi dice che Bove ha avversione.*

encore (1) : Le prince « fait instance auprès de Beauvais pour qu'il se consolide en faisant changer tous les ministres et en remplissant les charges de gens à lui ».

On aperçoit, par ces citations, quels liens étroits unissaient Augustin et les Condé. Il n'était pas moins uni avec les Vendôme, et il n'aurait pas même tenu « au cardinal Mazarin qu'ils n'agissent tous deux de concert pour le gouvernement de l'Estat. Il eut fait toutes choses en ce temps-là pour acquérir son amitié (2) ».

Et à l'appui de ce dire, Hermant raconte l'anecdote que voici : « Un jour qu'ils estoient ensemble, l'évesque de Rennes, Henry de la Mothe-Houdancourt, paroissant de loin, ce cardinal dit à M. de Beauvais : « Voilà un » homme qui ne vous dèoit guère aimer. » Et sur ce que nostre évesque luy demanda quel en pouvoit estre le sujet, il luy répondit que « c'estoit parce qu'il lui avoit » enlevé l'abbaye de Froidmont qui estoit fort à sa » bienséance estant située au bout de son jardin de » Bresles. » A quoy M. de Beauvais lui aiant répliqué en riant : « que sur ce pied il auroit quelque raison de » se plaindre de luy-même au sujet de l'abbaye de Saint-» Lucien (3), qui estoit contigue au jardin de son hostel » épiscopal et où il pouvoit aller à pied fort commodé-» ment, au lieu qu'il ne pouvoit aller de Bresles à Froid-» mont sans faire mettre les chevaux au carosse »,

---

(1) 1er *Carnet*, p. 99. *Justa appresso Bore perche se fortifichi facendo cambiar tutti li ministre et facendo riempir le cariche per gente sua.*

(2) HERMANT, p. 2032.

(3) Richelieu en jouissait avant lui et avait en mourant demandé au roi de la lui donner.

Mazarin lui repartit que très volontiers il la luy résigneroit à l'instant même, et sans doute, il n'en auroit fait nulle difficulté ; mais celuy à qui il l'offroit en demeura à cette innocente raillerie et ne voulut estre redevable d'aucun bienfait qu'à sa maistresse. Je sceus encore en ce tems-là une autre affaire de plus grande conséquence qu'il luy offroit pour un de ses proches et qu'il auroit fait passer en sa faveur s'il l'eust voulu. »

C'était là, on en conviendra, des avances bien déclarées. On n'était pas d'ordinaire si généreux de bénéfices considérables comme Saint-Lucien de Beauvais, et la rapacité connue de Mazarin rendait encore sa proposition plus significative. Augustin ne s'y laissa pas prendre, il n'aimait point le cardinal et ne devait en rien être son obligé.

Mais cette fierté, ce détachement, ces scrupules qui faisaient le fond de son caractère étaient plus nobles que politiques et lui préparaient dès lors plus d'une inimitié : de pareilles vertus sont trop gênantes dans les cours, pour n'être pas honnies surtout des prétentions qu'elles traversent.

Après Mazarin, nous dit encore le même chroniqueur (1), « l'abbé de la Rivière qui avoit le grand crédit que l'on sait sur l'esprit de S. A. Monsieur, s'indisposa contre nostre évesque par le refus qu'il luy fit de s'employer pour le faire nommer à l'évesché de Chartres et en exclure M. Lescot, docteur en Sorbonne, confesseur du cardinal de Richelieu, qui l'en avoit fait pourvoir, mais qui n'en avoit pas encore obtenu les

____

(1) Hermant, p. 2032.

bulles. M. de Beauvais refusa nettement de s'y employer, non seulement par la considération de M. Lescot, mais aussy par une raison générale, en luy disant qu'il le jugeoit plus propre à la pourpre du cardinalat qu'à la conduite d'un diocèse.

» Il conserva un profond ressentiment de ce refus et ne perdit nulle occasion de s'en venger. »

On le croira sans trop de peine, le fiel étant, se dit-on, quelquefois d'Eglise; cependant il faut accorder que cette réponse d'Augustin ne manquait, dans sa franchise, ni d'adresse ni d'esprit.

A l'exemple de Chavigny (1), son fils, le surintendant Bouthillier rechercha lui aussi fort ardemment « en ce temps-là l'amitié de M. de Beauvais, par le moyen d'un entremetteur..... M. de la Barde, qui a escrit en latin l'histoire de la régence, ne nomme point celui qui s'employa dans cette négociation; on pourroit croire avec assez de vraisemblance qu'en cet endroit il auroit parlé de luy-mesme, parce que, d'une part, il estoit parent et premier commis de M. de Chavigny et que de l'autre il estoit aussy cousin de Henry Choart de Buzenval, capitaine aux gardes, et de Nicolas Choart de Buzenval, maistre des requestes, neveux de M. de Beauvais. Mais à moins que deux personnes n'y aient agi de leur costé tout à la fois, il est certain que Charles Combauld, comte d'Auteuil, ménagea cette conférence secrète et que la famille de nostre prélat n'en fut pas fort satisfaite. Ce comte d'Auteuil s'estoit depuis un temps insinué fort avant dans l'esprit de notre évesque qui estoit aussi le

____

(1) Charles-Léon Bouthillier de Chavigny.

sien et son homme, parce que la terre d'Auteuil relève du comté de Beauvais (1) ».

Nous avons déjà démasqué ce personnage à propos de certaine lettre anonyme contre le cardinal, reçue par Mme Augustin aux environs du 12 mai. Il était le fils d'un certain Marjolet qui, ayant suivi Sully en Angleterre, lorsqu'il y porta les condoléances de Henri IV, pour la mort d'Élisabeth, tua un Anglais dans une débauche et n'échappa au supplice ordonné à la chaude par son ambassadeur que grâce à l'intervention du lord-maire. Il avait pour sœur la présidente Perrot, dont Tallemant relate la grâce et la coquetterie, *mais rien de plus*. Et le même Tallemant ajoute :

« Il a l'honneur d'estre un peu fou par la teste. Il s'avisa en sa petite jeunesse de dire qu'il estoit de la maison de Bourbon, non royale, et s'estant mis à suivre le barreau pour y faire admirer son éloquence, il se faisoit porter la queue par un page, et s'appela le baron (non le comte) d'Auteuil; il fit une belle généalogie bien imprimée et prit l'épée. Après il se maria à une Bournonville de bonne maison de Flandres, à la vérité, mais fort gueuse. Cette femme prit la peine de le tromper et de luy aider à se ruiner. Il s'avisa après de faire des livres, et, pour cajoller le cardinal de Richelieu, il alla faire l'histoire de tous les ministres d'Estat et il veut à toute force que chaque roy ait eu un premier ministre. Depuis, M. le prince d'aujourd'huy, je ne sais par quelle rencontre, l'alla mettre auprès du duc d'Enghien, où il

---

(1) Hermant, p. 2633.

ne fut pas longtemps. Son père estoit fils d'un garde
sacs fort riche (1). »

Il nous paraît assez invraisemblable qu'un aussi
pauvre sire ait jamais pu pénétrer dans la confiance de
M. de Beauvais, et si nous lui faisons en passant l'honneur de cette courte notice, c'est uniquement, que pour la
seconde fois nous le trouvons sur notre chemin et que
nous devons l'y rencontrer encore une troisième. Laissons donc son intervention pour ce qu'elle vaut et reprenons le récit d'Hermant.

« M. de la Barde a escrit que les deux Bouthilliers
firent ce qu'ils purent pour se rendre favorable ce nouveau ministre (Augustin) qu'ils croyoient posséder plus
qu'aucun autre les bonnes grâces de la reyne; que, non
seulement, son cousin de Chavigny avoit escrit de la part
du roy au pape Urbain VIII, aux Barberins et à M. de
Fontenay-Mareuil, ambassadeur près de Sa Sainteté pour
luy demander en sa faveur un chapeau de cardinal, mais
il a mesme ajouté que pour marque de l'amitié que son
père et luy vouloient contracter avec ce prélat, ils s'em-

---

(1) TALLEMANT DES RÉAUX (t. V, p. 26, Paulin Paris) dit en note
que la prétention des Combaut à descendre d'un cadet d'Archambault, sire de Bourbon, quatrisaïeul de Béatrix, belle-fille de saint
Louis, « était caressée par leur ami d'Hozier, » quoique assez peu
claire, puisque le nôtre avait dû demander des lettres de relief de
noblesse. Outre son histoire des ministres d'Estat qui ont servi sous
les roys de France de la troisième lignée (Paris, 1642, in-f°), il a
publié une *Blanche de Castille, mère de saint Louis, reyne et
régente de France*, 1644, in-4°.

Il fit aussi des vers et mourut en 1670. Sa petite-fille, Elisabeth
Charlotte de Combaut d'Auteuil, épousa le fameux Mahé de la Bourdonnais.

ployeroient pour faire donner l'ambassade vers les Suisses à Nicolas Choart de Buzenval, son neveu, maistre des requestes. Il y fut nommé et s'y disposoit effectivement, mais la chose n'eut point de succès et dans la suite ce fut M. de la Barde luy-mesme qui eut cet employ. Il devoit encore ajouter que pour affermir cette amitié, les Bouthillier proposèrent encore une alliance de mariage de l'une de leurs parentes avec ce maistre des requestes que Dieu destinoit à remplir dans l'Église une place importante (1).

» Mais lorsque M. de Chavigny voulut faire le rapport de cette conférence au cardinal Mazarin, se faisant un mérite de l'union qu'il avait tasché de procurer avec M. de Beauvais, le cardinal lui respondit *qu'il n'avoit nul besoin d'emprunter d'ailleurs aucun secours, estant assez fortement establi sur luy-mesme et subsistant pour ainsi parler sur sa propre base*, marquant par cette expression qu'il estoit tout à fait bien auprès de la reyne, ce qu'il avoit dissimulé jusques alors à M. de Chavigny, et à bien d'autres et ce qui l'avoit engagé à rester en France (2). »

Pour nouveau qu'il puisse sembler, le langage qu'on met ici dans la bouche du cardinal ne doit point nous trop surprendre; ce n'est pas, à la vérité, le ton dont Mazarin eût répondu quinze jours plus tôt à pareille ouverture; mais, dans cet intervalle, il a senti sa position peu à peu raffermie, il a mesuré ses progrès, et il lui plaît de se passer désormais des bons offices des Bouthillier.

---

(1) Il eut l'évêché de Beauvais à la mort d'Augustin.
(2) Hermant, p. 2633.

Le récit qui précède insinue en outre qu'entre le cardinal et la reine, l'entente se fit assez longtemps avant que l'un ni l'autre l'aient laissé deviner. Nous inclinerions volontiers à penser qu'Hermant là encore a touché juste, et cette situation s'expliquerait, à notre avis, fort simplement, sans qu'il y ait lieu d'incriminer tout au moins la sincérité d'Anne d'Autriche.

Il ne dut point y avoir, en effet, d'accord entre eux, dans le sens positif du mot : elle ne lui promit point d'abord de le garder, en exigeant qu'il jouât pour un temps la comédie de la modestie et de l'incertitude ; son goût pour lui ne se développa que petit à petit, par « insinuation », comme le dit Mme de Motteville (3). « Sa Majesté ayant aperçu du vivant du feu roy que le cardinal avoit de la capacité, elle se trouva toute disposée à se servir de luy. Cette insinuation se fit facilement dans son âme. » Elle s'y fit, croyons-nous, d'une façon latente, presque inconsciente, jusqu'au jour où la reine dut s'avouer à elle-même qu'elle ne se pouvait plus passer de lui. Et aussi, très vraisemblablement, elle était à peu près sincère quand, à l'heure où nous sommes, « elle rassurait encore ses amis sur la demeure de Mazarin, les assurant qu'elle n'altéroit en aucune sorte la bonne volonté qu'elle avoit pour eux, mais qu'il falloit se servir de luy pendant quelque temps parce qu'il estoit fort instruit dans les affaires du royaume, et qu'ils n'avoient pas eu le loisir d'en prendre encore une entière connoissance (1) ».

---

(1) *Mémoires de Mme de Motteville*, t. Ier. p. 137.
(2) *Mémoires de Montglat*, p. 141.

C'était de sa part, comme on le voit, toujours les mêmes déclarations et elles paraissaient si raisonnables, qu'Anne pouvait bien être la première à y croire.

Quant au cardinal, on a le droit de supposer, sans lui faire du tort, qu'il y mit plus d'astuce. Avec un flair de premier ordre, il avait pénétré la nature faible, hésitante et un peu fragile de la régente ; il avait deviné « son esprit susceptible, au dire de la Châtre, des impressions qu'on luy vouloit donner (1) », il avait calculé le parti qu'on pouvait tirer des divisions et de l'inexpérience de son entourage ; mais il comprenait aussi qu'il y avait à ménager et la fierté de la souveraine et les obligations qui la liaient à de fidèles serviteurs. Et son plan avait été bientôt fait, qu'il suivait pas à pas avec une prudence, avec une réserve, avec une patience vraiment surprenantes. Il se faisait petit, il se faisait humble en face de la reine, passionnément dévoué à sa gloire et lui laissant tout l'honneur de ses efforts. Il se mettait, a dit M. Cousin, aux pieds d'Anne d'Autriche pour arriver jusqu'à son cœur (2). On le voyait empressé à s'entendre, pour l'amour d'elle, avec les amis qu'elle distinguait le plus : nous l'avons montré un moment aux petits soins envers M. de Beauvais. Il affectait de se mêler le moins possible du gouvernement et de se cantonner en quelque sorte dans les affaires proprement dites. « Il faisoit, d'après Gourville, semblant fort habilement de n'estre pas habile (3) », endormait par là ceux qui auraient pu prendre de lui quelque

---

(1) *Mémoires de la Châtre*, p. 283.
(2) *Journal des savants*, septembre 1854, p. 533.
(3) *Mémoires de Gourville*, t. II, p. 201.

ombrage, trompait Augustin, leurrait tout le monde, ne cessait d'affirmer avec un désintéressement merveilleux son désir persistant d'aller bientôt jouir à Rome des honneurs du cardinalat (1).

Il s'avançait ainsi pas à pas, profitant des moindres fautes de ses adversaires (2), charmant à chaque instant la reine par sa facilité de travail et séduisant son insuffisance par l'appui discret de talents incontestables.

Considérons ce piquant petit tableau de la main de Giustiniani : chaque personnage y est d'un trait mis à sa place avec le caractère et le relief qui lui siéent à cette heure :

« Le 2 juin 1643. Pour la conduite des affaires, le cardinal Mazarin garde tout son crédit, toute sa réputation ; on l'employe plus qu'aucun autre. Beauvais va s'informant de l'état des choses (3).

» Chavigny essaye de gagner du temps, mais avec peu d'espoir de se maintenir. Le Chancelier (4) chancelle, il redoute l'arrivée de l'ancien garde des Sceaux, Châteauneuf, et la faveur dont jouit le président Bailleul (5) auprès de la reine, et tout cela fait que la cour attend des changements et les désire. »

C'est bien cela : tandis que Séguier et Chavigny

(1) La Rochefoucauld, Motteville, la Chatre, Brienne, *passim*.

(2) *Mémoires de la Rochefoucauld*, p. 293.

(3) *Ambassadeurs vénitiens*, p. 112. *Bове si va informando del stato delle cose..... Savigny va temporiggiando..... Il cancellier vacilla.....*

(4) Pierre Séguier qui, lorsqu'il perdit, en 1650, sa charge de chancelier, reçut en compensation le titre de duc de Villemot.

(5) Louis de Bailleul, marquis de Château-Gontier, président à Mortier, marié à Marie Le Ragois de Bretonvilliers.

tremblent pour leurs places, tandis que Mre Augustin n'apporte aux affaires qu'une participation sommaire et en quelque sorte dédaigneuse, Mazarin, lui, s'y applique assidûment, comprenant bien qu'elles seront le sûr canal de sa fortune prochaine; par elles, il se sait déjà quasi indispensable et manœuvre en conséquence. Comme stratège, il est hors de pair : personne à la cour qui soit de sa force, et pourtant l'on y compte quelques jouteurs expérimentés. La défaite d'Augustin ne sera donc qu'une question de temps. « Il avait plus de probité que de suffisance, écrit Priorato (1), et devoit être supplanté par un plus habile et plus politique que luy. » Et l'historien du cardinal, son admirateur passionné, l'avocat Aubery, développe la même idée un peu longuement peut-être, mais avec assez de sens, de convenance et d'équité (2).

« Tant au Conseil de conscience qu'en tout autre, le cardinal avoit toujours pour compétiteur et pour rival l'évesque de Beauvais, chef du parti contraire. Il est vrai que ce rival payoit peu de sa personne, n'ayant pas beaucoup d'habileté et d'expérience. Il n'avoit presque jusqu'alors vu ni ouï parler d'affaires d'État, non plus que la reyne. N'estant ainsi qu'apprentif dans un métier très difficile de soy, il ne faut pas s'estonner, si une dépesche seule lui emportoit plus de temps et lui coustoit sans comparaison plus que ne faisoit au cardinal une douzaine.

» Ceux qui le produisoient et ceux qui l'appuyoient louoient fort ses bonnes intentions. En effet, elles estoient

---

(1) Priorato, p. 122.
(2) Aubery, *Histoire de Mazarin*, t. II, p. 211.

très bonnes..... Ils n'oublioient pas non plus d'exalter sa piété et sa vie exemplaire; et il le méritoit bien. Mais la question estoit de savoir s'il s'agissoit de cela; on ne demande à des ministres d'Estat qu'une vertu et qu'une probité commune et non point une piété et une dévotion extraordinaires. Aussi ne les tire-t-on ordinairement des cloistres ni des autres lieux où s'apprennent les exercices spirituels. Il faut qu'ils ayent fréquenté la cour et le Cabinet et qu'ils soient entrés dans les intrigues et le secret des affaires.

» Après tout, il faut rendre justice à M. de Beauvais et avouer qu'il n'y a gueres eu de meilleur évesque. Il s'appliquoit entièrement aux exercices et aux fonctions épiscopales. Il avoit un soin tout particulier de son troupeau et prenoit peine de ne l'instruire pas moins par ses actions et par ses exemples que par ses exhortations et ses préceptes. Il ne manquoit pas de faire régulièrement sa visite et de pourvoir aux besoins spirituels et temporels de ses ouailles, si éloignées qu'elles fussent. En un mot, il estoit aussi expert et aussi habile à conduire et à régler un diocèse que son compétiteur l'estoit à gouverner et à faire fleurir un Estat. »

Voilà un jugement trop conforme à plusieurs de nos précédentes appréciations pour que nous y trouvions rien à reprendre. Aubery montre clairement quelle absolue dissemblance existait entre les deux hommes qui nous occupent et quels avantages le moins bon des deux avait sur l'autre.

Il est trop vrai que des principes et de la vertu sont un bagage insuffisant à gouverner les peuples, et qu'un ministre sans préjugés ni scrupules, mais expert et avisé,

y réussira mieux, y rendra des services tout autres que
ne saurait un saint bien intentionné, mais novice. Toujours est-il que le succès de l'adroit cardinal, pour
assuré qu'il parût, devait encore, avant d'être complet,
lui coûter maint souci et maint effort.

Le sentiment qu'il avait de son mérite, son influence
déjà grande auprès de la reine ne l'empêchaient point,
nous l'avons dit, de surveiller attentivement les moindres
actions de ses adversaires. Il nous a laissé de ce travail
incessant de son esprit, de cette tension constante de ses
facultés défensives et offensives, un véritable monument
d'un extrême intérêt. Ce sont quinze petits volumes pré-
cieusement conservés aux manuscrits de la Bibliothèque
nationale et qu'on est convenu d'appeler *les Carnets
de Mazarin* (1).

Remplis de 1643 à 1650, ils abondent en détails quo-
tidiens sur les desseins de Son Éminence, sur ses conversations avec la reine, avec les ministres et les grands,
sur les rapports de police, sur les intrigues de la cour, etc. ;
il s'y rencontre d'étranges minuties à côté de pages
remarquables : sagacité, prévoyance, dissimulation, fourberie, sordide avarice, petites passions, rivalités mesquines, commérages indignes d'un homme d'État de
son envergure, tout Mazarin s'y révèle sans art et sans
fard, dans la vérité de sa nature italienne et justifiant à

---

(1) D'origine, ces carnets étaient au nombre de seize, mais l'un
d'eux a été dérobé à une époque déjà ancienne. Ils appartinrent
d'abord à Colbert. Les neuf premiers sont écrits en italien avec
quelques phrases françaises et espagnoles. Les six derniers presque
complètement en français. La lecture en est toujours très mal aisée
et des abréviations nombreuses la rendent même parfois impossible.

miracle ce jugement d'un penseur qui le connaissait bien : « Il avoit de petites vues, mesme en ses plus grands projets (1). » M. Cousin, dans le *Journal des Savants*, M. Chéruel dans sa « Minorité de Louis XIV », ont su tirer un parti considérable de ce fond peu exploré avant eux. Nous y avons déjà fait, nous y ferons, à leur exemple, tous les emprunts que comporte notre sujet, mais ce ne sera point toutefois sans quelques réserves, car si dans sa volumineuse correspondance, où il demeure très maître de lui et pour ainsi dire impassible, Mazarin a déjà besoin d'être souvent contrôlé, combien la partialité des carnets ne doit-elle pas nous être plus suspecte?

Dans ces notes épanchées au jour le jour, trois noms reparaissent incessamment, trois noms qui semblent absorber toute l'attention du cardinal. « Son Éminence, dit Cousin (2), surveille et redoute particulièrement Augustin Potier qui dirige la conscience de la reine et voudrait bien diriger aussi l'État, le duc de Beaufort et l'habile Châteauneuf, qui pourtant n'a pas reparu à la cour, mais que nombre de gens visitent à sa belle maison de Montrouge et qui tient tous les fils de l'intrigue ourdie contre Mazarin. À ces personnages, il convient d'ajouter encore le redoutable prince de Condé qu'il appelle le plus souvent « Il Rosso (3) », le Rouge, et aussi Mme de Chevreuse dont le retour est un gros événement. Feuilletons donc avec un soin délicat ce petit

---

(1) Duc de la Rochefoucauld, *Maximes*.
(2) *Journal des Savants*, octobre 1854, p. 601.
(3) M. Chéruel, *Minorité de Louis XIV*, appendice III.

trésor historique; nous y verrons bientôt confirmé ce que nous avons avancé plus haut de la véritable situation du cardinal.

« Le Rosso, écrivait-il, dit à tout le monde qu'il faut s'attacher à Beauvais et qu'il durera plus que personne: ils excitent tous Beauvais à parler contre moi et font de même avec Brienne (1). » Loménie de Brienne était, on le sait, tout dévoué au prince de Condé.

Quelques pages plus loin, nous lisons : « Beauvais et Beaufort s'unissent contre moi (2). »

Mazarin ne faisait peut-être ici que constater un raccommodement. En effet, le duc et l'évêque avaient d'abord vécu en parfaite intelligence, mais la Châtre assure qu'Augustin s'était « refroidi et fit mesme que la reyne se retira du prince pendant quelques jours, sur la pensée qu'eut ce prélat que l'autre voulait pousser M. de Limoges auprès d'elle. Toutefois, Augustin se reconnut et changea bientôt d'humeur à ce sujet (3) ». Quant à M. de Beaufort, il sentait, depuis quelque temps déjà, que la confiance de la reine n'était plus à lui aussi entière, il exécrait Mazarin et s'était jeté dans la cabale à corps perdu.

Autre note : « Le Coigneux s'est attaché à Beauvais (4). »

---

(1) 2ᵉ carnet, p. 7. *Dice il Rosso a tutti che si attachino a Bove che durero piu de nessimo. Instigano tutti Bove a parlar contra me et il medesimo fanno con Brienn.*

(2) 2ᵉ carnet, p. 17. *Bove e Bofort liga contro me.*

(3) *Mémoires de la Châtre*, p. 278.

(4) 2ᵉ carnet, p. 23. *Le Cogniu legato con Bove.* Il se nommait François le Cognieux de Bachaumont.

Le Coigneux était président au Parlement et chancelier du duc d'Orléans; violent et perfide, il devait reprendre dans la Fronde la place qu'il occupa parmi les Importants. Autre encore : « Beauvais travaille incessamment à se gagner des amis et à m'enlever les miens. Il dit que c'est le désir de la reine (1). »

De tout cela, il ressort clairement que Mazarin n'était toujours point sans quelque inquiétude, et le fait est que dans cette première quinzaine de juin sa position pouvait encore paraître menacée, s'il est vrai qu'à la Cour tout ce qui est fait pour notre prochain semble fait contre nous. Anne d'Autriche se montrait, en effet, plus que jamais désireuse de récompenser le zèle et le dévouement de son grand aumônier, et elle écrivait pour lui les lignes qui suivent au cardinal François Barberini, le tout-puissant neveu d'Urbain VIII :

« Croyez que j'affectionne et estime d'une telle façon mon cousin l'évesque de Beauvais, pour la considération de sa piété extraordinaire et des signalés services qu'il m'a rendus en des circonstances très importantes, que vous ne pouvez lui despartir aucune faveur qui ne me touche très sensiblement (2). »

Déjà, nous le savons, la demande du chapeau avait été envoyée officiellement, la régente ne faisait que la renouveler ici en des termes aussi pressants que glorieux pour Augustin; le Saint-Père laissait voir, au reste, les meilleures intentions, et le bruit s'accréditait à nouveau que

______

(1) 2ᵉ carnet, p. 25. *Bove travaglia incessamente per acquistar amici et togliermi miei. Dice tale esser l'intentione della regina.*
(2) Archives des Affaires étrangères, Rome, t. LXXXI, fo 553.

la pourpre de M. de Beauvais marquerait le départ de Mazarin. Nous en avons pour garant ce passage d'une lettre de Grotius, témoin fort attentif et sans passion (1).

« En ce qui regarde l'évêque de Beauvais, qui est tout-puissant auprès de la reine et a été recommandé par elle pour l'obtention de la dignité cardinalice, le Pape a répondu que s'il avait de son propre mouvement dû choisir un évêque parmi tous ceux de France, il n'eût point conféré cet honneur à un autre qu'à lui, parce qu'il connaissait et son savoir, et ses vertus, et son respect du Siège de Rome. Et qu'ainsi, à la prochaine occasion, il se souviendrait de la requête de la reine. Le cardinal Mazarin qui, si cet événement se réalise, prévoit que son rival l'emportera sur lui à une heure donnée, en autorité et en faveur, parce qu'il est déjà évêque de Beauvais et pair de France, le cardinal, dit-on, se prépare à s'en aller à Rome et y aurait, en conséquence, expédié des sommes considérables provenant de ses très opulents bénéfices et des largesses royales. »

Cette pièce, qui se passe de commentaires, est sans

____

(1) H. Grotius, *Epistolæ ineditæ*, p. 240. *De episcopo bellovacensi qui apud reginam regentem plurimum potest et a regina erat commandatus ad adipiscendum honorem cardinalitium, respondit Papa se, si sponte suâ ex gallis episcopis aliquem eligere debuisset, non alii potius id honoris fuisse collatiorum quod et eruditionem ipsius nosset et virtutes et reverentionem ergà sedem Romanam. Itaque se primâ occasione memorem fore petitionis a reginâ factæ. Cardinalis Mazarinus qui, si id veniat, potiorem illum providet fore auctoritate et gratiâ forte et loco, quià Bellovacensis et episcopus est et per Galliæ creditur parare est eâ Romam, et eâ misisse magnam vim pecuniæ comparatam ex opulentissimis beneficiis et largitionibus regni.*

date, et l'éditeur a commis l'erreur manifeste de la placer parmi celles de 1645. Elle se rapporte, sans hésitation possible, à cette période de juin 1643, où la position du cardinal semblait encore douteuse et où le crédit de notre évêque paraissait atteindre à son apogée, à cette époque même où Alexandre de Campion, le confident de Mme de Chevreuse et des Vendôme, mandait ceci à M. du Parc-Ronsenay (1) :

Paris, 12 juin 1643.

« Les Importants ont pour but de porter deux hommes au ministère — il voulait dire : à la tête des affaires — dont l'un est homme de bien, mais il a l'esprit si fort incapable des grandes affaires qu'il n'y sera pas sitost employé qu'il ne s'y rende ridicule aussi bien que ceux qui l'auront mis. »

Le second était Châteauneuf. Une autre lettre conservée aux Archives des Affaires étrangères se rattache également par sa date à ces heures de passagère et superficielle autorité.

« Monseigneur,

» Ayant appris que feu nostre bon roy, à qui Dieu face paix, a légué quelque somme pour despartir en œuvres pies, nous espérons que Vostre Grandeur (2) ne désagréra pas la très humble confiance que nous prenons de luy recommander ce pauvre monastère en la distri-

---

(1) *Lettres* LXXV, p. 386, faisant suite aux *lettres d'Henri de Campion*, publiées par CHARLES MOREAU-JANNET, 1867.

(2) Archives des Affaires étrangères, fonds de France, t. CIV, f° 112. La pièce est sans adresse, mais elle ne saurait concerner que M. de Beauvais. On n'eut pas mis « Vostre Grandeur » pour Mazarin mais bien « Vostre Eminence ».

bution de ceste charité ! Plaise aussy à Vostre Charité de daigner s'en souvenir en d'autres occasions comme quand on baillera les fermes générales des Aydes ou autres. La coustume est d'obliger les fermiers à quelques aumosnes pour les pauvres hospitaux ou religions. Or, Monseigneur, Vostre Grandeur aura esgard, s'il luy plaist, qu'il n'y a point de monastère plus digne de miséricorde que celuy-ci, estant un véritable hospital spirituel des pauvres âmes malades et navrées par le péché, dont il y a environ cent, sans avoir aucun fonds pour les nourrir que les charitables aumosnes des gens de bien, lesquelles sont maintenant fort petites et les vivres bien chers, de sorte que ceste pauvre maison aura grand peyne à subsister si elle n'est puissamment assistée pour la nourriture et l'entretennement de ses pauvres filles et mesme pour nous ayder à parachever un peu le bastiment que la présente nécessité nous a contrainctes de commencer sous la divine Providence. C'est pourquoy, Monseigneur, nous requérons très humblement vostre pitoyable secours, et vous obligerez ces chères âmes à prier instamment et continuellement nostre bon Dieu, pour l'heureuse conservation de vostre très honorée personne, laquelle nous permettra de me dire, en tout respect, sous vostre bon plaisir,

» Monseigneur,

» Vostre très humble et très obéissante servante en Nostre-Seigneur,

» Sr M.-Marthe, S. J.

» R. de la Visitation Sainte-Marie.

» Dieu soit bény ».

Du pauvre monastère de Sainte-Marie-Madeleine, ce 3 juin 1643.

La supplique de la Sœur Marthe n'était, en somme, qu'un reflet de l'opinion publique qui, se fiant aux apparences, continuait d'aller vers Augustin, alors que certains indices auraient pu révéler déjà l'influence toujours croissante de Mazarin.

Tout d'abord, en effet, les Importants s'étaient efforcés de reprendre, au regard des puissances protestantes, la politique suivie par Marie de Médicis après la mort de son époux ; ils croyaient y entraîner aisément Anne d'Autriche qui, sœur du roi d'Espagne, ne pouvait sans scandale continuer de combattre à la fois un prince catholique et son frère. D'ailleurs, la guerre avait lassé les peuples, et une femme devait être tentée d'inaugurer son règne en leur donnant la paix ; enfin, au moins autant que la Cabale, toute l'Église de France répudiait l'alliance huguenote et souhaitait qu'on traitât séparément avec les Espagnols. De grands efforts avaient donc été faits dans ce sens, auxquels Mme de Chevreuse allait apporter sous peu l'appui et la séduction de ses conseils. Augustin Potier pencha de ce côté, et M. de Retz s'en explique dans cette forme courtoise et mesurée qu'on lui connaît : « M. l'évêque de Beauvais, écrit-il, plus idiot que tous les idiots de votre connaissance, fit demander dès le premier jour aux Hollandais qu'ils se convertissent à la religion catholique, s'ils vouloient demeurer dans l'alliance de la France (1). »

C'est là présenter sous un angle absurde cette politique qui, pour n'être pas la meilleure, se pouvait néanmoins justifier et où le sentiment général du pays, sans

---

(1) *Mémoires du cardinal de Retz.*

parler de la curie romaine, soutenait Augustin Potier. Un peu plus loin et toujours au même propos, M. de Retz l'appelle encore « une bête mitrée » et insinue que la reine, « honteuse de cette mômerie de son ministre », se rapprocha de Mazarin.

Ces aménités déplorables ne sauraient atteindre un homme du caractère de M. de Beauvais et ne font, croyons-nous, de tort qu'à leur auteur; le lecteur sait du reste ce qu'il faut penser de la manière spirituelle, mais trop souvent insolente, outrée et peu véridique qui est propre à M. de Retz; entre ces deux personnalités, les dissemblances sont extrêmes, et nous ne sommes pas surpris que le brouillon et ambitieux coadjuteur, tout à la vanité, tout à l'intrigue, ait montré peu de goût pour la nature droite, honnête et désintéressée de notre prélat. Encore se pouvait-il retenir d'être grossier.

L'abbé Maynard, lui, dans son excellente *Histoire de saint Vincent de Paul* (1), après avoir relaté l'incident avec la Hollande, conclut ainsi. « C'était faire entendre au moins, quelque jugement qu'on porte sur l'homme d'État, quel évêque c'était qu'Augustin Potier. » Il est regrettable en effet qu'il ait consenti à être autre chose qu'un grand évêque. Il est incontestable aussi que le système de Richelieu, défendu et continué par Mazarin, était le plus large et le plus français.

Mais Anne d'Autriche n'avait point la piété éclairée, ni le ferme patriotisme du feu roi; elle était Espagnole et dévote, et c'était une tâche ardue de la convaincre qu'il s'agissait de politique, non de religion, et qu'elle devait

______

(1) T. II. p. 24.

être la mère de Louis XIV plus que la sœur de Philippe IV.

Le cardinal y réussit pourtant et il fut décidé qu'on resterait jusqu'à la paix générale en union avec les Hollandais et avec les protestants d'Allemagne.

Ce succès du ministre, cette résistance inattendue de la reine aux visées des Importants auraient pu leur servir de sérieux avertissement; pour des esprits clairvoyants, la disgrâce de Bouthillier ne devait pas avoir une portée moins significative. Le vieux Claude et M. de Chavigny son fils, qui passait pour être plus réellement celui de Richelieu, s'étaient, nous nous en souvenons, répandus en menées de toutes sortes, dans l'espoir de demeurer, celui-ci secrétaire d'État, celui-là surintendant des Finances. Modelant d'abord servilement leur conduite sur celle de Mazarin au moment de la mort du roi et dans tout ce qui eut rapport à la Déclaration, ils avaient bientôt fait une obséquieuse cour à la faveur déclarée de M. de Beauvais, et, parvenus assez avant dans sa confiance, étaient allés offrir à Mazarin de lui ménager un accommodement avec son rival; mais le cardinal, déjà éconduit par notre évêque et s'assurant sur sa propre habileté, les avait galamment remerciés. Il n'était pas d'ailleurs sans redouter un peu à ce début le mérite et les prétentions de deux ministres plus anciens que lui dans le Conseil, et s'il les accablait au dehors de caresses affectées, allant jusqu'à dire aux époux Bouthillier « qu'ils croyoient n'avoir qu'un fils alors qu'ils en avoient deux, Léon et Giulio (1) », il n'est pas douteux qu'au fond il ne souhaitât ardemment leur renvoi pour un certain temps.

(1) HERMANT, p. 2034.

L'éloignement que Chavigny avait toujours inspiré à la reine contribua très naturellement à la prompte satisfaction de ce dernier. « Elle chargea, dit Hermant (1), M. de Beauvais de cette commission odieuse, et il l'accepta par l'obéissance qu'il lui avoit vouée invariablement. Cela se fit dans un voyage de Saint-Cloud dans lequel il leur déclara l'ordre de Sa Majesté qui estoit que le père se demist de l'administration des Finances et se retirast de la cour et de Paris. Cette proposition luy fut autant désagréable que l'on peut bien se l'imaginer. Ils respondirent qu'il estoit prest à obéir, mais la supplioit de mesnager au moins les apparences et leur réputation en luy permettant, après qu'il se seroit démis de sa charge de surintendant, d'entrer encore pendant quelques jours dans le Conseil en qualité de ministre, après quoy il se retireroit à la campagne; nostre évesque s'engagea d'en faire le rapport à sa maîstresse..... Mais ses proches ressentirent du déplaisir de la démarche qu'il venoit de faire, dont les suittes leur paroissoient dangereuses. »

Godefroy Hermant est ici tombé dans une erreur bien évidente, et ce n'est point sur le chemin de Saint-Cloud, c'est à Vincennes que se fit cette communication délicate, car Chavigny l'avait à peine reçue qu'il écrivait au cardinal, à son ami, à son frère, la lettre ci-après que les Archives des Affaires étrangères nous ont conservée.

Au bois de Vincennes, ce 4 juin 1643.

« M. l'évesque de Beauvais est venu me voir ce matin pour me dire une chose qui ne m'a point surpris. Il

---

(1) Hermant, p. 2035.

m'a tesmoigné que la reyne luy dit hier, après qu'il eut quitté Vostre Éminence, qu'elle estoit résolue d'oster les Finances à mon père et que, *suivant la promesse qu'il m'en avoit faitte*, il avoit pris la commission de me le faire sçavoir afin qu'un autre n'en fust pas chargé qui auroit peut-estre moins d'affection pour nous que luy. Si la chose s'exécute comme Sa Majesté l'a proposée, il n'y auroit pas moïen de la souffrir. Si l'affaire qui me retient ici me permettoit d'aller à Paris avant ce soir, j'aurois l'honneur de voir Vostre Éminence, mais ne pouvant quitter, je la supplie, si sa commodité luy permet, de venir ici à la promenade après disner afin que ie luy puisse rendre conte de tout et recevoir ses ordres et ses advis que ie suivrai toute ma vie comme estant très passionnément,

» Son très humble et très obéissant serviteur,

» CHAVIGNY (1). »

Or, cette lettre n'est pas sans donner, on en conviendra, une couleur beaucoup moins désobligeante à l'intervention d'Augustin. Les Bouthillier prévoyaient et attendaient ce coup. Chavigny avait, par avance, conjuré le grand aumônier de leur en adoucir l'amertume, en se voulant charger de les aviser lui-même quand l'heure serait venue. Augustin avait promis et tenait parole. A tout prendre, son personnage ici nous agrée beaucoup mieux que celui de Mazarin. « Ce véritable instigateur de leur disgrâce, ajoute Hermant, alla trouver les deux Bouthilliers pour

---

(1) Archives des Affaires étrangères, fonds de France, t. CVI, p. 21.

leur tesmoigner combien il avoit de chagrin de la résolution que la reyne avoit prise sur ce sujet sans luy en parler. Il conseilla à Chavigny de conserver jusqu'à nouvel ordre sa charge de secrétaire d'État et leur promit son appuy et leur rétablissement s'il parvenoit un jour au premier rang dans la faveur de la reyne (1). »

Était-ce point d'une tartuferie assez réussie? Sacrifier les gens qui momentanément pourraient être un obstacle, mais se bien défendre d'en être le bourreau, et les intéresser même au développement de sa propre fortune par la promesse d'un dédommagement à venir. Mazarin excellait dans ces agréables machinations qui ne sont pas le plus beau côté de son caractère : nous avons lieu seulement de nous demander si, au cas particulier, les Bouthillier furent bien ses dupes. Toujours est-il qu'Anne d'Autriche ayant maintenu sa volonté, M. de Chavigny dut vendre à Henri de Loménie sa charge de secrétaire d'État. Quant à celle de son père, « la reyne ou plutôt M. de Beauvais, » nous dit Tallemant (2), l'avait aussitôt partagée entre M. de Bailleul et M. d'Avaux (3). « Le cardinal ne pouvoit alors empescher qu'on eslevast ce dernier — trop de réserve lui était commandée, — mais après il luy fit donner l'employ de Munster pour l'esloigner ».

Évidemment, il était jaloux de ses grands talents et redoutait que sa présence ne devînt bientôt gênante. Ainsi presque toujours les premières assises des hautes for-

---

(1) HERMANT, p. 2635.

(2) Histoire de TALLEMANT DES RÉAUX, t. IV, p. 144.

(3) Claude de Mesme, comte d'Avaux, frère du président de Mesme.

tunes politiques sont maçonnées d'injustices et cimentées de méfiance. A cette comédie si bien jouée, nombre de gens se laissaient prendre et croyaient encore à l'effacement prochain du cardinal. Guy Patin écrivait dans ce sens à son ami Spon (1), et, dès le lendemain du départ de Bouthillier, d'Ormesson s'empressait au petit lever d'Augustin : « Le samedy 6 juin, je fus le matin saluer M. de Beauvais qui me fit accueil. M. l'abbé Marescot luy dit mon nom parce qu'il ne me connaissoit pas (2). »

M. d'Ormesson sollicitait alors un brevet de conseiller d'État et mettait toutes ses chances dans le crédit du grand aumônier.

Il est vrai que celui-ci avait eu déjà quelques occasions d'en faire la preuve. Tallemant nous raconte, entre autre, le cas d'un abbé du Puget, cousin germain du fameux Montauron, le Turcaret du temps, et qui était depuis bien des années évêque de Dardame *in partibus infidelium*. « Or, dit Tallemant, il fut si heureux que l'évesché de Marseille vint à vaquer durant le règne de peu de durée de M. de Beauvais! Le président de Bailleul, son Mécenas, le présenta à ce prélat, qui le connaissoit déjà, et, considérant qu'il y avoit si longtemps qu'il avoit le caractère sans l'utilité, luy donna cet évesché. On luy demandoit : « Mais comment avez-vous fait pour aller » si tost de Dardame à Marseille? — J'ay passé, disait-il, » par Beauvais. » C'est un homme assez agréable, ajoute Tallemant, il fait plaisamment un conte (3). »

(1) *Lettres de Guy Patin à Spon.* Juin 1643.
(2) *Journal d'Ormesson.*
(3) Tallemant des Réaux, t. VI, p. 217.

On doit croire que Mgr Augustin lui avait reconnu d'autres vertus un peu plus épiscopales, car en des rencontres analogues, notamment à l'égard de l'abbé de la Rivière, nous avons déjà rendu hommage à ses scrupules, mais il est évident que son opinion devait faire autorité dans les matières ecclésiastiques, qu'elles relevassent ou non du Conseil de conscience. On lui eût souhaité, sur d'autres points, une compétence aussi indiscutable.

« J'ai vu l'évêque de Beauvais, mandait Giustiniani, le 9 juin à la Seigneurie (1), et l'ai entretenu de l'affaire du duc de Parme, pour l'en bien instruire, comme j'ai fait de tous ceux que cette question regarde. » Nous en avons dit deux mots précédemment. Par tout ce qu'elle entraîna de correspondance, on peut mesurer l'intérêt qu'y portait Venise. La République soutenait Parme contre le Saint-Siège pour la principauté de Castro et voulait que la France imposât sa médiation et finançât. « M. de Beauvais m'a répondu qu'il était depuis peu dans le ministère et ne voulait pas s'immiscer dans cette affaire sans une connaissance entière et approfondie de l'état des choses. Il a montré de bonnes dispositions à l'endroit du duc, m'a assuré que, pour sa part, il contribuerait à tout effort tenté pour amener un accommodement et m'a affirmé que la reine ne saurait manquer jamais à la protection qu'elle doit au duc de Parme.

» Je me suis assuré d'un autre côté que le susdit évêque abandonne entièrement les négociations d'Italie au cardinal Mazarin, mieux vu et plus employé que

---

(1) *Ambassadeurs vénitiens*, p. 117, verso.

jamais de la reine, et au prince de Condé qui y prend
part. »

Giustiniani nous fait voir ici quelle est la nature assez
mal définie des attributions d'Augustin. La Vrillière tient
les affaires de l'Église sous Mazarin, Guénégaud celles
de la maison du roi, Le Tellier la Guerre, Chavigny les
Affaires étrangères; l'évêque de Beauvais, lui, n'a pas
de département particulier (1). Il est, comme on dirait
aujourd'hui, en figure de ministre sans portefeuille, par-
ticipant normalement à toutes les questions de quelque
intérêt, mais libre d'obligations déterminées; trop important, trop en pied, pour que les divers agents ne soient
pas dans la nécessité d'aller à lui, de l'informer, de le
solliciter, mais aussi trop étranger à certains détails de
gouvernement ou de négociations pour s'en vouloir mêler
effectivement et n'en pas laisser la charge réelle à ceux
qui en ont les traditions.

Un tel état de choses n'est pas sans servir utilement
le jeu de Mazarin. « Le cardinal, dit le Vénitien dans
une seconde dépêche de même date (2), le cardinal gagne
chaque jour en crédit et en confiance auprès de la reine. »
Rien par lui n'est négligé pour faire sa cour; cet affidé de
Richelieu n'a pas un instant hésité à envoyer au-devant de
la duchesse de Chevreuse qui revient des Flandres à petites
journées pour l'assurer de son dévouement et lui offrir
une étroite alliance. L'événement est de conséquence,
« chacun va l'attendant, et l'on prévoit que ce qui l'emportera à la cour, c'est la nouveauté et c'est l'illusion

---

(1) M. Cousin, *Journal des Savants*, 1855, p. 19.
(2) *Ambassadeurs vénitiens*, p. 122, 9 juin 1643.

qui sont les deux penchants dominants de ce pays (1). »

Hélas ! nous n'avons pas changé : à cette heure, comme en 1643, nous sommes toujours le peuple enclin aux illusions dangereuses, le peuple capricieux et frivole, travaillé d'une agitation malsaine, et mettant trop souvent en péril, par d'aveugles révolutions, son repos, sa fortune et son honneur !

Mme de Chevreuse va donc reparaître à la cour. Le renfort sera précieux pour les Importants, cela ne fait de doute pour personne, et il semble que sa présence doive confirmer leur avantage ; elle se croit, en effet, très sûre de retrouver auprès de la régente son influence d'autrefois, et sa haine intrépide contre Richelieu, bien loin d'avoir désarmé devant la mort, se montre plus impatiente que jamais de représailles et de convoitises. Son fidèle Châteauneuf, après dix ans passés aux cachots d'Angoulême, l'a précédée de quelques jours. Tous deux ont eu, nous le savons, ce privilège d'être visés dans la Déclaration du 19 avril : le feu roi y a défendu expressément qu'ils soient rappelés ni l'un ni l'autre. Mais Anne a beaucoup aimé la duchesse, les Vendôme se sont remués, et cette volonté de Louis XIII aura eu le sort de ses pareilles.

Seulement, les deux exilés s'aperçoivent dès le premier abord que la reine n'est plus la même ; entre la grâce accordée et le retour accompli, on a fort pesé sur ses dispositions.

Mme de Condé ne peut pardonner à Châteauneuf, jadis

---

(1) *Novità e chimerà che sono i due potenti genii della natione.*

page dans sa maison, d'avoir présidé à la condamnation de son frère (1).

On a représenté à la régente l'esprit dangereux de Mme de Chevreuse, son ambition, son inconstance et le séjour qu'elle a fait à Bruxelles et qui doit lui avoir créé d'étroites liaisons avec les ennemis de l'État; on indispose Sa Majesté en lui contant que la duchesse fait grand étalage de son crédit et promet à chacun sur sa route les faveurs et les grâces. La Rochefoucauld insinue, sans que nous le puissions contrôler, que M. de Beauvais la voyait revenir avec déplaisir, et que « ses mauvais offices firent sur sa maistresse une certaine impression contre elle (2) ».

D'ailleurs, toujours emportée et dissipée, malgré ses quarante-trois ans, la belle Chevreuse n'a jamais porté bonheur à personne, et si elle a été chassée, ce n'est point, à vrai dire, pour l'amour de Sa Majesté.

Il n'en est pas besoin de tant, et Madame Anne se laisse insensiblement aller aux douceurs de l'ingratitude. Après tout, pensait-elle, « Châteauneuf n'estoit pas son martyr mais celuy de Mme de Chevreuse ». Il s'était arrêté, l'on s'en souvient, à sa terre de Montrouge, au lieu d'aller tout droit à la cour, sans capituler avec la reine. Elle s'accoutuma à le savoir auprès de Paris, et ne souhaita pas de le rapprocher davantage, et « luy se trompa dans la créance de l'inclination de Sa Majesté pour luy (3) ».

Quant à la duchesse, elle est, le 14 juin, reçue, embrassée,

---

(1) Henri de Montmorency.
(2) Bibliothèque Richelieu. Manuscrits fonds français, 10457.
(3) *Mémoires de la Châtre*, p. 288.

fêtée ; mais, entre deux caresses, on lui fait entendre que, par respect pour les défenses du feu roi, elle devra se tenir un peu à distance du trône.

Voilà certes un coup pour la déferrer et pour courroucer les Importants. Toutefois, qu'on se rassure ; elle n'est point d'humeur à demeurer longtemps close en son superbe château de Dampierre ; pour un génie remuant comme le sien, il n'est rien de bel et bon que la cour, rien de cruel et de mortel comme d'en être hors. Elle a obtenu d'y venir quelquefois, et, sur cette concession, reprenant toute son audace, elle s'est jetée hardiment dans la mêlée des intrigues. Dès la première heure, elle en est devenue l'âme comme elle est l'objet de toutes les recherches, et Mazarin lui-même s'est hâté de porter à ses pieds l'hommage de son respect, de ses services et de sa cassette ; en femme pratique, elle n'a rien repoussé.

Augustin aussi est allé la saluer : sans doute, il n'a pas désiré son retour, mais elle est d'ores et déjà une force avec laquelle et sur laquelle il a lieu de compter plus qu'aucun autre.

Le cardinal s'en inquiète étrangement. « Beauvais, écrit-il (1), travaille contre moi de tous les côtés. Il reçoit M. de Châteauneuf et se jette entre les bras de Beaufort et de Mme de Montbazon (2), et je n'aime pas les offres qu'il fait à Mme de Chevreuse de dépendre entièrement de ses ordres. »

Notre évêque n'était pas à ce point son serviteur, mais Mazarin a l'exagération facile ; il est d'ailleurs énervé par

____

(1) 2e *carnet*, p. 31. *Bove travaglia contro me per ogni*, verso.....

(2) Marie d'Avaugour de Bretagne, duchesse de Montbazon.

les étonnantes conditions que lui fait la duchesse et qui toutes visent la maison ou les amis de Richelieu. Grands commandements, grandes charges, places fortes, elle exige tout pour les siens, car cette femme a des vues aussi larges que présomptueuses, car elle ne prétend à rien moins qu'à gouverner, pour réconcilier la France avec l'Espagne, écraser la révolution d'Angleterre et rendre sa couronne à Charles Ier. Ce serait l'abandon complet de la politique du cardinal-duc, et c'est l'avenir de la nation qui se joue entre cette grande dame passionnée et hautaine et ce ministre habile et dissimulé.

Voyons donc quelles sont les revendications de Mme de Chevreuse. D'abord, elle voudrait l'Amirauté pour Beaufort. « M. de Vendôme, écrit Mazarin (1), presse pour l'Amirauté, disant que j'en ai l'ordre et que cela vous est égal — cette note était destinée à la reine. — Beauvais met tout sur mon compte et fait croire, comme le dit Vendôme, que je veux soutenir Brezé en qualité de parent du cardinal. »

Cette grande charge, en effet, le duc de Brezé, beaufrère de Richelieu, l'a transmise à son fils, qui mourra à la fleur de ses ans avec la réputation d'un admirable chef d'escadre.

Mme de Chevreuse demande, en outre, le gouvernement du Havre, que tient le jeune duc de Richelieu, pour son plus récent favori, le prince de Marsillac, qui sera le duc de la Rochefoucauld. Elle réclame aussi le gouvernement de Bretagne pour M. de Vendôme, à qui le roi l'a enlevé après l'affaire de Chalais. Quoi encore? Les

---

(1) 2e carnet, p. 110.

appétits de la cabale ne connaissent plus de bornes ; pour y satisfaire, il faudrait leur restituer des emplois, des biens possédés par d'autres depuis quinze ou vingt années et renoncer à toutes les conquêtes faites par le grand cardinal au profit de l'autorité royale. Comment y consentir ?

Au milieu de tant de brigues, Mazarin, ses carnets en font foi, s'applique chaque jour davantage à l'éducation de la reine, la guidant parmi les difficultés avec une sûreté remarquable, lui apprenant à juger les hommes, la mettant sans cesse en défiance contre ses trop exigeants amis. Il s'efforce de lui faire sentir le péril de certaines concessions, il lui montre que placer dans les mêmes mains l'Amirauté et la puissante Bretagne, ce serait donner de redoutables armes pour une guerre civile et menacer gravement le repos du pays. Anne comprend, mais elle voudrait, au moins, ne pas heurter les Importants par un refus brutal ; on cherchera donc des tempéraments, des détours. On appelle à la cour le maréchal de la Meilleraye qui se trouve aux bains de Bourbon, loin des nouvelles. Il croit qu'on le veut arrêter pour sa parenté avec Richelieu. M. de Turenne, à Bourbon comme lui, le confirme dans cette crainte, en lui garantissant « que le cardinal Mazarin ne bat plus que d'une aile, que M. de Beaufort et l'évesque de Beauvais sont les maistres de l'esprit de la reyne et que ce sont M. le prince et M. de Longueville qui décident de tout (1) ».

A distance, on le voit, l'autorité d'Augustin a toujours

____

(1) *Mémoires du marquis de Chouppes.*

le même prestige. Sur quoi, le maréchal refuse de venir ; on est obligé de lui envoyer des assurances, et l'on accorde enfin qu'Anne d'Autriche retiendra le gouvernement nominal de la Bretagne et qu'il en aura l'autorité avec le titre de lieutenant du roi. Cette combinaison fermait la bouche aux Vendôme.

Il est un autre désir dont Mme de Chevreuse poursuit la réalisation avec une ardeur sans égale, elle prétend rendre les sceaux à Châteauneuf. M. de Brégy assure que le duc de Beaufort lui voulait plus de bien encore et que « sentant que l'évesque de Beauvais n'avoit pas assez de génie pour remplir les devoirs d'un premier ministre, il songeoit à introduire dans ce poste le marquis de Châteauneuf, mais qu'avant de le proposer, il avoit attendu le retour de la duchesse, s'imaginant qu'elle reprendroit sur l'esprit de la reyne le mesme ascendant qu'autrefois (1) ».

Au demeurant, pour donner les sceaux à Châteauneuf, il faut les enlever d'abord à Pierre Séguier, habile homme, laborieux, instruit ; mais sans caractère, qui s'est rendu odieux à la reine dans l'affaire du Val-de-Grâce, odieux à la cour dans le procès de Thou, et qui, par surcroît, s'est enrichi scandaleusement ; mais, si le cri public demande son renvoi, il n'est pas médiocrement soutenu par sa sœur la Mère Jeanne, abbesse de Pontoise, et par l'Anglais Montaigu, « toujours fort écouté ». D'autre part, « Mme la princesse, tout enflée de Rocroy (2), s'en va disant que sa maison sortiroit de

---

(1) *Mémoires de M. de Brégy.*

(2) *Mémoires de la Châtre*, p. 283.

la cour, si la régente remettoit dans le Conseil celuy qui, jadis, condamna son frère ». Enfin, M. de Beauvais lui-même agit de tous ses moyens contre Châteauneuf. « La duchesse, écrit Montglat, le pressoit pour son amy, mais il le craignoit encore plus que les autres, de sorte que, voulant seul soutenir le poids des affaires, il montra à découvert son insuffisance à la reyne (1). »

La Châtre est dans le même sens très affirmatif et très explicite quand il dit (2) :

« L'appréhension qu'avoit M. de Beauvais que l'ancienne inclination de la reyne pour Châteauneuf ne se renouvelât et ne diminuât son crédit auprès d'elle fit qu'il le ruina autant qu'il luy fut possible, et je doute mesme si ce ne fut point par son conseil que, quelque tems auparavant, elle promit les sceaux au président Bailleul. Je sçais bien qu'avant la mort du roy, elle avoit une fois changé d'advis et qu'elle avoit résolu de rendre justice à M. de Châteauneuf, mais j'ay de la peine à croire que M. de Beauvais y eust contribué et suis certain que le bonhomme, ne se connaissant pas bien, se voulut charger seul du poids des affaires dont il fut connu incapable par la reyne dès le premier moment et donna ainsi lieu à ses ennemis de s'introduire et de le destruire, au lieu qu'en rappelant M. de Châteauneuf, s'il n'eust conservé la première place, il en aurait au moins toujours possédé une fort honorable. »

L'hypothèse est en vérité trop gratuite pour qu'il y ait lieu de la discuter. Mais nous voyons, par ces témoi-

---

(1) *Mémoires de Montglat*, p. 141.
(2) *Mémoires de la Châtre*, p. 278.

gnages, que notre évêque, se séparant en ce point des Importants, n'a pas craint de prendre une attitude très nette contre le candidat de Mme de Chevreuse. Comment donc M. Cousin a-t-il pu écrire ceci : « M. de Bailleul, surintendant des Finances, n'ayant pas montré une grande capacité, il fallut lui donner un nouvel auxiliaire lorsque d'Avaux s'en alla à Munster, et M. de Beauvais insinua à la reine que si elle ne voulait pas encore mettre Châteauneuf à la place de Mazarin, elle pouvait au moins l'introduire dans le Conseil en lui donnant la surintendance des Finances, emploi modeste qui ne pouvait faire ombrage au cardinal (1). »

Le célèbre académicien nous semble faire ici de l'histoire un peu fantaisiste ; il fut, il est vrai, pendant un moment question de cette combinaison, et l'auteur des *Carnets* (2) ne manque pas de la condamner en des termes fort catégoriques, mais rien ne permet de croire qu'elle ait été accueillie, encore moins défendue par Augustin, et ce qui précède nous donnerait à penser tout au contraire qu'il ne souhaitait pas plus que Mazarin de voir entrer dans le Conseil un homme qui, *per fas et nefas*, aurait sans doute fini par s'y tailler une trop large place.

On para le coup en maintenant Bailleul et en lui adjoignant Particelli d'Heinery comme contrôleur général.

Ils deviennent, d'ailleurs, de plus en plus rares, les points sur lesquels M. de Beauvais et le cardinal se peuvent accorder. Leur antagonisme s'accentue davan-

----

(1) *Journal des Savants*, année 1854, p. 612.
(2) 2e carnet, p. 16.

tage de jour en jour, chacun d'eux trouvant dans le moindre incident matière à soupçons et à plaintes, Augustin, plus inquiet à mesure que grandit son rival, Mazarin, plus agité, plus nerveux à mesure qu'il se sent plus près du but.

C'est qu'à tout prendre, le grand aumônier continue d'intervenir dans les affaires de la même façon : c'est qu'il a conservé les mêmes dehors d'influence et que le cardinal peut encore craindre quelque retour du si mobile esprit d'Anne d'Autriche. « Avant-hier, écrivait en effet Giustiniani, le 16 juin, comme la meilleure et la plus évidente démonstration du bon vouloir de la reine, l'évêque de Beauvais, son confident et son ministre d'État, est venu m'assurer bien instamment du grand cas que Sa Majesté avait fait des condoléances (1) de Vos Excellences et de la bonne impression qu'elle avait ressentie de leur promptitude. Il m'a déclaré au nom de ladite reine qu'elle voulait être toujours unie avec la République en tout ce qui concerne le bien général. Il m'a prié de bien convaincre Vos Excellences de ses meilleures dispositions et susdites intentions et a ajouté que, comme la reine reconnaissait que ce trône auguste sur lequel le roi son fils était assis, peut-être son royal fils n'en aurait jamais joui si la République n'avait donné assistance à ses ayeux dans les occasions urgentes, ainsi priait-elle Votre Sérénité de s'en souvenir si jamais le cas s'en présentait par suite de la tendre jeunesse du roi actuel et de lui continuer la même constance d'attachement. J'ai répondu en affirmant sans réserve l'entière bonne volonté

____

(1) Pour la mort du roi.

de Vos Excellences et j'y ai ajouté tout ce qui m'a paru propre à entretenir cette confiance et à relever le mérite des actes antérieurs de la République, comme l'espoir de son concours à venir. Ledit Beauvais m'a fait voir qu'il est très porté pour la personne et pour le service de Vos Excellences, il m'a demandé d'en rendre le plus absolu témoignage; il a ajouté que, déjà, il y a bien des années (1), il avait reçu de même le plus excellent traitement de la République et m'a montré en avoir rapporté une satisfaction égale et a fait des vœux pour le bonheur de la République. »

A cette même date du 16 juin, Giustiniani écrit aussi (2) :

« On parle du changement de toutes les ambassades qui sont remplies par des créatures de la maison Bouthillier, aujourd'hui déchue. » L'agent de Venise ne pouvait être plus exact puisque ce fut précisément le lendemain 17 que Chavigny, suivant son père dans sa disgrâce, se démit de sa charge de secrétaire d'État en faveur de Brienne. « Pour la Suisse, ajoute-t-il, on désigne un sieur de Bonel, neveu de l'évêque de Beauvais. »

De toute façon, ce ne serait pas Bonel, mais Bonnelles qu'il faudrait lire. Or, ce domaine appartenait à Bullion, c'était alors son fils qui en portait le nom, et celui dont il était question pour aller chez les Suisses, et qui d'ailleurs, on l'a dit plus haut, n'y alla point, n'était autre que ce Choart de Buzenval qui devait, sept années plus tard, succéder à Mre Augustin sur le siège de Beauvais. Giustiniani se

---

(1) Sans doute à son retour de Rome, en 1617.
(2) *Ambassadeurs vénitiens*, p. 124.

trompait donc : il avait entendu Bonel pour Buzenval.
La méprise paraîtra forte sans doute, mais il se peut
qu'à écouter aux portes, elle ne fût pas absolument
impossible.

Et, toujours par le même courrier, il mandait ceci
encore :

« L'évêque de Beauvais qui vint me voir, comme je
l'ai précédemment fait entendre, après de longs détours
et l'exagération des très bonnes intentions de la reine,
en arriva à me dire que Sa Majesté voulait être toujours
unie avec la République en tout ce qui concernerait la
tranquillité et le bien de la chrétienté, s'avançant peu à
peu jusqu'à m'exprimer combien la reine désirerait que
je m'employe afin que Votre Sérénité s'entremette pour
l'arrangement des différends entre le duc de Parme et le
Pape. »

Giustiniani répond que son gouvernement a déjà essayé
d'interposer ses bons offices, mais qu'il s'en est mal trouvé,
le Pape les ayant payés d'ingratitude et d'hostilité, et
qu'ainsi la sérénissime République n'est ni en goût, ni
en situation de rien tenter à Rome. « L'évêque a riposté
par mainte considération sur le danger qu'il y aurait à
laisser l'incendie de la guerre s'étendre sur l'Italie. Mais
il n'a pas poussé plus avant et n'en a pas moins dit que
la reine voulait toujours être d'accord avec la République. »

Ces citations suffisent à établir la participation continue de M. de Beauvais aux affaires, comme la perma-
nence d'un crédit qui n'avait pas cessé d'avoir des flatteurs. Il répondait au maréchal de Guébriant :

« Monsieur,

» Je vous suis très obligé de la peine que vous avez prise de m'escrire une seconde fois et de ce que vous agréez ce que la reyne a faict pour moy, que j'avoue n'avoir jamais mérité. Je receveray tousiours avec honneur et respect tout ce qu'il vous plaira de m'escrire, mais mon plus grand contentement sera quand vous me donnerez occasion de vous pouvoir faire paroistre en effect que je suis à jamais,

» Monsieur,

» Vostre très humble et très obéissant serviteur. »

A Paris, ce 29 juin 1643 (1).

— *Gran gelosia.* s'écrie le cardinal (2), *Bove travaglia dà per tutto.* « Grande jalousie, Beauvais travaille de tous les côtés. » Grande jalousie! vraiment cette exclamation sort avec une franchise toute particulière de l'encrier de Mazarin. L'entendrons-nous toutefois de l'ombrage que lui inspire Augustin ou des sentiments qu'il croit que notre prélat nourrit à son égard? A tout prendre, il importe peu et le problème ne vaut guère qu'on le cherche; la jalousie est l'état endémique des gens de cour, et, au point où sont venues les choses, en donner le privilège à l'un serait faire peut-être trop de tort à l'autre.

Il est des combattants de deux sortes : ceux-ci s'assurent trop aveuglément sur leurs forces, sur les positions conquises et s'irritent plus encore qu'ils ne s'ef-

(1) *Cinq cents Colbert*, 116, f° 163.
(2) 2° *carnet*, p. 113.

frayent des manœuvres et des progrès de leurs adversaires. On pourrait à la rigueur ranger le grand aumônier dans cette catégorie. Ceux-là, au contraire, doutent
jusqu'au bout d'eux-mêmes, s'exagèrent volontiers la
puissance de l'ennemi et, plutôt que de négliger aucun
détail, redoublent sur tous les points de prudence et
d'efforts.

Manifestement, le cardinal est de cette école. Quelque
pied qu'il ait déjà pris, l'inquiétude le ronge. « L'évêque
de Beauvais, dit M. Cousin (1), Beaufort, Châteauneuf
et Mme de Chevreuse assiègent sa pensée et reviennent
sans cesse sous sa plume. »

« On me dit que tous les jours, écrivait-il (2), Sa
Majesté assure en particulier M. de Beauvais de son
affection et s'excuse sur la nécessité des témoignages
d'intérêt qu'elle me donne. C'est un point si délicat que
Sa Majesté doit me pardonner si je lui en parle souvent. »

Eh ! Monsignor Giulio serait-il pas de beaucoup le plus
jaloux des deux ? Nous voici fortement tentés de le penser ; en tout cas, il n'avait dès lors guère sujet de se
plaindre et, si nous en croyons les chroniques, on ne lui
marchandait pas les marques de bienveillance souveraine. « La reyne avouoit, nous conte la Châtre (3),
que sa conversation estoit charmante et louoit son
désintéressement, » et, plus loin (4) : « La vieille amitié
de Sa Majesté pour Mme de Chevreuse s'effaçoit peu à

---

(1) *Journal des Savants*, octobre 1854, p. 601.
(2) *2e carnet*.
(3) *Mémoires de la Châtre*, p. 283.
(4) *Ibid.*, p. 284.

peu par la nouvelle pour le cardinal qu'on voyoit s'accroistre de jour en jour et qui faisoit que les conversations qu'il avoit avec elle, au lieu d'être d'une heure ou deux, emportoient toute la soirée, et que le pauvre M. de Beauvais, qui avoit accoustumé de prendre ce temps-là pour l'entretenir, attendoit dans un autre cabinet et n'avoit plus que le loisir de luy dire son *Benedicite* et de la voir un instant après souper. »

Le tableau ne manque pas d'originalité, et, certes, des deux postures, celle de Mazarin était de beaucoup la plus agréable et très faite pour lui donner confiance. Mais il n'en continuait pas moins sa tactique obséquieuse, insinuante et serrée. « Il faisoit, dit encore la Châtre, des civilités extraordinaires à toutes les personnes de condition, hors les Vendosme (1). »

On l'a vu plus haut caresser Mme de Chevreuse, et son historien (2) nous le montre travaillant à la conquête de tout ce qui tenait quelque état à la cour. Au premier rang même, par une rencontre assez curieuse, figure le comte de Tresmes, le cousin germain de M. de Beauvais. « Parlar di Trème, lisons-nous au 2ᵉ carnet (3), parler pour Tresme, qui, malgré son âge, veut servir par attachement à Sa Majesté. »

C'était le père de ce brillant et vaillant marquis de Gesvres qui, à cette heure même, investissait Thionville où l'attendait un si glorieux trépas. Il avait autrefois bien servi et souhaitait servir encore ; l'y aider serait

---

(1) *Mémoires de la Châtre*, p. 288.
(2) M. Cousin, *Journal des Savants*, octobre 1854.
(3) 2ᵉ *carnet*, p. 2.

sans doute une « avance agréable à ses deux cousins: Augustin qu'il comblait d'égards tout en le redoutant (1), et le président de Novion qu'il importait de ménager. (2) »

Mazarin, bien assuré d'ailleurs que le vieux Tresmes serait à la reine, ne pouvait laisser échapper une pareille occasion de diminuer le nombre de ses antagonistes.

Elle était, en effet, demeurée redoutable, cette cabale qui s'agitait derrière M. de Beauvais. « Les Importants avaient partout des intelligences et des appuis, dans le Cabinet, parmi les princes du sang, dans les plus grandes familles, dans le Parlement, dans le clergé, surtout dans l'intérieur le plus particulier de la reine (3). » Aussi ne comprend-on guère que les chroniqueurs aient presque tous affecté d'en parler légèrement comme d'un parti sans consistance : Cabale très forte au contraire et dont chaque membre pour ainsi dire semblait par sa naissance, ou par son intelligence, ou par son caractère, ou par ses services passés et sa position à la cour, un ennemi avec qui compter. Ce n'était, à tout prendre, qu'une première tentative de réaction contre le pouvoir absolu. A mesure que l'influence du cardinal grandissait, le mécontentement engendrait de nouvelles recrues, et plusieurs acteurs émérites venaient d'entrer en scène avec une autorité incontestable.

Châteauneuf, dès son retour, avait pris, on ne l'a pas oublié, la direction de la campagne poursuivie contre Mazarin. A côté de lui, l'ascendant d'un dévouement

____

(1) M. Cousin, *Journal des Savants*, 1855, p. 20.
(2) *Ibid.*, novembre 1854, p. 697.
(3) *Ibid.*, 1854, p. 611.

éprouvé, une longue lutte admirablement soutenue, le prestige d'un grand nom, le charme d'un esprit pénétrant, par-dessus tout l'empire d'une âme résolue, faisaient de Mme de Chevreuse, son amie, le véritable chef des Importants. Malheureusement ou heureusement, comme l'on voudra, celle qui, dans les carnets, n'est guère désignée que sous le nom de *la Danna* était très femme; la galanterie ou l'amour était son principal ressort, l'intérêt de celui qu'elle aimait son principal objectif, et comme elle changeait quelquefois, elle n'arriva jamais à rien.

Les femmes, en de pareilles aventures, pèchent presque toujours par l'équilibre instable de leurs nerfs et de leur sensibilité; mais, en revanche, elles soufflent aux hommes qui les entourent une ardeur d'émulation, un enthousiasme, une fièvre d'agir et de se signaler qui décuplent les forces, aveuglent les prudences et précipitent les événements. Or, il y avait beaucoup de femmes dans la cabale. Nous avons eu l'occasion déjà d'en nommer quelques-unes : la marquise de Senecey, de la maison de La Rochefoucauld, première dame d'honneur de la reine et gouvernante des Enfants de France, personne de grand mérite, dit Mme de Motteville (1), savante, modeste, pieuse et nous ajouterons très entêtée de sa noblesse; Mlle de Saint-

---

(1) *Mémoires de Mme de Motteville*, t. Ier, p. 159. Cette charge de gouvernante avait été donnée par Richelieu à Mme de Lansac, mais son manque de respect envers la reine la fit congédier et remplacer par Mme de Senecey en même temps que Mme de Buzenval, nièce de M. de Beauvais, était placée en la même qualité auprès du duc d'Anjou…… *Dovendo Madama de Buzenval, nipote del vescovo de Bове esercitare la carica di governatore del Duca d'Angiù* (*Mercurio di Vittorio siri*, livre 3, p. 738.)

Louis, fille d'honneur de Sa Majesté, très passionnée pour les Importants, que Mazarin appelle « l'âme de la Cabale» et qui épousa un officier aux Gardes françaises, le marquis de Flavacourt; et aussi, car tout l'entourage d'Anne d'Autriche était contre le cardinal, cette surprenante, cette admirable beauté, cette blonde éblouissante, cette grande vertu et ce cœur généreux qu'on nommait Mme d'Hautefort, depuis 1638 qu'elle avait la survivance de la charge de dame d'atours de sa grand'mère, Mme de la Flotte.

Nous citerons encore, pour ne prendre que les plus en vue, la superbe duchesse de Montbazon, Mme de la Châtre et la comtesse de Soissons.

De même aux ducs de Beaufort et de Retz, au comte de Beaupuis, fils unique du comte de Maillé et guidon des Gendarmes du roi, à M. de Béthune, à M. de la Châtre dont l'esprit égalait la bravoure, à ce comte de Fiesque si plein d'honneur et dont le frère, tué à Mardick, fut aimé de Mlle d'Épernon, à M. de Montrésor, à tant d'autres précédemment énumérés, s'étaient venus joindre M. de Brion (1), qui depuis fut fait duc de Damville, le comte de Manicamp (2), soldat intrépide, et le comte de Cramail, petit-fils du maréchal de Montluc, une tête et un bras qui ne démentaient point cette noble origine, naguère l'amant de Mme de Fargis à laquelle s'adressaient les fameuses lettres qui l'avaient conduit à la Bastille; et Varicarville, et Barrière, et les Campion, et

---

(1) François de Lévis Ventadour.

(2) Achille de Longueval, seigneur de Manicamp, dont la fille Gabrielle fut la troisième femme du maréchal d'Estrées.

Saint-Ybal (1), et M. de Longueville lui-même, et M. de Nemours (2) au dire de Giustiniani; et le vieux président de Novion, père du président Nicolas, et Tréville, le capitaine des Mousquetaires à cheval, si célèbre par son courage, si fier, si spirituel, et si cher à Louis XIII; et jusqu'à ce fidèle Laporte, d'abord porte-manteau de la reine, puis valet de chambre du roi, et qui, n'ayant jamais plié devant Richelieu, résistait encore à Mazarin.

« J'étois aussi de leurs amis, sans approuver leur conduite, » écrivait La Rochefoucauld (3) avec la plus impertinente fausseté. Il avait beau s'en défendre en effet, il était né Important et le fut jusque dans la Fronde, et les *Carnets* lui en baillent bien ouvertement le brevet. « Marsillac, y lisons-nous, est plus Important que jamais (4), il est toujours avec Barillon », et quelques pages après (5), renchérissant encore sur son premier jugement, le cardinal met en note : « Marsillac et Chandenier sont de tous les conciliabules..... et le fait est qu'une fois gâté de ce poison, on n'en guérit plus. » Remarque pleine de sagacité et dont la justesse éclatera surtout en 1648 alors que les Importants deviendront les Frondeurs!

A cette énumération rapide des principaux adversaires de Mazarin, il convient d'ajouter deux frères, qui, sans prendre une attitude aussi nettement hostile, ne laissent

---

(1) Ou Saint-Ybar.

(2) Charles-Amédée de Savoye, duc de Nemours.

(3) *Mémoires de La Rochefoucauld*, p. 378. E. Michaud et Poujoulat.

(4) 4ᵉ carnet, p. 61. *Marsigliac piu Importante che mai.....*

(5) 4ᵉ carnet, p. 96. *Il veneno maggiore e che gli infetti una volta, non ritornano mai.....*

pas de lui être redoutables. Le premier est ce duc de Bouillon qui épousa la belle et spirituelle Fébronie de Bergh, qu'il adorait et qui le convertit, et Retz dont l'admiration n'est pas facile à gagner, fait de lui, comme capitaine et comme politique, un très grand éloge. L'autre était le maréchal de Turenne; Mazarin ne s'en loue guère, et nous le montre toujours inquiet, toujours mécontent.

« Du vivant du cardinal-duc, nous dit-il, j'étais son confident le plus intime; il me continua sa confiance, mais ce n'était plus tout à fait même chose. Dans le temps de la mort du roi, il se mit à parler haut et me donnait à entendre que si nos intérêts ne s'accordaient pas, il s'éloignerait de moi : Au début de la régence, il crut mon crédit à terre et s'adressa à Beauvais et à Brienne sans se soucier des protestations qu'il m'avait faites. Cependant, je ne cessai point de le servir avec beaucoup de zèle (1). »

Le cardinal aurait eu bien tort, en vérité, de faire le moindre fonds sur l'illustre guerrier. Comme tous les seigneurs de son temps, Turenne ne cherchait que son avantage ou celui des siens, et sa jalousie voyait d'un mauvais œil les progrès du nouveau ministre.

Ainsi la plupart des grandes maisons avaient embrassé et soutenaient les intérêts de la cabale; les sympathies du Parlement à son égard n'étaient nullement douteuses et elle pouvait compter en outre, nous l'avons fait pressentir, sur le concours de l'épiscopat et de presque toute

______

(1) 3e carnet, p. 47 et suiv. *En el principio della regentia creio mi credito per tierra, y recurrio à Bove y a Brienna.....*

l'Église de France. La guerre poursuivie contre le roi catholique, notre alliance continuée avec Gustave-Adolphe et les hérétiques hollandais, nos efforts au Congrès de Munster pour les faire entrer dans le droit public européen, semblaient, en effet, autant d'impiétés à la Curie romaine dont tous les vœux allaient vers l'Espagne. Or, le clergé français pensait de même et il s'affligeait ouvertement des victoires des protestants, encore qu'elles fussent nôtres.

« Naturellement donc, il entrait dans la ligue des Importants et la mettait sous les auspices de la religion, comme le Parlement lui prêtait l'apparence du bien public.

» Naturellement aussi, l'évêque de Beauvais se trouvait placé à la tête de cette opposition (1) », bien faite, on en conviendra, pour inspirer à Mazarin des craintes sans cesse renaissantes.

Celui-ci s'occupait, il est vrai, de gagner à sa cause plusieurs prélats italiens, entre autres les cardinaux Bentivoglio, Antonio Barberini, Grimaldi, et surtout l'habile et puissant cardinal Bichi; au dernier, il envoyait l'Ordre du Saint-Esprit, à tous il faisait des pensions et voulait s'en aider pour contrebalancer les influences de notre Église de France.

Mais celle-ci, bien compacte, bien unie, était décidée à tenir tête et appuyait de toutes ses forces Augustin Potier, son véritable représentant auprès de la reine, devenu par là, sur le terrain ecclésiastique, le principal antagoniste de Mazarin, comme il l'était déjà dans le minis-

---

(1) M. Cousin, *Journal des Savants*, 1855, p. 42.

tère. Aussi voyait-on constamment à ses côtés trois prélats d'égale autorité, quoique fort dissemblables. L'un était l'évêque de Metz, fils d'Henri IV et de la marquise de Verneuil, celui-là même qui devait s'accommoder plus tard avec le cardinal, prendre le nom de duc de Verneuil et épouser la fille de Séguier, veuve du duc de Sully, étrange personnage, assurément, qui, pour l'instant, s'agitait fort parmi les Vendôme et prêtait même son logis aux Importants. Le second était ce Philippe de Cospéan, dont nous avons parlé à propos du Conseil de conscience, évêque de Lisieux, après l'avoir été d'Aire et de Nantes, Flamand d'origine, prédicateur disert, honnête homme, grand ami de Bérulle et du P. Joseph, familier des maisons de Rambouillet, de Vendôme, de Retz et d'Épernon, grand ami surtout de Madame Anne, qu'il appelait toujours « sa bonne fille ». C'était le saint de la cour, un saint que l'ambition avait un peu mordu, et qui, « depuis quelque temps, s'estoit appliqué à la lecture des politiques d'Aristote (1) ».

Enfin, il y avait M. de Limoges, François de la Fayette, abbé de Dalou, d'abord premier aumônier de la reine et très écouté d'elle, rusé et violent, oncle de la charmante et douce amie du feu roi, de celle à qui la France dut un peu Louis XIV et que de vertueuses alarmes conduisirent si jeune à la Visitation.

L'exemple de Richelieu avait tourné la tête à maint évêque; plus d'un se croyait comme lui fort capable de gouverner l'État, et, s'il est vrai que M. de Beauvais en

____

(1) Hermant, p. 2017.

eut la prétention, on en peut dire autant de M. de la Fayette.

Quoi qu'il en soit, l'attitude de ces prélats considérables exerce sur les dévots de la cour une action contagieuse et excitante. On voit s'échauffer d'un beau zèle et M. Vincent de la Mission, et le P. Emmanuel de Gondi, autrefois général des galères, devenu prêtre de l'Oratoire, et sa fille, la marquise de Meignelay, propre sœur du duc de Retz et du coadjuteur, et Mme de Brienne, et Mme de Liancourt, et le P. Daus et le P. Lambert et d'autres encore. Les couvents eux-mêmes se sont mis de la partie. Anne d'Autriche, en bonne Espagnole, y fréquente beaucoup, les aime et en est aimée. C'est surtout aux Carmélites, au Val-de-Grâce; chez les filles de Sainte-Marie de la rue Saint-Antoine, qu'elle a ses habitudes. Or, toutes ces maisons sont avec la cabale, en secondent passionnément les desseins et ne craignent pas, depuis quelque temps, d'éveiller dans l'esprit de la reine à chacune de ses visites des scrupules qui la troublent profondément.

C'est quelque chose sans doute, mais ce n'est pas suffisant; le danger croît, il faut porter un coup plus direct. « Les Importants vont trouver M. Vincent, écrit le cardinal, qui sait tout; et, prétextant de leur attachement à la reine, lui disent que la réputation de Sa Majesté souffre « de la galanterie ». On m'a dit que Beauvais aurait fait parler M... au sujet de la galanterie (1). »

____

(1) 4e carnet, p. 62. *Dicono che Bové habbi fatto parlar M.. sopra la galanteria.....*

Cette manœuvre d'une nature si délicate et si grave n'a guère besoin d'être expliquée, et le mot *galanteria*, que nous avons très platement traduit par son similaire français, est moins aisé à rendre ici qu'à comprendre. Pour l'heure où nous sommes venus, aux premiers jours de juillet 1643, *amours* serait trop dire et *coquetterie* ne dirait peut-être pas assez. Le vocable anglais *flirt* serait plus exact, mais notre langue n'en a pas l'équivalent. La vérité, c'est qu'il y avait dès cette époque entre la reine et Mazarin un échange de sympathies, un penchant déjà vif, qui devait entraîner bientôt la défaite de la femme et assurer à l'heureux ministre une situation indestructible.

Anne avait alors quarante et un ans, tout juste l'âge du cardinal; négligée par son époux, un peu vaine et jalouse de plaire, elle avait conservé le goût de son pays pour les choses de sentiment. Ainsi dut-elle se mal défendre des empressements et des tendres respects de Mazarin; et celui-ci, fort bien fait, de la tournure la plus agréable (1), ayant gardé de son premier état un air aisé et galant, et qui, d'ailleurs, n'était point prêtre, arriva petit à petit à diriger l'esprit de la reine en passant par son cœur.

C'était bien là ce que les Importants avaient le plus à redouter; ils sentaient que leur influence se heurtait maintenant aux préférences secrètes de Sa Majesté, et les dévots, effrayés, ne croyant pas de ressource meilleure que d'inquiéter la conscience royale, mettaient

---

(1) Hugues de Lyonne raconte que Richelieu, présentant Mazarin à la reine, lui dit avec cette insolence qui était assez dans sa manière : « Madame, vous l'aimerez bien ; il a l'air de Buckingham. »

tout en œuvre pour y réussir : entreprise hardie et certainement scabreuse, mais qui, si elle aboutissait, amènerait sans doute des résultats considérables.

L'évêque de Beauvais s'est adressé d'abord à Mme de Senecey et l'a priée de faire connaître à la reine quelle impression mauvaise causent aux gens de bien ses longues et fréquentes conférences avec le cardinal. Parmi ces gens de bien se trouvent, ne l'oublions pas, un Beaufort, une Chevreuse, un Châteauneuf et quelques autres de même vertu, dont les scrupules en pareille matière sont vraiment assez réjouissants. Mazarin n'a pas manqué d'être averti, et nous lisons dans ses notes : « Beauvais a dit à Senecey de parler à Sa Majesté afin que dans l'intérêt de sa réputation elle ne me voye pas si souvent (1). »

Mais la première dame d'honneur, sagement ménagère de ses places, trouve plus prudent de demeurer à l'écart et n'ose pas s'opposer au ministre favori. Pour une commission à ce point périlleuse, il fallait de la générosité, de l'énergie; on alla chercher Mme d'Hautefort, on la décida sans difficulté, et la noble femme se sacrifia pour servir en dépit d'elle-même sa souveraine et son amie. Peine perdue.

Le digne et courageux Cospéan fit sans plus de succès une tentative de même sorte. « Enfin La Porte fut chargé de jeter dans le lit de Sa Majesté un billet plein d'audacieuses objurgations : si elle ne se défaisait pas du cardinal, y était-il dit, on saurait bien l'en défaire. » Pour

---

(1) 2e carnet, p. 105. *Bové a Senese di parlar a S. M. perche non mi vedesse cosi sovente per sua reputazione.*

cette fois, c'en était trop. « La reyne, écrit ce fidèle serviteur, la reyne, d'ordinaire facile à persuader, n'avoit de
fermeté que pour les choses qu'elle affectionnoit extraordinairement (1) », et elle en était venue, paraît-il, à affec-
tionner extraordinairement M. de Mazarin. Toujours
est-il que Mme d'Hautefort reçut l'ordre de quitter la
cour en même temps que les évêques de Limoges et de
Lisieux.

L'échec de la cabale était complet; les conséquences
pouvaient en être graves, car on devait supposer qu'Anne
d'Autriche n'oublierait pas aisément de pareilles offenses.
Tout conseillait aux Importants de manœuvrer désormais avec des précautions infinies. Mieux inspirés,
mieux instruits, ils eussent dû entourer, caresser la
régente, prévenir et satisfaire ses moindres désirs — on
ne gouverne les femmes qu'à la condition de leur plaire,
— ils eussent dû témoigner aussi d'un absolu désintéressement, faire, en un mot, tout le contraire de ce qu'ils
avaient fait jusque-là. Mais il faut une certaine supériorité pour s'arrêter sur une défaite : les brouillons,
les présomptueux et les médiocres se laissent emporter
volontiers à la vanité d'en tirer aussitôt vengeance, et,
simplement blessés hier, iront follement demain s'en-
ferrer en plein corps.

Ainsi firent les Importants; la faveur de Sa Majesté
semblait à leur orgueil trop légitimement acquise, pour
qu'elle pût jamais leur manquer; ce qui eût dû leur être
une leçon ne leur fut qu'un aiguillon. Dès ce moment,
ils redoublèrent d'intrigues et recommencèrent de mou-

---

(1) *Mémoires de la Porte*, t. LIX, p. 335.

trer à la reine les prétentions les plus blessantes pour
sa fierté.

Elle, à la vérité, n'en laissait rien voir à personne,
pratiquant avec un art infini cette duplicité que réprouve
la morale vulgaire, mais dont vit la politique, et que ses
sentiments à cette époque suffisent d'ailleurs à expliquer ;
elle continuait ainsi à bien traiter au grand jour M. de
Beauvais tout en faisant secrètement le jeu de son rival.
Le prix extrême qu'elle paraissait attacher à la prochaine élévation d'Augustin au cardinalat défrayait
alors même les entretiens de la cour et ne contribuait
pas médiocrement à rassurer les Importants.

Les premières ouvertures à cet égard remontent, nous
le savons, aux débuts de la régence, et elles ont trouvé
bon accueil auprès d'Urbain VIII, car voici ce que mande
le 14 juillet M. l'ambassadeur de Venise (1).

« Un exprès est arrivé à Rome il y a quatre jours —
c'est-à-dire le 10 juillet — avec une lettre du 21 du
mois passé ! Elle contient la réponse du Souverain Pontife à la demande de la reine pour le chapeau de M. de
Beauvais (2). A savoir que le Pape approuve la nomination et la qualité du candidat, le jugeant digne de la
pourpre, mais sans rien préciser touchant l'époque de la
promotion. A quoi il a été répliqué que la reine n'est
qu'à demi contente et qu'elle attendait du Saint-Père
plus complète satisfaction, alors surtout qu'il s'agissait
de la première grâce qu'elle lui eût demandée. »

Cette fois encore, Giustiniani était fort exactement

---

(1) *Ambassadeurs vénitiens*, p. 158, verso.
(2) *Per il cardinalato di Bove*.

informé, car, à la date précise du 10 juillet, Louis XIV, répondant au bref de condoléances sur le décès du roi son père, terminait sa lettre comme il suit :

« ..... Nous avons à remercier Vostre Saincteté de ce qu'elle a bien receu les supplications qui luy ont estés faictes de nostre part en faveur de nostre cousin l'évesque de Beauvais, pair de France, mais la grâce n'estant point encore accomplie, nous vous laissons penser ce que nous nous promettons sur son subject de Vostre Saincteté. »

Escript à Paris le Xe jour de juillet 1643 (1).

L'affaire ainsi engagée fut d'abord poussée activement auprès du Saint-Siège. Par le courrier du 10 juillet, M. de Fontenay-Mareuil recevait l'ordre de renouveler ses instances pour M. de Beauvais, et, le 14, Brienne notifiait ceci au même ambassadeur..... (2).

« J'ay receu trois brefs auxquels ie differerai de faire responce jusques au retour de M. de Beauvais (3) *parce que l'un le regarde* et par l'ordinaire prochain vous aurez les lettres (4). »

---

(1) Bibliothèque nationale. Manuscrits fonds Clairambault 386, p. 8899.

(2) Bibliothèque nationale. Manuscrits fonds français. No 23. — 318.

(3) *Ibid.* Manuscrits fonds Gaignières 510-511.

(4) Les archives du Bureau des pauvres de Beauvais (registre manuscrit, t. 1er, p. 35) relatent à cette date du 14 juillet 1643 la requête à Mre Augustin d'autoriser l'Hôtel-Dieu de Beauvais à vendre un immeuble inutile, incommode et onéreux, dit l'hôtel de Saint-Just, pour payer l'acquisition faite avec l'agrément de l'évêque de l'hôtel de Chaalis ayant appartenu à l'abbaye de ce nom..... Sur ce, informations, enquêtes, assemblées, Conseil et finalement autorisation et vente.

Il y a grande apparence que ce *bref* qui regarde
M. de Beauvais n'est point étranger à sa promotion.
Toujours est-il que le roi, déjà si pressant, le devient
encore davantage dans une seconde lettre qu'il faut placer à la date du 20 ou du 21 juillet pour des raisons
qui s'entendront d'elles-mêmes un peu plus loin :

« Très Sainct Père,

» Nous vous avons ci-devant escript par l'advis de la
reyne régente, nostre très honorée dame et mère, en faveur de nostre cher et bien-aimé cousin, le seigneur
évesque et comte de Beauvais, pair de France, que nous
avons faict proposer de nostre part à Vostre Saincteté par le
sieur marquis de Fontenay-Mareuil, nostre ambassadeur,
pour estre eslevé à la dignité de cardinal et pour ce que
c'est une chose que nous affectionnons et qui regarde
un sujet doué de bonnes mœurs, d'une doctrine et piété
éminentes, à qui nous avons donné beaucoup de part
dans l'administration de nos affaires pour la grande
confiance que nous avons en lui. Nous escrivons encore
ceste lettre à Vostre Saincteté et la prions très affectueu-
sement que son bon plaisir soit de nous accorder le plus
tost qu'il luy sera possible la première prière que nous
luy avons faicte à nostre advènement à ceste couronne
et que ceste grâce que nous avons espérée d'elle ne nous
soit plus longtemps différée. Nous avons remis audit
sieur marquis de Fontenay, nostre ambassadeur, de réi-
térer les instances qu'il en a déjà faictes à Vostre Saincteté et luy faisons entendre comme c'est chose pour laquelle nous avons beaucoup d'affection. C'est pourquoy
nous ne nous estendrons davantage que pour prier Dieu

qu'il veuille vous conserver, Très Sainct Père, de longues années pour le bien et utilité de son Église. »

Escript à Paris, le   jour de juillet 1643 (1).

Le quantième est demeuré en blanc, mais, sur la même page, suit une autre minute qui donne à celle-ci une date certaine :

« Monsieur le marquis de Fontenay, je vous ay cy-devant escript par l'advis de la reyne régente, Madame ma mère, pour présenter au Pape la lettre que je luy escrivois en faveur de mon cousin l'évesque et comte de Beauvais, pair de France, et pour luy proposer de ma part qu'il luy pleust luy accorder le bonnet de cardinal. Depuis, je vous ay souvent mandé de continuer vos poursuites et de faire en sorte que ceste grâce nous fust bientost accordée. Néantmoins, quelque soing que vous en ayiez pris, il n'y a encores eu jusques icy rien de faict et pour ce que c'est chose que je désire avec beaucoup d'affection, j'en escrit de nouveau à Sa Saincteté et la prie de considérer que c'est la première prière que je lui ay faicte à mon advènement à la couronne. Envoyant le sieur abbé Marescot, l'un des conseillers aumosniers ordinaires, à Mantoue pour l'accommodement que je désire (2), j'ai jugé à propos de le faire passer à Rome et le charger de celle-cy et de ma lettre au Pape qu'il

---

(1) Bibliothèque nationale. Manuscrits fonds Clairambault, 386, p. 9381.

(2) Entre la duchesse douairière de Mantoue et les princesses Marie et Anne, touchant la succession des biens de leur maison situés en France.

vous mettra entre les mains affin que quand il arrivera,
si la chose n'estoit pas plus advancée, vous puissiez, en
présentant mes lettres à Sa Saincteté, renouveler vos
instances en luy faisant cognoistre que le dit sieur Marescot seroit venu exprès pour ceste affaire, laquelle
vous advancerez de tout vostre pouvoir comme chose
que je désire et affectionne. Sur ce, je prie Dieu qu'il
vous ayt, Monsieur le marquis de Fontenay, en sa
saincte garde. »

Escript à Paris, le XXIe jour de juillet 1643 (1).

Et, comme si ce n'était pas assez de recommandations, de plaintes et d'instances, le roi, à la même
date et par le même courrier, écrivait encore au neveu
favori d'Urbain VIII, au cardinal Barberini :

« Mon cousin, il s'est passé bien du temps sans que la
reyne, Madame ma mère, et moy ayons receu satisfaction
de la prière que nous avons faite et souvent réitérée à Sa
Saincteté en faveur de mon cousin l'évesque et comte de
Beauvais, pair de France, pour estre promeu en la qualité de cardinal. Je vous en ay escript plusieurs fois et
la reyne aussy, laquelle vous en escrivant encores par
vostre ordinaire et ayant tant de fois tesmoigné avec
quelle affection elle attend cette grâce, je vous fais devant celle-cy pour vous dire que vous me ferez plaisir
bien agréable de vous employer auprès de Sa Saincteté
pour luy faire considérer les raisons qui la debvroient

---

(1) Bibliothèque nationale. Manuscrits fonds Clairambault 386,
p. 9332.

obliger à ne plus différer une chose si désirée. Je veux croire que vos bons offices et l'inclination que vous avez toujours monstrée à favoriser ce qui vous est recommandé de ma part, vous portera en ce rencontre à faire quelque chose d'extraordinaire en ma considération, ce que me promettant de vostre affection, je vous feray paroistre les effets de la mienne en touttes occasions et cependant je prieray Dieu qu'il vous ayt, mon cousin, en sa saincte garde. »

Escrit à Paris le XXIe jour de juillet 1643 (1).

Enfin, trois jours plus tard, le 24 juillet, le roi, écrivant à M. d'Amontot, son *résident* à *Gennes*, trouvait bon de lui notifier ses instructions emportées par l'abbé Marescot..... « M. Servyen s'appreste pour son voyage d'Italie où nous avons dépesché le sieur Marescot à Rome pour presser Sa Saincteté du bonnet de cardinal pour M. l'évesque de Beauvais..... (2) »

Et Brienne écrivait aussi le 24 juillet à M. de Lyonne : « ..... Nous avons dépesché M. Marescot, aumosnier de Leurs Majestés, pour presser l'expédition du bonnet en faveur de M. l'évesque et comte de Beauvais..... (3) » ; et la chose était à la connaissance des ambassadeurs, et Giustiniani mandait de Paris, le 26, que « la raison principale de l'envoi de Marescot était de le faire passer par

(1) Bibliothèque nationale. Manuscrits fonds Clairambault 336, p. 9189. Au dos est écrit : « Minute du roy au cardinal Barberini en faveur de l'évesque de Beauvais. »

(2) Bibliothèque nationale. Manuscrits fonds Clairambault 386, p. 9219.

(3) Bibliothèque nationale. Manuscrits fonds Gargnières 510-511.

Rome pour y obtenir le chapeau pour Beauvais, comme le Pape en a manifesté l'intention à la reine (1) ».

Il y aurait, si nous y voulions insister, bien des choses à souligner au travers de ces dépêches successives : d'abord la manifestation des sentiments d'Anne d'Autriche et de son fils pour Augustin Potier, puis l'affirmation de la part qu'il avait encore à ce moment dans les affaires; puis la révélation de tant de démarches déjà prescrites par Leurs Majestés pour ce bonnet qu'elles désirent si fort, et aussi leur mécontentement de tant de lenteurs et leur impatience à laquelle les agents ordinaires, comme Fontenay, ne suffisent plus et qui leur fait expédier expressément l'abbé Marescot (2).

Mais ce qui nous doit arrêter davantage dans tout ceci, ce sont assurément les tergiversations du Saint-Siège et les causes réelles de ses retards.

Quand on parcourt les lettres des représentants du roi en Italie (3), on voit quelles agitations régnaient alors dans la péninsule. Il y avait une ligue, des troupes sur pied, le Pape était fort vieux et c'était le cardinal Barberini qui menait tout, celui-là même à qui Louis XIV adressait la dépêche courtoise qu'on vient de lire ; cependant Barberini agissait passionnément en faveur des

---

(1) *Ambassadeurs vénitiens*, p. 172.

(2) « Ce petit Marescot, comme dit l'Estoile, était maître des requêtes et fils d'un fameux médecin. » Il estoit accoustumé aux missions délicates, car, en 1611, il estoit déjà allé à Florence rechercher les origines de la famille Conchini. » (TALLEMANT DES RÉAUX, t. III, p. 343.)

(3) Bibliothèque nationale. Manuscrits fonds Clairambault 386, p. 9423.

Espagnols, tandis que son frère, le cardinal Antoine, faisait profession d'un grand dévouement à la France, offrait au roi son crédit, ses biens et un corps de six mille hommes, et prenait ouvertement la protection de nos intérêts. La paix est sur le point de se conclure, le duc de Parme est bien disposé pour l'accommodement et le veut faire sans la Ligue ; il est d'accord avec le Pape ; la personne de M. Seryven qui va passer les monts sera très agréable ; les divers princes italiens se montrent assez portés à un arrangement et font connaître leurs prétentions qu'on pourrait satisfaire..... Or, le chapeau de M. de Beauvais est en question parmi toutes ces négociations, et, le 23 juillet, M. de Fontenay (1) écrivait : « Le Pape semble s'opiniastrer à la guerre, voudroit que le roy se déclarast pour la Ligue et laisse entendre qu'il a cinq places de cardinaux *in pectore* et que M. de Beauvais s'y trouvera s'il a contentement du costé de la France. »

Mais il ajoute aussitôt que « le cardinal Barberin est toujours aussi peu disposé pour faire donner ce bonnet et que le nunce pour France ne sera point nommé qu'on n'ayt advis de deça ».

Ainsi la promotion d'Augustin était présentée comme un des éléments, et non pas le moindre, du marché qui se discutait alors entre la cour et le Saint-Siège, et l'on croyait au Vatican que l'on y tenait assez pour la payer de concessions importantes. Ainsi cette pourpre, naguère promise de si bonne grâce à la reine pour un prélat que sa naissance, ses œuvres, la pureté de sa vie et

---

(1) Bibliothèque nationale. Manuscrits fonds Clairambault 383, p. 9423.

de sa doctrine, sans parler de l'honneur du gouvernement, en rendaient digne entre tous, cette pourpre lui était maintenant disputée par la raison politique, en attendant qu'elle lui fût ravie par les intrigues de Mazarin.

Ainsi l'excès même des instances de Madame Anne avait ajourné et rendu moins certaine la réalisation de ses désirs, car, plus ils étaient pressants et plus on avait cru pouvoir les exploiter contre elle.

Ce qu'il y eut enfin de très particulier ici, c'est que tant de sollicitations furent faites en l'absence même de celui qui en était le sujet et sans qu'on le pût conséquemment soupçonner d'y travailler d'aucune sorte. En effet, un événement très inattendu a provoqué de toutes parts l'étonnement et les conjectures. Augustin Potier s'est éloigné de Saint-Germain, Brienne nous l'a déjà appris à propos de certain bref *qui le regarde* et qu'il compte lui rendre à son retour.

M. de Beauvais a quitté la cour; pour qui connaît les idées du temps, c'est là un acte énorme d'imprudence ou d'audace. On est dès lors si jaloux de cet esclavage doré qu'il semble qu'on n'en puisse presque sortir que par la disgrâce, la maladie ou la mort. Lisez Aubery dans son *Histoire de Mazarin* (1) et voyez si la chose lui paraît négligeable : « Sur quoy, dit-il, je ne crois pas devoir obmettre qu'au mois de juillet 1643, tout ministre d'Estat qu'il étoit, Mgr Potier demanda et obtint permission et congé de la reyne d'aller tenir son Synode à Beauvais. Et il promit que son absence ne

____

(1) L. II, p. 213.

seroit tout au plus que de dix jours. On fut assez surpris de ce procédé et cette démarche luy fut très préjudiciable. C'était comme abandonner le terrein et le champ du combat à son adversaire. »

« Il y en a qui croient, en effet, qu'il avoit absolument besoin de repos, que le Synode n'étoit qu'un prétexte (1) et que les premières fonctions d'un métier si pénible, auquel il n'étoit point accoutumé, l'avoient tellement épuisé qu'il n'en pouvoit presque plus. Ce n'est pas une chose fort étrange que les grands et pesants emplois fatiguent ou, pour mieux dire, accablent les nouveaux officiers et les nouveaux ministres ».

» D'autres, au contraire, s'imaginent que ce fut une adresse et qu'il voulut essayer si son absence ne le feroit point regretter et ne contribueroit point ainsi contre l'ordinaire à l'établissement de sa fortune. Il commençoit d'ailleurs à se défier bien fort des belles promesses dont on l'avait flatté d'abord. »

Ces suppositions, la dernière surtout, étaient-elles donc fondées et notre évêque voyait-il déjà plus clair dans le jeu double que conduisait la reine, dans cette succession singulière de trahisons et de bienveillants retours? On pourrait en vérité le croire. D'ailleurs Brienne a rapporté aussi (2) qu'il « deschut de ses espérances quand il vit que le cardinal avançoit de plus en plus dans la confiance de la reine et que l'on croioit avoir déjà trop fait pour lui que de lui avoir accordé l'entrée du Conseil en le flattant

(1) Il alla à Beauvais, dit la *Gallia christiana* (t. IX, col. 766). *Simulatione synodi celebrandi usus.*
(2) *Mémoires de Brienne*, t. II, p. 182.

de l'espérance de l'élever à la pourpre. » Il se peut, en
effet, qu'en la lui voulant obtenir, Anne d'Autriche n'eût
plus déjà pour but unique de récompenser sa fidélité et
d'adoucir aux Importants l'amertune de leurs récents
échecs; peut-être apercevait-elle que cet honneur serait
appelé quelque jour à consoler son grand aumônier de
la perte du pouvoir, mais ce devaient être là tout au moins
des prévisions bien secrètes, et l'ambassadeur vénitien
voyait à coup sûr venir la défaveur de trop loin lorsqu'il écrivait le 14 juillet :

« Avant l'arrivée du dernier courrier (c'est-à-dire avant
la date ci-dessus), Beauvais s'en est allé de la cour à son
évêché, pour y demeurer quelque peu de temps. Preuve
manifeste qu'il n'a plus les bonnes grâces de la reine
autant qu'on le croyait, et de cette courte absence on conclut à quelque refroidissement (1). »

C'était mettre les effets avant leur cause. Ce petit voyage
qui travaillait à ce point les esprits, fut à coup sûr intem-
pestif et très fâcheux pour Augustin, mais, de la manière
qu'il se fit, nous estimons qu'il n'y faut point chercher
tant de finesses ni de raisons. La plus simple est, à tout
prendre, la meilleure: Augustin avait en lui tout le zèle
d'un bon pasteur et bien peu des passions d'un homme
d'État; très droit, confiant, sans détours et ne supposant
pas chez les autres des ruses dont il était incapable, il
n'aperçut pas ou dédaigna les dangers auxquels il s'expo-

____

(1) *Ambassadeurs vénitiens*, p. 158, verso. *Parte Beove della
Corte per il suo vescovato, per trattenervisi qualche breve spacio.
Indicio manifesto del non esser egli cosi in possesso della gracia
della Regina come si credeva; argomentandosi da questa breve
assensa della corte qualche fredezza.....*

sait et ne consulta que ses devoirs épiscopaux. « Il s'estoit fait, nous dit Hermant (1), une si étroite obligation d'assembler régulièrement le Synode de son diocèse au jour ordinaire qui avoit esté fixé dans les derniers siècles au mercredy d'après l'octave de saint Pierre (6 juillet) qu'il n'en voulut rien relascher. Ce fut en vain que ses amis luy représentèrent que dans l'estat où ses affaires estoient alors, ceux qui ne luy vouloient pas de bien ne manqueroient pas de se prévaloir de son absence pour redoubler leurs intrigues sans qu'il les pût découvrir, et que ce voyage, fait à contre temps, passeroit dans le public pour une espèce de désertion. Il fut sourd à toutes leurs remontrances et crut devoir plustost agir en évesque qu'en courtisan. Il exécuta son dessein et prit cette occasion de son Synode pour faire rendre dans sa cathédrale les devoirs funèbres à l'âme du défunt roy et *le séjour qu'il fit à Beauvais fut assez considérable*. Mais il trouva un grand changement à Paris quand il y fut de retour. Il vit sa maison beaucoup moins fréquentée qu'à l'ordinaire, le cardinal Mazarin si puissamment établi auprès de la reyne, et le duc de Beaufort gardant si peu de mesure avec elle par une fierté naturelle et une froideur affectée, que les moins éclairés prévoyoient une prochaine disgrâce. »

L'histoire d'Hermant, toute véridique qu'elle soit, est écrite à grands coups de plume et néglige un peu trop les nuances. Nous allons voir en effet que ces dernières lignes avancent de quelques semaines, mais il n'est pas contestable qu'entre les premiers jours de juillet, époque du

---

(1) Hermant, p. 2039.

départ d'Augustin, et le 15 ou le 18 qui le virent de retour, l'état de ses affaires ne s'était rien moins qu'amélioré.

Les intrigues à la cour allaient alors un train d'enfer: véritable foire aux vanités et aux appétits. « Tous ces grands, écrivait Giustiniani le 7 juillet (1), ne sont occupés que de leurs illusions, de leurs factions, de leurs desseins cachés et ne voient rien au delà de leur propre intérêt. » C'est à qui se poussera le plus vite et le mieux et l'exemple vient de haut.

Depuis Rocroy, depuis cette première campagne du duc d'Enghien qui a mis la France aux nues, M. le prince a élevé des prétentions énormes: il demande le gouvernement du Languedoc en échange de celui de Bourgogne et de toutes ses places, qu'il propose de remettre à son fils « en y ajoutant, c'étaient ses expressions, un petit gouvernement, par exemple celui de Champagne avec la forteresse de Mézières. »

« Il soutient, notait Mazarin (2), que M. de Beauvais lui a au nom de Sa Majesté promis entre autres choses un gouvernement avec une place pour son fils et que cette promesse a été ratifiée en présence de M. de Nemours depuis la mort du roy. » Et Brienne dit de même que « M. de Beauvais s'attendant à être tout-puissant dans l'Estat, recherchoit M. le duc d'Orléans et M. le prince de Condé en leur promettant des gouvernements, des places et généralement tout ce qu'ils pouvoient désirer (3) ».

---

(1) *Ambassadeurs vénitiens*, p. 156, verso.

(2) *4ᵉ carnet*, p. 72.

(3) *Mémoires de Brienne*, t. II, p. 37.

De fait, Monsieur eut le Languedoc et M. le prince garda la Bourgogne, mais M. d'Enghien reçut la Champagne avec Stenay qui devait un jour, dans les guerres de la Fronde, entre les mains de Turenne et de M. de Longueville, tenir tête à l'armée royale.

D'un autre côté, c'est Mme de Chevreuse qui prétend plus impérieusement que jamais que les sceaux soient rendus à Châteauneuf. Beaufort, son autre ami, y travaille tout autant qu'elle ; ils ne réussiront toutefois qu'à le rétablir dans son gouvernement de Touraine après la mort du marquis de Gesvres qui en était pourvu.

M. de Beauvais est trop uni avec les Vendôme pour se déclarer contre Châteauneuf, mais il en garde au fond beaucoup d'ombrage. Cherchant, dans ses heures d'illusions, un homme capable de gouverner sous lui, après Mazarin, il a naguère vanté Chavigny qui est habile et laborieux, mais que la reine ne peut souffrir, puis il a donné des espérances à M. d'Avaux et voici qu'il se rabat aujourd'hui sur le bonhomme Sublet de Noyers.

De sa terre de Dangu, où il s'est retiré après sa démission si sottement offerte au roi et si prestement acceptée, l'ancien secrétaire d'État a été un des premiers à saluer la fortune d'Augustin Potier ; il est entré dans la cabale à plein corps et compte bien par elle remonter aux affaires ; mais il lui faut d'abord rentrer en grâce. M. d'Ormesson (1) en apprend quelque chose un des premiers : « Le vendredy 17 juillet, l'on me dit que M. de Noyers revenoit par le moyen de M. de Beauvais et, disait-on, pour estre surintendant. » Et, dès le commencement

____

(1) *Mémoires d'Ormesson.*

d'août, Mazarin inscrit ceci : « Beauvais fait rentrer
M. de Noyers et tous les Importants (1). »

L'exil en comptait encore quelques-uns et le parti
avait intérêt à grossir le nombre de ses fidèles. Des deux
côtés on jouait très serré, nous en avons eu déjà mainte
preuve ; dans cette petite guerre de tous les instants, il
n'était aucune arme qui ne parût bonne.

Ainsi on revenait sans cesse avec Anne d'Autriche sur
cet inconvénient majeur que le cardinal n'était pas Français. Or, la reine elle-même étant étrangère, cet argument ne la devait guère émouvoir. Et puis, c'étaient des
inventions ridicules ou odieuses à plaisir. Mazarin nous
raconte, par exemple, qu'à la crèche du Val-de-Grâce,
où Madame Anne allait souvent, on lui fit voir, pour la
toucher, deux figures de cire dont l'une représentait
l'évêque de Beauvais en habit de cardinal et près de lui
un petit homme qui ressemblait à M. de Noyers (2).

Et comme il s'agissait alors de choisir un gouverneur
au jeune roi, on avait disposé tout en face un tableau
où la régente remettait son fils entre les mains de l'évêque
de Lisieux. Jeux innocents, conceptions naïves, et comme
il sied à des cerveaux de nonnes ; insinuations très conformes au demeurant à ce que nous savons des dispositions royales. Mais voici qui est autrement perfide :

« Pour mettre le peuple contre moi, s'écrie le pauvre

---

(1) 3e carnet, p. 6. Bove procura il ritorno de M. di Noyers e
tutti li Importanti.

(2) 4e carnet, p. 46. Al presepio di Val de Grâce, in figure di
cera, si è procurato far veder a la regina per moverla Bove ves-
tito da cardinale con un piccolo uomo a canto che se crede M. di
Noyers.

Giulio, ils répandent le bruit que j'ai offert de retrancher un quartier des rentes de Paris, ils soutiennent que M. de Beauvais s'y est opposé énergiquement, disant que c'était le sang des pauvres et que j'aurais dit, moi, que cela n'importait point et se devait faire (1). »

C'est, évidemment, des rentes de l'Hôtel de Ville qu'il s'agit ici, et la question était alors, comme aujourd'hui, de celles qui ne manquent pas d'ameuter l'opinion, mais il ne nous a pas été possible de faire la lumière sur cet incident qui doit comporter un fond de vérité exploité par des passions rivales.

Chaque jour, au reste, voit éclore quelque rumeur, quelque nouveauté de ce genre. Le président de Lamoignon leur donne volontiers l'hospitalité de ses appartements, et nombre de ses collègues s'agitent avec lui : MM. de Novion, de Mesme, de Bailleul, de Barillon, mènent la campagne. « M. de Novion était un parfait honnête homme, lisons-nous dans M. Cousin (2), mais l'intérêt avait sur lui un grand empire. Tout dévoué à son frère, l'évêque de Beauvais, il en secondait tous les mouvements, et, dès que l'évêque se fut rangé parmi les mécontents, le président s'opposa aux mesures les plus raisonnables. Les *carnets* sont, à cet égard, suffisamment explicites. » « Le président de Novion, y peut-on lire, s'opposa dans le Parlement à la vérification du lit de justice, par où Sa Majesté verra qui est son véritable serviteur. » Toujours habile à se faire valoir auprès de

____

(1) *3e carnet*, p. 8 et 9..... *Sostengono che M. di Bove vi si opponerà firmamente, dicendo che era il sangue dei poveri.....*

(2) *Journal des Savants*, 1854, p. 771.

la reine, au détriment de ses adversaires, le cardinal impliquait Augustin dans les agissements reprochés à son frère.

Mazarin va redoublant de surveillance, les moindres incidents sont par lui consignés. « Beauvais, écrit-il, s'est plaint de M. de Guémenée parce qu'il a déclaré qu'il était pour moi. Il fait étalage de son entente avec Brienne (1). »

L'adroit secrétaire d'État était, en effet, à cette heure encore, l'intime allié du grand aumônier. Quant au fils du duc de Rohan-Montbazon, il ne pouvait compter pour un bien sérieux partisan, et M. de Beauvais eût fait plus justement de quereller sa femme, cette très belle et très spirituelle duchesse de Guémenée que Rubens avait proclamée la Vénus de la Cour, qui goûtait médiocrement les Importants, et qui s'était des premières déclarée pour le cardinal. Fantaisie vraiment singulière chez la belle-fille de Mme de Montbazon, chez la belle-sœur de Mme de Chevreuse; mais Retz, qui prétend l'avoir un instant gouvernée, ne parvint pas davantage à la jeter dans les menées de 1648.

Un aussi fidèle et charmant appui n'empêche pas, à la fin de juillet, Mazarin de trembler parfois encore pour son lendemain. La reine, dont pourtant il ne devrait plus douter, s'obstine à garder certains ménagements qui l'inquiètent.

« On me dit que chaque jour Sa Majesté assure particulièrement Beauvais de son affection et s'excuse des

---

(1) 4e carnet, p. 115. *Bove querelato M. di Ghimene perche dicera esser per me. Ostentatione dell'innone sua con Brienna.*

procédés qu'elle a envers moi sur les nécessités de la situation. Ceci est un point si délicat que Sa Majesté doit me pardonner d'y revenir si souvent (1). »

« Sait-on, d'ailleurs, écrivait de son côté Giustiniani, jusqu'à quel point on se peut fier à une femme aussi facile à impressionner (2)? »

Constamment tiraillée entre ses anciennes amitiés et ses sympathies nouvelles, Anne d'Autriche se trouvait, à la vérité, depuis plus de deux mois, dans une condition pénible et délicate, comme disait M. le cardinal. Et le pis était que l'apparence des choses ne laissait guère prévoir un dénouement très prochain.

Mais les héros d'Homère sont seuls capables de s'injurier éternellement sans en venir aux mains : l'explosion suit d'ordinaire la fermentation, et il suffira ici d'un incident minime pour précipiter les événements.

Voici d'abord qu'une nouvelle regrettable va porter à son comble la mauvaise humeur des Importants. « Le mardi soir 28 juillet, c'est le Vénitien qui nous l'apprend (3), un exprès est arrivé de Rome, annonçant la promotion de quinze cardinaux. L'évêque de Beauvais n'en est pas, et la reine, qui désirait sa nomination, qui y comptait peut-être, a témoigné de son mécontentement. La cour, presque sans exception, a vu dans cet oubli

---

(1) *3e carnet*, p. 25. *Mi si dice che ogni di S. M. assicura particolarmente Bove della sua affettione e si sensa delle dimostrationi che fa a me con la necessità. Questo e un punto tanto delicato che S. M. deve compatire se ne parlo spesso.*

(2) *Ambassadeurs vénitiens*, p. 215, verso.

(3) *Ambassadeurs vénitiens*, p. 180. Dépêche du 8 août 1643.

d'Augustin Potier la marque du peu de cas que le Saint-Siège fait de la France, et le juge comme un procédé inqualifiable. Quant au Mazarin, l'ajournement du chapeau de M. de Beauvais ne lui est pas trop désagréable : il souhaite éloigner autant que possible la rivalité qui naîtrait de leur double pourpre. Il est vrai que pour calmer la reine et atténuer l'impression que doit lui causer l'exclusion de son candidat, le Souverain Pontife a fait expliquer à Sa Majesté qu'il réserve *in petto* six cardinaux qui seront bientôt déclarés et que l'évêque de Beauvais sera du nombre.

« Est-ce vérité, est-ce tromperie, comme plus d'un le croit, se demande en finissant Giustiniani, le temps nous l'apprendra..... »

Et son esprit actif ayant travaillé sur ces faits, il dicte le même jour, 4 août, une seconde dépêche où nous lisons ceci (1) :

« Le cardinal Mazarin tient toute la faveur et la direction des affaires..... L'évêque de Beauvais n'a plus ni crédit ni action (2). »

En somme, c'est à l'autorité et à l'influence de Mazarin qu'il faut conclure. Il est supposable qu'un pareil mécompte ne laissa pas Augustin indifférent, mais nous croyons qu'il y était quelque peu préparé.

Cependant, Anne d'Autriche n'a pas voulu s'avouer vaincue, il se peut qu'elle soit désormais assez désenchantée d'Augustin comme ministre, mais elle lui garde

---

(1) *Ibid.*, p. 183, verso.
(2) *Il rescovo di Beove ne e più in alcun credito di maneggio.....*

encore beaucoup d'attachement, et, dès le 7 août, elle a fait signer par le roi la missive suivante (3) :

« Très Sainct Père, la reyne régente, nostre très honorée dame et mère, ayant désiré de Vostre Saincteté qu'il luy pleust d'accorder à sa prière et recommandation le chapeau de cardinal à nostre très cher et bien-aimé cousin l'évesque et comte de Beauvais, pair de France, et son grand aumosnier, elle en avoit fait faire plusieurs instances par nostre ambassadeur, sans que, depuis deux moys, elle ayt pu obtenir cette grâce de Vostre Saincteté, mesme sur l'occasion d'une grande promotion qui a remply quinze places sans que celle de nostre dit cousin ayt esté du nombre. C'est pourquoy nous supplions Vostre Béatitude de considérer en cecy la prière de la reyne, pour laquelle nous vous faisons aussy la mesme, en faveur d'un prélat plein de suffisance et probité, et qui a bien mérité du Sainct-Siège et de cette couronne. Nous avons chargé le sieur de Fontenay, nostre ambassadeur, d'en faire de nouvelles instances à Vostre Saincteté de nostre part, et luy faire entendre que c'est chose que nous affectionnons et que nous aurons beaucoup de contentement, tant pour la satisfaction de la reyne que de la nostre, si cette grâce que nous attendons par une promotion extraordinaire nous estoit bientost accordée par Vostre Saincteté, de laquelle nous espérons qu'elle mettra en bonne considération nos instantes prières et qu'elle

____

(3) Bibliothèque nationale. Manuscrits fonds Clairembault 387, p. 9595,

n'en retardera pas davantage l'effect ; sur cette confiance, nous prierons Dieu, etc. »

A Paris, du 7 aoust 1643.

Mais ce n'est pas tout, de même qu'au 21 juillet, le jeune monarque adresse encore aux cardinaux neveux deux lettres dont nous avons rencontré les minutes à la suite de la précédente.

Elles n'en sont guère que la paraphrase, mais nous les reproduisons néanmoins parce qu'au travers des redites on y voit la note pressante s'accentuer de plus en plus.

Au cardinal Barberin.

« Mon cousin, il y a quelque temps que la reyne, Madame ma mère, ayant eu le désir de voir promeu à la dignité de cardinal mon cousin l'évesque et comte de Beauvais, pair de France, et son grand aumosnier, elle en avait fait faire plusieurs instances à Sa Saincteté et nous en avions aussy escript en sa faveur. Mais comme il s'est passé plus de deux mois durant lesquels s'estant faict une promotion qui a remply quinze places sans que celle de mon dict cousin ayt esté du nombre, j'ay esté surpris voyant qu'une prière de la reyne si affectionnée envers Sa Saincteté n'ayt point encore eu l'effect qu'elle s'en estoit promis. C'est pourquoy, prenant grand inté-rest à tout ce qui est de son contentement, j'ay ordonné à mon ambassadeur de présenter à Sa Saincteté la lettre que je luy escris et de renouveller les instances de ma part comme celle de vous prier aussy de les accompagner de vos bons offices à ce que mon dict cousin soyt esleu au cardinalat par une promotion extraordinaire et que cette grâce, si fort attendue, ne soit plus longtemps différée. Et me promettant de vostre affection que vous contribuerez autant que vous le pourrez à la satisfaction de la reyne qui sera la mienne en cette occasion je prieray Dieu qu'il vous ayt, etc. »

Puis celle-ci :

Au cardinal Anthoine :

« Mon cousin, les instances qui ont esté faictes il y a longtemps à Sa Saincteté pour accorder à mon cousin l'évesque et comte de Beauvais le chapeau de cardinal, à la prière et recommandation de la régente, Madame ma mère, n'ayant produit encores aucun effect, et ayant veu une promotion abondante de cardinaux sans y avoir esté compris, je me suis estonné et ay pris sujet d'en escrire à Sa Saincteté et de charger mon ambassadeur en luy présentant ma lettre de luy faire de nouvelles instances de ma part, que je vous prie aussy de vouloir accompagner de vos bons offices, à ce qu'une grâce si désirée ne soit plus longtemps attendue, et qu'un sujet si digne et qui a bien mérité du Saint-Siège et de cette couronne soit esleu au cardinalat par une promotion extraordinaire. Et comme c'est chose qui touche le contentement de la reyne et le mien, je veux croire de vostre affection que vous y contribuerez bien volontiers, et que vos soings en cela produiront bientost l'effect que nous en espérons, priant Dieu qu'il vous ayt, mon cousin, en sa saincte garde. »

Escript à Paris, le VIIe jour d'aoust 1643.

Vit-on jamais requête poursuivie avec plus d'insistance, désir plus affirmé, plaintes et déplaisir soulignés plus nettement? En vérité, quand on pense aux ménagements dont s'enveloppent d'ordinaire ces sortes de communications, quand on songe que les trois lettres ci-dessus portaient le seing du roi de France, et qu'il ne s'agissait en somme que d'un bonnet de cardinal, on ne sait de quoi s'étonner davantage, ou de l'inefficacité ou de la persistance d'un aussi solennel effort.

Cet insuccès, nous en avons déjà recherché les principales causes, mais il convient d'y ajouter désormais les manœuvres secrètes de M. de Mazarin. « Il avoit, d'après Brienne (1), assuré M. de Beauvais de vouloir contribuer à son élévation, mais, reconnaissant que ce prélat avoit un petit génie il le méprisa dans la suite. » Ce qui est avéré, et l'on en trouvera plus loin la preuve, c'est que les amis qu'il entretenait à Rome avaient mission de neutraliser sous main les instructions qu'officiellement il expédiait à Fontenay. Le procédé est bien dans sa manière. Quant à la passion singulière que mettait la reine au service d'Augustin, on se demande vraiment, à voir cet excès de bienveillance, si Sa Majesté ne cherchait pas à se tromper elle-même, peut-être à s'excuser à ses propres yeux sur la nouvelle inclination qui l'entraînait. L'hypothèse n'a rien d'improbable, et il pourrait y avoir là une sorte d'arrangement de conscience assez féminin.

Mais nous ne saurions nous attarder à cette psychologie non plus qu'aux effets problématiques de la prose royale. Un orage gros de menaces vient d'éclater parmi la cour : l'imprudente malice d'une coquette l'a déchaîné,

____

(1) *Mémoires de Brienne*, t. II, p. 183.

et chacun sent en lui comme l'avant-coureur d'une crise attendue, inévitable et, pour tout dire, désirée.

La cour d'Anne d'Autriche n'était assurément ni ennuyeuse, ni sévère; elle gardait toutefois un cachet de réserve et de calme qui rendait bien autrement plaisant, libre et agréable le cercle de Mmes de Chevreuse et de Montbazon. Celle-ci avait épousé le père de celle-là; toutes deux étaient à peu près du même âge, quarante ou quarante-deux ans, et toutes deux séduisantes au même degré par des moyens différents. La vie aventureuse, les conquêtes, les grâces, l'esprit de Marie de Rohan sont assez connus; avec une beauté moins distinguée, mais vigoureuse et provocante, sa jeune belle-mère n'excitait pas des passions moins ardentes. De ses amants, le duc d'Enghien était un des plus récents et de beaucoup le plus illustre. Rocroy faisait de ce héros de vingt-deux ans un demi-dieu vers qui tous les cœurs avaient volé : point de caresses que la reine ne lui ait faites pour l'attacher étroitement à ses intérêts, mais vain et frivole comme on l'est à son âge, il alla du côté de la flatterie et de l'amour, s'attacha à Mme de Montbazon qui le traita bien et se trouva ainsi tout d'abord lié au parti des Importants.

Sa sœur, la charmante Anne de Bourbon, était une des étoiles de ce cercle, au grand déplaisir de la duchesse, jalouse de sa jeunesse et de son éclat, froissée des transports que son entrée dans le monde venait d'exciter, surtout dépitée, en femme pratique, de son récent mariage avec le duc de Longueville que Mme de Montbazon avait tenu à ses pieds jusque-là, et dont elle tirait de gros avantages.

Un des premiers jours d'août, dans les salons de la
rue Barbette, deux billets galants sont ramassés par un
valet, remis aussitôt à la compagnie, lus et commentés
à belles dents. Justement Mme de Longueville venait de
se retirer; la duchesse de Montbazon s'écrie que ces
lettres sont d'elle, et sans doute adressées à Maurice de
Coligny qu'on croyait lui appartenir. Calomnie pure, si
nous allons au témoignage de Mlle de Montpensier (1)
qui les donne *in extenso* et affirme qu'elles étaient de
Mme de Feuquerolles au beau Maulévrier, lequel, inquiet
de les avoir si maladroitement perdues, aurait supplié son
ami La Rochefoucauld de s'entremettre pour assoupir
l'affaire.

Quoi qu'il en soit, il s'en fait grand tapage au Louvre
et par la ville; la cabale n'ayant rien eu de plus pressé
que de répandre en tous lieux l'aventure. L'orgueilleuse
mère de l'héroïne, Mme la princesse, plus soucieuse peut-
être du bruit que de la chose, ne veut voir là rien moins
qu'une injure à la famille royale, et demande « si l'on
met sa fille en balance avec la petite-fille d'un cuisi-
nier (2) ».

Du coup, Enghien lâche les Importants pour soutenir
l'honneur de sa sœur. Beaufort se déclare le champion
de Mme de Montbazon dont il est épris; le duc de Guise
en fait autant pour le même motif; la cour se partage et
l'on voit tous les gentilshommes offrant leur épée, qui à
celui-ci, qui à celui-là. La cabale s'agite et menace, mais

---

(1) *Mémoires de Mlle de Montpensier*, t. 1er, p. 76-78.

(2) Mme de Montbazon était fille de Mme de Vertus, fille elle-
même de la Varenne, maître d'hôtel de Henri IV.

ses efforts demeurent vains, car la régente, ennuyée de cet éclat, se décide enfin, sur les conseils du cardinal, à visiter Mme de Longueville et ordonne que son accusatrice lui fera de publiques excuses. Mazarin en règle même le cérémonial avec plus de peine que s'il se fût agi de conclure quelque traité. A jour dit, Mme de Condé réunit une grande assemblée devant laquelle la duchesse s'en vient lire, d'un air impertinent, quelques phrases convenues d'avance; Mme la princesse répond des douceurs sur un ton aimable et l'on se sépare plus ennemies que jamais. C'est ce que M. de la Châtre appelle « l'amende honorable de Mme de Montbazon ».

Mais voici que, sous prétexte d'éviter de nouvelles scènes, la reine fait en outre défense à celle-ci de demeurer dans les réunions où se trouvera Mme la princesse. C'est ajouter encore au triomphe des Condé, et comme chacun sait qu'ils y ont été soutenus par Mazarin, les Importants ont aussi la mesure de l'ascendant conquis par ce dernier. Tout leur conseillerait donc de redoubler de prudence, et nous les voyons, au contraire, accumuler faute sur faute : les événements vont marcher vite.

Mme de Chevreuse, dans un but d'apaisement, a sollicité et obtenu de la reine la permission de lui offrir une fête champêtre au jardin du Renard. « Il y avoit, nous dit Joly, à l'intérieur du jardin des Tuileries (1), une maison qu'on appeloit de Regnard. Ce Regnard avoit esté laquais de l'évesque de Beauvais, puis son valet de chambre. Comme il entroit au Louvre par le moyen de

---

(1) Au bout, avant la porte de la conférence, c'est-à-dire à gauche de la place Louis XV.

son maistre, il estoit accoustumé de présenter tous les matins un bouquet à la reyne qui aimoit les fleurs. Ces petits présents estant bien reçus, Regnard obtint de Sa Majesté quelques récompenses, et entre autres la jouissance d'une partie des Tuileries. Il y bâtit une maison et l'embellit si bien que ce lieu devint un réduit pour les personnes de la plus haute qualité. On s'y divertissoit, on y jouoit et souvent mesme on y tenoit des conférences sur les affaires du temps. »

Mme de Montbazon voit dans cette fête une occasion favorable à se rapprocher de la reine et prétend aider sa belle-fille à en faire les honneurs, ce qu'apprenant, Mme de Condé offre de n'y point aller pour ne pas gêner les plaisirs de Sa Majesté. Bien loin d'y consentir, Anne fait dire à la duchesse de se trouver mal et de se retirer; mais celle-ci, s'excusant de ne pas obéir, la reine, piquée, refuse net la collation, exile dès le lendemain la rebelle à sa maison de Rochefort et même éloigne Mme de Chevreuse qu'elle rappelle d'ailleurs quelques jours après.

Est-il besoin de dire si les Importants s'irritent de ces humiliantes disgrâces. Les plus avisés d'entre eux sentent bien la faiblesse présente de leur parti, et sondent l'avenir d'un regard triste et inquiet; Alexandre de Campion adresse à M. des Resvintes ces lignes d'un sentiment assez délicat (1) :

« Je crois que vous ne ferez pas long séjour ici après moy; ce qui arriva hier regardant aussy bien M. de Beau-

---

(1) *Lettre d'Alex. de Campion à M. du Parc Ronsenay*, p. 393, lettre LXXIX.

vais comme nous. Je me persuade qu'il aura l'ordre d'aller à son évêché, et comme vous n'estes ici que pour luy estant son proche parent (1), vous prendrez à mon advis le chemin des Resvintes.....

» Cependant je vous conjure d'asseurer M. de Beauvais que je suis son très humble serviteur. Il voit bien que s'il nous avoit creus, M. de Beaupuis et moy, qui ne voulions pas qu'il entrast dans le Conseil, nous n'en serions peut-être pas où nous en sommes; mais le grand nombre l'emporta. Enfin le passé ne se rappelle point, et il n'est pas de bonne grâce de faire souvenir les amis des faultes qu'ils ont faictes lorsque c'est utilement. Aussy n'ay-je autre desseing que de conserver la part qu'il m'a promise dans son amitié..... »

A Paris ce ..... d'aoust 1643.

L'auteur de cette lettre avait raison : l'heure des évêques et des dévots était passée : les politiques leur avaient un instant laissé le champ libre; mais, sous le coup des derniers incidents, les hommes d'action allaient rentrer en scène.

Un grand malheur, éclairé d'une grande gloire, parut cependant sur ces entrefaites devoir ramener pour quelques jours au moins toute la bienveillance de la

---

(1) Alex. de Campion fait M. des Resvintes proche parent d e M. de Beauvais à qui il paraît s'être attaché après la mort de Richelieu. Nous sommes sans aucun renseignement sur cette alliance. C'était au demeurant un gentilhomme d'une bonne maison originaire du pays chartrain, assez riche, bien fait et très aimable, parent de Campion; il épousa Mlle de Fontaine, fiancée d'abord à Henri de Campion.

reine vers Augustin Potier: son cousin, le marquis de Gesvres, venait de mourir devant Thionville (1) et la France entière avait pleuré ce jeune héros si plein de mérite, de services et d'espérances. Notre prélat en ressentit beaucoup d'affliction et comprit alors mieux que jamais toute l'inanité des grandeurs de ce monde.

Mais rien ne peut plus rendre aux Importants les bonnes grâces de la régente : ils l'ont importunée ; elle les redoute, elle en est lasse (2).

Tout ce qu'ils ont tenté pour faire chasser Mazarin s'est retourné contre eux-mêmes. « Le cardinal s'establissoit tous les jours auprès d'elle par sa propre industrie et par celle de ses amis. » C'est la Rochefoucauld qui écrit cela (3).

Et que nous dit encore Montglat (4)?

« MM. de Liancourt, Mortemart, Beringhem, Montaigu représentoient à la reine qu'elle ne devoit regarder que le bien de l'Estat et de ses enfants; qu'elle s'estoit mise entre les mains de gens ignorants qui n'y entendoient rien, qu'à la fin tout périroit et retomberoit sur elle..... La princesse de Condé n'aimoit pas les Importants et travailloit à les ruiner..... La vérité estoit que la reyne n'avoit aucune connaissance quand tout le faix des affaires luy tomba sur les bras et qu'elle s'en voulut descharger sur l'évesque de Beauvais qui n'en estoit pas capable, et comme elle avoit de l'esprit, elle le reconnut

---

(1) Ce fut le 4 août 1643. Cette place, une des plus fortes de l'Europe, se rendit le 10 août.

(2) *Mémoires de Montglat*, p. 141.

(3) Collection Petitot, LI, p. 373.

(4) *Mémoires de Montglat*, p. 141.

bientost, car elle voyoit qu'il ne sçavoit que répondre à toutes les dépesches qui luy venoient de tous costés. Tellement qu'elle se trouvoit contraincte d'en demander advis au cardinal qui luy résolvoit les affaires aussitost. Cela l'accoustuma dans les affaires épineuses à le consulter plutost que luy ; et ainsy la créance du cardinal augmenta insensiblement près d'elle et celle de l'évesque diminua !..... »

C'est presque identiquement ce que notait de son côté Mme de Motteville, écho toujours fidèle des sentiments d'Anne d'Autriche. « L'évesque de Beauvais ne soutenoit pas les affaires avec la force et la capacité qu'un premier ministre doit avoir. La reyne n'estoit pas satisfaite de l'évesque de Beauvais. L'évesque de Beauvais diminuoit de puissance à mesure que celle de son compétiteur augmentoit (1). »

« Ce prélat estoit un homme de bonnes mœurs et propre à conduire un diocèse, mais il n'entendoit rien aux affaires d'Estat. Et l'on peut juger de l'étendue de son esprit sur ce qu'il s'estoit vanté qu'il viendroit à bout de ces affaires aussi facilement que de gouverner ses curés. » Aussi « ayant fait connoistre en diverses rencontres son peu de capacité, il donna à son ennemi tous les avantages qu'il pouvoit prétendre sur luy (2). »

« Il se montra ridicule et incapable, ajoute la princesse Palatine (3), et le cardinal l'attira vers luy toute

---

(1) *Mme de Motteville, passim.*
(2) *Mémoires de Brienne*, t. II, p. 37 et 206.
(3) *Mémoires d'Anne de Gonzague, princesse Palatine*. Édit de 1789, p. 59.

l'autorité, sans qu'on s'en doutât en quelque sorte. »

« Je voyois, dit enfin le prince de Marsillac (1), je voyois diminuer la confiance que la reyne avoit eue pour le duc de Beaufort et pour l'évesque de Beauvais. »

Voilà certes entre ces divers chroniqueurs un unisson tout à fait admirable. A cette heure, le pauvre Augustin est battu en brèche de toutes parts; on le sait à la fois très vulnérable et peu offensif, et l'on s'efforce à l'envi de l'accabler pour ruiner plus sûrement la cabale. Et Mazarin qui commence dès lors à venir les soirs chez la reine et « d'avoir avec elle de grandes conférences » (2) en profite pour amuser ou irriter Sa Majesté aux dépens de son compétiteur.

Tantôt, à l'entendre, M. de Beauvais avait avancé que « la France n'était pas plus difficile à gouverner qu'un diocèse », tantôt (3) il aurait dit que « pour qu'il ne restât pas trace du cardinal de Richelieu, il voudrait que, la paix faite, on rétablît toutes choses dans leur premier état ». A quoi ce bouffon de Bautru aurait répondu « qu'il conviendrait a lors aussi de relever La Rochelle et d'autres places abattues ».

Une autre fois, Mazarin raconte à sa noble maîtresse qu'il est averti que l'évêque de Beauvais et M. de Noyers s'écrivent plusieurs fois chaque jour, qu'ils ont une correspondance très bien organisée et que, quand les affaires sont d'importance à ne se pouvoir confier à

<hr>

(1) *Collection Petitot*, l. I, p. 373.

(2) *Mémoires de Mme de Motteville.* Édit d'Amsterdam 1750, t. Ier, p. 137.

(3) *3e carnet.* p. 33. Voir aussi à ce propos le *Mercurio de Vittorio Siri*, t. III, p. 739.

la plume, c'est Mme de Flavacourt qui se rend en personne de l'un à l'autre (1).

On allait jusqu'à reprocher à Augustin son désintéressement, sa droiture, et c'est ainsi que Dreux du Radier écrivait (2) :

« Les fautes de l'évesque de Beauvais en ce qui concernoit ses intérêts personnels avoient frappé toute la cour. » On aurait dû lui reprocher surtout son dévouement trop aveugle et « sa trop grande créance de l'inclination de la reyne pour luy (3) ».

C'est par là que, comme Châteauneuf, « il se perdit insensiblement », et aussi par le peu de cas qu'il fit assez longtemps de la valeur du cardinal. « Il ne l'estimoit point, assure la Châtre (4), et disoit qu'il n'estoit point habile homme puisqu'il n'entendoit pas les matières bénéficiales ni les finances, parties véritablement fort nécessaires pour un grand ministre. »

Anne d'Autriche est d'un autre avis : entre les deux rivaux son choix est fait, et si elle hésita longtemps à se déclarer, peut-être à se l'avouer à elle-même, elle n'y mettra plus désormais tant de façons. Le cardinal, selon M. Cousin, ne se précipitait jamais mais avançait toujours. Il a si bien cheminé qu'il est maintenant et sans conteste le maître de la place.

---

(1) 7e *carnet*, p. 23. Ce pauvre Noyers briguait alors la première présidence ou l'ambassade d'Angleterre, mais il devait mourir avant d'avoir rien obtenu.

(2) DREUX DU RADIER, *Mémoires sur Anne d'Autriche*, t. VI, p. 155.

(3) *Mémoires de la Châtre*, p. 288.

(4) *Ibid.*

« Mazarin se soutient en pleine faveur et en pleine
confiance ! » écrivait Giustiniani à la date du 11 août (1);
manifestement depuis une semaine ou deux, notamment, depuis l'aventure Montbazon, sa prépondérance
s'est affirmée.

Dorénavant M. de Beauvais ne lui fera plus « ni grand
mal, ni grand peur (2) », et la sécurité perce dans cette
note. Longueville prétend que Sa Majesté a dit à Bailleul
et à Mᵐᵉ la princesse que « Beauvais était un bon prélat
mais incapable d'affaires (3) ».

La reine maintenant en effet le jugeait plus froidement,
sans illusion; avec Gourville, elle estimait « qu'il n'avoit
ni principes de gouvernement, ni aptitudes pour les
acquérir (4) », elle s'était aperçue avec La Rochefoucauld
qu' « il croyoit tout facile, décidoit, tranchoit et ne se
doutoit pas qu'il y eût une marche à suivre et des expédients pour en assurer le succès (5) »; avec tout le
monde elle voyait bien qu'il « n'avoit aucun des talents
nécessaires pour se soutenir à la cour (6) ».

Malgré tout, elle semble tenir beaucoup encore à lui
faire donner le chapeau. C'est une consolation qu'elle lui
ménage sans doute, et voici ce qu'une fois de plus elle
mande à Rome pour cet objet.

---

(1) *Ambassadeurs vénitiens*, p. 193.
(2) Aubery, *Histoire de Mazarin*, t. II, p. 213.
(3) 3ᵉ carnet, p. 10. *Longavilla che S. M. haveva detto a Baliolo
et a Madama la principessa che Beve era un buon prelato ma
incapace d'affari.*
(4) *Mémoires de Gourville*.
(5) *Mémoires de La Rochefoucauld*.
(6) Mézeray, t. XII, p. 185.

A mon cousin, le cardinal Barberin.

« Mon cousin, mes lettres précédentes vous auront si bien faict conoistre avec quelle affection j'ay demandé à Nostre Sainct-Père, la dignité de cardinal pour mon cousin l'évesque de Beauvais, mon grand aumosnier, que je me contenteray de vous dire que vous me témoignerez une parfaicte bonne volonté de le protéger de sorte, par vos bons offices près de Sa Saincteté qu'elle le nomme au plus tost cardinal, soit en remplissant les six places qu'elle s'est réservée, soit en le déclarant en particulier, comme il se peut faire aisément et se pratique assez souvent; je n'auray moindre contentement que mon dict cousin d'une grâce que je luy auray procurée et vous assureray aussy que la satisfaction que j'en auray par vostre moïen me donnera sujet d'estre plus que jamais.

« Vostre bonne cousine,

» ANNE. »

A Paris, ce 18 aoust 1643 (1).

Et ceci toujours à la même page :

Monsieur le marquis de Fontenay.

« Nostre Sainct-Père s'étant réservé à la dernière promotion de renommer encore six cardinaux, lesquels il déclarera estre de sa création de ces jours passés, j'ay escript à mon cousin le cardinal Barberin pour le prier de s'employer près de Sa Saincteté pour faire que mon cousin l'évesque de Beauvais, compris sans doute dans

---

(1) Bibliothèque Richelieu, fonds Clairambault 387, f° 992 r.

le nombre, soit promptement déclaré cardinal, soit en remplissant les six places qu'elle s'est réservée, soit en le déclarant en particulier comme il se peut faire aisément et se pratique assez souvent. Je vous faicts ces lignes à mesme fin et pour vous donner ordre de luy parler de ma part avec touttes les instances les plus expresses que vous pourrez. Ce que m'asseurant que vous ferez comme je le désire, je prie Dieu, etc., etc..... »

Par malheur, ces lettres se sont croisées en chemin avec une dépêche de l'ambassadeur, datée du 13 août, et toute remplie de difficultés et de doléances (1).

Le Barberini dont Urbain VIII subit de plus en plus la domination vient de changer le commandant général des troupes; il accorde des avantages aux Espagnols, il fait courir des bruits contraires aux vues de la France et « ne se portera à la paix que par grande nécessité. » M. de Fontenay se plaint aussi « d'une injure faite en la personne d'un de ses estaffiers », dont il est important qu'il tire satisfaction. Enfin « pour ce qui est de M. de Beauvais, il ne croit pas rien faire jusques à ce qu'on ayt tesmoigné de la part de Sa Majesté de très grands mescontentements et qu'on ne les ayt faict cognoistre au cardinal neveu (2) ».

C'est là un contretemps bien fatal, car l'ascendant de Mazarin est absolu désormais, il en a pleine conscience, il voit son adversaire perdu sans ressource et ne per-

<hr>

(1) Bibliothèque Richelieu, manuscrits Clairambault 386, f° 9423 et suiv.

(2) *Ibid.*, 387, p. 9797.

mettra plus de nouvelles instances. Il est clair que ses affidés n'ont cessé depuis longtemps de contrarier sous main à Rome les démarches de la reine. Rien n'a plus contribué à les rendre vaines; leur insuccès sans cela ne s'expliquerait qu'à demi, et, selon toute apparence, le même courrier qui portait à Fontenay l'ordre de réussir devait remettre à Bentivoglio, à Barberin, à Bichi la prière de tout empêcher. Certes, l'audace était grande de trahir à ce point les intentions de Sa Majesté; toutefois, il faut accorder que c'était au fond d'assez bonne guerre; la pourpre n'eût pas été sans ajouter à la surface d'Augustin, et tant qu'il semblait redoutable on pouvait vouloir ajourner la réalisation de ses espérances. Mais comment en serait-il encore de même à présent que Mazarin se sait le maître, et quel ombrage cette promotion lui donnerait-elle s'il avait dans le caractère quelque peu de générosité? Cependant il veut qu'à tout prix elle soit révoquée. « Ce fut pour lors, a dit Brienne (1), que parut l'aversion que le cardinal avoit pour l'évesque de Beauvais », et le 23 août, cinq jours après ce qu'on vient de lire, il faisait signer à la régente la stupéfiante dépêche que voici :

Monsieur le marquis de Fontenay.

« Je ne sçaurais mieux vous témoigner comme je vous estime qu'en me confiant à vous d'une affaire que je ne veux estre sceue d'homme qui vive que de vous; aussy ai-je fait escrire au hault de cette lettre que vous la déchiffreriez vous-même et j'adjouste que la response

---

(1) *Mémoires de Brienne*, t. II, p. 206.

sera aussi faicte de ma main. Car l'object est bien différent de celui de plusieurs que vous avez receues de moy
depuis la mort du roy, mon seigneur, par lesquelles je
vous ordonnois de presser le Pape à ce qu'il accordât le
chapeau de cardinal à l'évesque de Beauvais, puisque
maintenant je demande qu'il diffère. Je désire que vous
mesnagiez vostre conduitte à ce que je vous escris, avec
tant de circonspection que cecy soit en grand secret et
que, mesme s'il se peult, le Pape ne le pénètre, mais seulement qu'il infère de vos gestes et de vos paroles, luy
rendant des lettres pour l'y disposer, qu'il peult, sans
mesfaire, tarder. Et voyez à quel point des raisons de
l'Estat m'engagent et quelle est la passion que j'ay pour
son bien que je veux que sy vous trouviez les choses sy
disposées sur les instances qui en ont été faictes et sur
les lettres que le cardinal Mazarin peult avoir escrittes,
que ledit de Beauvais feût en ferme d'être proclamé cardinal, qu'en ce cas vous ayez à déclarer que j'ay changé
de volonté et qu'il a fallu que je fasse violence à la
mienne, pressée par tant de raisons et considérations
très importantes, qu'il faut que je m'y conforme. Encores
une fois, j'adjouste que je désire que vous esvitiez de
venir à cette extrémité et que vous ne laissiez pénétrer
que je vous l'ay commandée que quand vous esclaterez.
Je prie Dieu..... »

Ce 23e d'août 1643, à Paris (1).

Que penser de ce morceau? Sont-ce pas là les instructions les plus embarrassées qui se puissent voir; avec

---

(1) Bibliothèque Richelieu, manuscrit Clairambault, 387, f° 10635.

des tournures cauteleuses qui sentent leur italien d'une lieue. C'est qu'il est assez malaisé en effet, de se déjuger ainsi sans cause avouable et que *la raison d'État* toute sèche est un argument de pauvre figure. Si du moins, dans ce laps de cinq jours, quelque incident s'était produit, s'il avait surgi quelque difficulté apparente ou réelle entre Augustin et la régente ou ses ministres! Mais point; seulement M. de Mazarin venait de se sentir enfin la velléité d'essayer ses forces; sa victime était tout indiquée, et la reine serait d'autant mieux asservie qu'il aurait obtenu d'elle une concession plus déshonorante. Il n'y a nulle autre explication de ce revirement et de cette dépêche dont la minute est de l'écriture très connue du cardinal; une autre plume, celle de M. de Brienne, croyons-nous, a tracé ceci en tête de la page :

Lettre qui a esté toute chiffrée de ma main et ordre à M. l'ambassadeur de la deschiffrer de la sienne.

On ne saurait envelopper de trop de précautions une aussi ténébreuse affaire : il peut y avoir encore quelques ménagements à garder, mais la volonté de Mazarin est bien arrêtée et pour en mieux assurer l'exécution il ajoute immédiatement l'ordre que voici :

« Une autre lettre à M. le marquis de Fontenay qui die que j'ay veu par celle en chiffre l'intention de la reyne, que je luy escris encore celle-cy qu'il pourra faire voir au Pape, au besoin, et que sy il juge qu'il faille quelque chose de plus pour faire entendre ce dont on luy escrit, qu'il dépesche promptement ce courrier pour qu'aussitost on en fasse partir un qui luy portera les dépesches qu'il aura demandées. »

Au dos, cette nouvelle suscription par Brienne :

*Lettre de la reyne à M. de Fontenay toute chiffrée
de ma main qu'il a eu ordre de deschiffrer de la sienne
sur le sujet de M. de Beauvais.*

Il semblait que les choses devaient être ainsi suffisamment réglées et pourtant Mazarin ne s'en tient pas encore là. Sans doute, la nuit du 23 au 24 août lui aura procuré sur ce sujet quelque pénible cauchemar. Vraiment si d'aventure l'ambassadeur allait exagérer par trop la réserve qu'on lui a enjoint d'observer tout d'abord, si, au milieu de ces allées et venues de courriers, le Saint-Père, imparfaitement averti, s'avisait de déclarer tout à coup M. de Beauvais, ne serait-ce pas désolant? Cette éventualité est peu probable, mais possible cependant, et l'on voit même que si Marescot (1) ne s'était attardé à Florence pour son plaisir, la nomination se serait faite. Il faut sans le moindre délai parer à ce danger, et un nouveau courrier se précipite sur les traces du premier, porteur de la lettre suivante, toujours de l'encre de Brienne :

« Très Sainct Père,

» Nous avons cy-devant tesmoigné désirer de Vostre Saincteté qu'il luy plust à nostre prière et recommandation accorder le chapeau de cardinal à nostre cher et bien-aimé cousin l'évesque et comte de Beauvais, pair de France. Maintenant, au lieu de faire continuer nos instances par le sieur marquis de Fontenay, nostre ambassadeur, nous l'avons chargé de rendre celle-cy à Vostre

____

(1) HERMANT, p. 2039.

Saincteté que nous luy faisons d'après l'advis de la reyne régente, nostre très honorée dame et mère, pour lui dire que plusieurs raisons et considérations nous obligent présentement à déclarer à Vostre Béatitude que nous avons changé de dessein et que nous la supplions de différer cette grâce pour quelqu'autre occasion, ainsy que vous fera plus particulièrement entendre de nostre part nostre dict ambassadeur, auquel, nous remettant, nous prions Dieu qu'il veuille garder et conserver Vostre Saincteté longues années pour le bien et utilité de son Église. »

Escript à Paris, le XXIIIIe jour d'aoust 1643 (1).

Après cela, plus rien à redouter ce semble. Il n'est ici parlé, à la vérité, que de différer la promotion, mais on lira entre les lignes, et Augustin Potier peut bien renoncer désormais à l'espoir d'une dignité qu'il a presque tenue, car, pour que la mesure soit comble, pour que le prélat soit irrémédiablement détruit auprès du Saint-Siège, voici ce que, dans une note très confidentielle, Mazarin mande à ce cardinal Bichi, son confident et son ami, qui devait négocier pour la France, entre le Pape et le duc de Parme, la paix intervenue en 1644.

Capitolo da decifrarsi dal signor cardinale Bichi medesimo!

« Chapitre à déchiffrer par M. le cardinal Bichi lui-même (2).

------

(1) Bibliothèque Richelieu, manuscrit 387, fo 10037.

(2) Manuscrit de la Bibliothèque Mazarine, no 1719, t. IV, fo 1883, recto. Nous empruntons cette traduction, ne pouvant avoir la pré-

« J'ai bien réfléchi à tout ce que Votre Éminence m'a écrit sur le sujet de M. de Beauvais, et, voyant que, malgré les avances que je lui ai faites pour obtenir son amitié et son affection et malgré les ordres réitérés que lui a donnés la reine de vivre bien avec moi, il fait tout le contraire et en termes pleins de malignité qui découlent de la croyance que j'occupe sa place et qu'il est le seul capable de bien gouverner ce royaume, j'ai été forcé de changer de manière d'être avec lui et de ne pas détromper la reine quand elle m'a fait des plaintes sur ledit évêque et qu'elle m'a déclaré qu'elle le trouve bien différent de ce qu'elle l'avait cru. Son intérêt à lui (1) le porte à faire tout son possible pour être, par le moyen du cardinal Grimaldi (2), considéré par le Pape et par le cardinal Barberini comme le prélat le plus zélé de France pour le Siège apostolique; mais Votre Éminence, par le moyen de Monseigneur son frère, pourrait insinuer, sans s'écarter de la vérité, ce qu'elle en croit et en sait; il ne serait pas mal que Votre Éminence en parlât adroitement au cardinal Antonio et à Sarragallo.

» En attendant, on écrit au marquis de Fontenay de travailler sans affectation à faire retarder la promotion

tention de mieux faire, au premier volume, p. 312 et suiv., des lettres du cardinal qu'a publiées M. A. Chéruel.

(1) *Il suo interesse lo porta a fare tutto il possibile affinche..... sia considerato dal Papa e cardinale Barberini come il piu zelente prelato che habbia la sede apostolica in Francia; ma Vostra Eminenza potrebbe insinnare senza appartarsi della verità quello che ne crede e ne sa.....*

(2) Le cardinal aurait voulu venir en qualité de nonce à Paris, mais Mazarin, qui le savait favorable à Potier, le dessert auprès de Bichi dans une autre lettre.

dans le cas où il la verrait prochaine ; on lui envoie les ordres nécessaires pour tous les incidents qui pourraient survenir. Mais le marquis ne saura pas que j'ai eu connaissance de cette dépêche. »

Se peut-il rien ajouter à la douce perfidie de cette lettre ? M. de Beauvais, à tort ou à raison, a repoussé les avances du cardinal, nous le savons déjà, et aussi que la reine est maintenant désenchantée de son grand aumônier ; mais que dire de cette insinuation touchant le zèle d'Augustin pour le Saint-Siège ? Ah ! l'habile ministre connaissait de reste tout le prix d'une calomnie bien placée, il pénétrait dans les sentiments de la Curie romaine et ne doutait pas qu'un pareil soupçon une fois introduit ne devînt le meilleur obstacle contre un retour quelconque de la faveur pontificale.

L'équité veut cependant que nous fassions en passant certaine remarque plus favorable à M. de Mazarin. Le premier volume de sa correspondance (1) va de 1642 à 1644, enfermant par conséquent toute la période relative à la cabale des Importants : il contient 563 lettres, et celle que l'on vient de lire est la seule où le cardinal parle de M. de Beauvais, de ce rival dont il fut plusieurs mois occupé, dont le nom est à chaque page de ses carnets, et qui, dans les premiers temps, menaça si sérieusement sa fortune. N'y a-t-il donc pas lieu de le louer de faire si peu paraître aux gens, même à ses dévoués, les discordes intérieures du Cabinet et de ne les entretenir que des affaires du royaume ?

____

(1) Publication de M. A. Chéruel.

Au travers de ces incidents, que deviennent, que trament, que font nos Importants? On ne suppose pas qu'ils soient devenus plus calmes ni qu'ils songent à désarmer. Leur passion n'a fait, au contraire, que grandir et s'échauffer davantage; il y a parmi eux comme une avant-garde d'hommes énergiques, toujours prêts aux complots, voire aux coups de main, esprits absurdes, cœurs généreux, tout pleins de la vieille Rome et de Brutus, également exaltés par leurs chimères et par leurs amours. Montrésor, Fontrailles, Fiesque, d'Aubijoux, Beaupuis, Saint-Ybar, Barrière, Varicarville, etc., n'ont de commun avec le *parti des évêques*, dont Augustin est le chef, que la haine de Mazarin.

Beaufort a pris au tragique l'exil de Mme de Montbazon, sa maîtresse, et en accuse hautement le cardinal. Brusque, dépité, provocant, il en use avec la reine elle-même fort peu respectueusement et achève ainsi de l'irriter. La crise est arrivée à l'état aigu. Autour des Vendôme, on semble résolu à se défaire de celui qu'on n'a pu renverser, on prétend le traiter comme a fait Luynes de Concini, et l'on aurait avec soi le peuple écrasé d'impôts et anxieux de la paix, les parlements qui veulent n'être plus menés à la façon de Richelieu, le haut clergé et la noblesse, jaloux de recouvrer leur indépendance; on aurait, outre les Vendôme, les Guise, les Bouillon, les La Rochefoucauld, tous ennemis d'un favori étranger, sans fortune, sans famille, et encore sans gloire; on aurait enfin Gaston, toujours facile à retourner, et même le prince de Condé qui irait aux plus forts.

Mazarin, renseigné par d'adroits agents, se montre justement alarmé.

« Il est certain, note-t-il (1), que les Importants con-
tinuent à se réunir au jardin des Tuileries (chez Renard,
sans doute) et concluent toujours que, s'ils ne peuvent
me détruire par l'intrigue, ils tenteront d'autres moyens. »
L'existence de ce complot a été positivement niée par
MM. de La Rochefoucauld et de Retz, mais leur intérêt
les y poussait peut-être et les mémoires d'Henri de
Campion (2) sont venus lever tous les doutes à son
égard. M. de Beaufort en était le chef et avait avec lui
Mmes de Montbazon et de Chevreuse, Alexandre de Campion qui pouvait bien être alors le successeur du pauvre
Chalais dans les bonnes grâces de cette dernière, son
frère Henri de Campion, Beaupuis, Lié, capitaine des
gardes de Beaufort, et Brillet, son écuyer. D'autres gentilshommes et domestiques de la maison de Vendôme
devaient participer à l'action, mais ne reçurent aucune
confidence.

Pour si gardé que fût le secret, il y avait dans l'air
comme une vague inquiétude, et l'envoyé de Venise,
toujours à l'affût des menées de la cour, écrivait dans
ces heures même à la sérénissime République (3) :

« L'antagonisme, l'envie, se rallument chaque jour
plus violemment contre le cardinal et on travaille à sa
ruine. »

En effet, après plusieurs occasions cherchées et man-
quées dont Campion nous fournit le consciencieux détail,
une embuscade est à la fin préparée. Mazarin allait

---

(1) 2e carnet, p. 76.
(2) Publiés par le général GRIMOARD en 1862.
(3) *Ambassadeurs vénitiens*, p. 215.

chaque soir chez la reine et en sortait assez tard. On arrête de l'égorger sur le quai, entre le Louvre et l'Hôtel de Clèves, dans la nuit du 1ᵉʳ septembre 1643. Mais le ministre est sur ses gardes; prudemment, il s'est tenu renfermé chez lui, puis le lendemain, de grand matin, il répand par la ville le bruit de l'attentat, soulève l'opinion contre les conjurés d'autant plus aisément que leur coup a manqué, et fait triomphalement son entrée dans le Louvre escorté de 300 gentilshommes.

Il eut alors avec Anne d'Autriche une explication capitale, la suppliant de prendre ouvertement son parti, de répudier une bonne fois tant de ménagements gênants avec quelques dévots et quelques dévotes, de préférer le bien de son fils et de sa couronne à des amitiés devenues dangereuses, ajoutant que si le péril qu'il venait d'éviter n'avait pas raison de ses incertitudes, c'était évidemment qu'elle ne l'aimait point. Or, il est certain qu'elle l'aimait, de même qu'elle appréciait son application, l'heureuse direction imprimée aux affaires, les grands résultats déjà obtenus. Et ce ministre à la fois capable et séduisant, à qui elle se croyait tant d'obligations, au lieu de s'imposer à elle et de prétendre la gouverner, se mettait à ses pieds, lui prodiguant des soins, des respects, des tendresses, auxquels elle n'était pas accoutumée.

M. Cousin estime que la liaison d'Anne et de Mazarin dut commencer ce jour-là même dans les émotions de cet entretien si décisif pour les Importants. Ils y furent condamnés irrémédiablement. « Devant deux fois vingt-quatre heures, dit en sortant la reine à Mᵐᵉ de Motteville, vous verrez comment je me vengeray des tours que ces méchants amis me font. »

De fait, le lendemain 2 septembre, le *brave de la cour*, le protecteur de la régente, celui à qui, cinq mois auparavant, elle confiait ses deux fils, M. de Beaufort, se vit arrêter, au milieu des courtisans, dans le grand Cabinet de Sa Majesté, par Guitaut, capitaine des gardes, et conduire à Vincennes où, quelques jours avant, il avait partagé la collation de la reine et où il devait rester six ans.

« Surprise, terreur, étourdissement universel », s'exclame Giustiniani (1).

Cette exécution fut le signal de la déroute. Les plus compromis, Lié, Campion, Brillet, prirent la fuite. Les Vendôme reçurent l'ordre de se retirer à Anet, d'où ils gagnèrent l'Italie. Châteauneuf fut relégué dans son gouvernement de Touraine où il attendit que les Frondeurs lui rendissent pour un moment les sceaux (2).

On chassa Saint-Ybal; MM. de Béthune et de Montrésor allèrent à la Bastille; M. de Guise fut exilé, le président Barillon enfermé à Pignerol; quant à la duchesse de Chevreuse, elle dut se retirer d'abord à Dampierre, puis au Verger, du côté de Saumur, où elle vécut dans un grand abandon; plus tard, elle s'enfuit à Saint-Malo, passa en Angleterre, et vint enfin à Liège où elle essaya de renouer entre l'Autriche, l'Espagne et son ancien amant, Charles IV de Lorraine, une alliance qui ne porta ses fruits qu'en 1649.

C'est ainsi qu'expira presque sans convulsion la

---

(1) *Ambassadeurs vénitiens*, p. 223.

(2) De mars 1650 en avril 1651, pendant la retraite volontaire de Mazarin.

célèbre cabale des Importants. Cette journée du 2 septembre, a écrit M. Cousin, est vraiment solennelle dans l'histoire de la France, car elle a vu le rétablissement de la royauté ébranlée par la mort du grand cardinal et de Louis XIII. Toutes choses et toutes gens se trouvaient ainsi remises en l'état où les avait laissées Richelieu, et la reine, s'arrêtant à Ruel devant son portrait, pouvait avec raison s'écrier : « Si cet homme vivait encore il serait plus puissant que jamais. »

« Bon Dieu, Monsieur, quelles nouvelles et quels changements? Que deviendra *la Silve* du Père de l'Oratoire adressée au cardinal désigné? Seriez-vous assez charitable pour m'expliquer toutes ces énigmes et pour me faire une relation d'un demi-feuillet qui m'instruise de l'estat présent de nostre cour? Sans cela je pourrai m'équivoquer d'estrange sorte..... 20 septembre 1643. »

Ces lignes sont tirées des lettres de Jean-Louis Guez de Balzac à Chapelain (1), et nous y retrouvons comme un écho de l'émoi causé en tout lieu par le coup d'État du 2 septembre. Le Père de l'Oratoire auquel il est ici fait allusion n'était autre, on l'a deviné, que ce Nicolas Bourbon « ex-professeur du roy aux langues grecques, tantôt ami ou adversaire de Balzac », qui avait eu charge autrefois de l'instruction d'Augustin et que nous avons déjà rencontré dans cette notice. C'était à son ancien élève, au *cardinal désigné*, qu'il adressait *sa Silve*, c'est-à-dire un fourré, un assemblage touffu de toutes sortes de compositions littéraires.

____

(1) *Mélanges historiques*, publiés par le ministère de l'Instruction publique, 1873, 2ᵉ série, t. Iᵉʳ, p. 413.

Cependant, qu'était devenu notre évêque dans cette dispersion des Importants? Avait-il aussi quitté la cour? Nullement, mais on peut bien croire que Mazarin ne pensait qu'à l'en faire sortir. Nous trouvons en effet dans ses carnets (1) cette note aussi brève qu'explicite : « Resolver per M. di Bove. » — Prendre un parti à l'égard de M. de Beauvais. — Seulement le cardinal n'en pouvait user avec lui aussi brutalement qu'avec les autres. A cause de la reine tout au moins, il sentait la nécessité de garder quelques ménagements. Il fallait trouver un biais, « mais, nous dit Mme de Motteville (2), l'évesque de Beauvais estoit si peu habile qu'il fut aisé à ses ennemis de lui faire perdre l'estime de la reyne. Le cardinal Mazarin se servit d'une chose dite par luy trop légèrement pour la persuader qu'il estoit incapable d'aucun secret.

» Après la prison du duc de Beaufort, cet évesque dit à M. le prince qu'il s'estonnoit qu'il eust consenti à cette détention. M. le prince, qui n'en étoit point affligé, lui répondit :

» — Et vous, Monsieur, qui estes le ministre de la reyne, comment ne l'avez-vous pas empesché?

» — Je l'aurois fait, luy dit l'évesque de Beauvais, et je l'aurois averty, si je l'avois sceu.

» M. le prince, qui trouva ceste response indigne d'un homme employé aux affaires de l'Estat, s'en mocqua et la conta à quelques-uns de ses familiers. Mazarin le sceut, et ne manqua pas d'en faire son profit, faisant

_____

(1) 2e carnet, p. 78.
(2) Mme de Motteville.

voir à la reyne combien un homme en qui elle ne pouvoit pas trouver de sécurité lui estoit dangereux. Cette imprudence contribua beaucoup à le faire éloigner; mais par elle-même elle avoit aperçu qu'il n'estoit pas capable de l'aider à soutenir le sceptre dont la pesanteur l'incommodoit. »

Le propos d'Augustin était en effet pour déplaire, mais n'avait rien qui dût étonner. En face de Mazarin vainqueur, sa position dans le Conseil devenait trop précaire et trop fausse pour qu'il y pensât rester. Il n'avait donc plus la même réserve à tenir et pouvait s'exprimer hardiment comme il fit, sur cette arrestation de Beaufort, son allié de la veille, l'un de ses plus considérables appuis. Il ne brûlait de la sorte que des vaisseaux déjà bien éventrés, et croire à l'indignation de M. le prince serait disputer à la bonne Motteville la palme de l'ingénuité. Toutefois on cherchait un prétexte : celui-ci parut suffisant et le prélat fut enfin invité à s'éloigner.

La *Gazette de France* (1) relate le fait en deux lignes : « L'évesque de Beauvais, dit-elle, se retire dans son diocèse le 11 septembre, par ordre de Sa Majesté. » Ce fut, d'après Hermant (2), le 10 qu'il se vit apporter la nouvelle par le secrétaire d'État, du Plessis Guénégaud, et Montglat prétend qu'il le reçut fort mal, déclarant ne vouloir obéir que si les motifs de sa disgrâce lui étaient donnés par écrit.

On aurait été contraint de le satisfaire; la lettre aurait dit sans ambages qu'il était renvoyé pour cause d'inca-

---

(1) Du 1er septembre 1643.
(2) Hermant, p. 2039.

pacité. Certaine lettre du sieur d'Auteuil qui se rencontrera plus loin confirmerait cet épisode, et l'éditeur des *Mémoires de Brienne*, après l'avoir consigné dans une note, formule son sentiment en ces termes : « Exemple unique jusqu'alors, non d'incapacité, certainement, mais d'entêtement et de présomption ! »

De son côté, M. d'Ormesson (1) retrace ainsi l'événement : « Le vendredy 11 septembre, M. Pichotel me dit que M. de Beauvais avoit reçu l'ordre de s'en aller à son diocèse..... Voilà une prompte retraite; au lieu de l'espérance que ces messieurs avoient conceue de gouverner la reyne comme ses bons serviteurs. De là l'on peut dire qu'il ne suffit pas d'avoir de la bonne fortune, mais qu'il faut avoir l'esprit capable de la conserver, chacun disant que M. de Beauvais et M. de Brienne ont paru si peu capables à la conduite que la reyne s'en est dégoûtée. »

Au regard de ce dernier, le renseignement ne se confirma point, car il devait demeurer en fonctions et laisser de son passage aux Affaires étrangères une trace importante. Mais d'Ormesson revient encore le lendemain sur ce sujet : « Le samedy au soir, lisons-nous, M. de Saint-Poange vint voir mon père et nous dit que M. de Beauvais estoit de la cabale des Importants et avoit receue son congé le jour mesme en disnant, par M. de Guénégaud. » Si l'on refusait d'admettre que sous la plume de d'Ormesson ces deux notes si rapprochées ont pu ne faire qu'un double emploi, et qu'on arguât surtout de la différence de leurs dates, on serait peut-être amené à conclure que M. Pichotel voulait, le 11 septembre, parler de la pre-

---

(1) *Journal d'Ormesson*, t. Ier, p. 105.

mière visite de Guénégaud et M. de Saint-Pouange, le
12, de la remise à Augustin de la notification par lui
réclamée. Cependant la lecture du second passage suffit
bien à notre sens pour détruire cette supposition.

L'anecdote, à tout prendre, semble bien peu vraisem-
blable, car outre que le caractère d'Augustin Potier pro-
testerait contre une attitude aussi étrange, nous consta-
tons que Montglat est de tous les chroniqueurs le seul
qui la lui ait prêtée. Le récit de Mme de Motteville donne
à penser tout le contraire ; la Châtre, qui déjà a opéré
son évolution, qui accable la reine, et Monsieur, et le
cardinal, et les Condé, d'humbles protestations d'ailleurs
froidement accueillies, la Châtre (1), qui n'eût certes pas
négligé un pareil incident, n'en dit rien (2).

« Un soir, écrit-il simplement, le maréchal de Bassompierre m'avertit de songer à moy, et m'apprit la disgrâce
de M. de Beauvais à qui l'on fit faire une querelle sans
sujet par le prince, pour avoir lieu de le bannir. » Enfin,
Vittorio Siri lui-même, encore qu'aux gages de Mazarin,
se contente de narrer que « la reine engagea ce doux
pasteur à s'en aller paître son troupeau, comme chose
beaucoup plus appropriée à sa nature et aux devoirs de
son état que de se mêler des affaires du royaume.

» On le blâmait, ajoute-t-il, de s'être *à la légère et sans
biscuit* (3) embarqué dans les machinations du duc de
Beaufort. Croyant qu'il aurait la faveur de la reine avec

---

(1) Il perdit sa charge de colonel général des Suisses qui fut
rendue à M. de Bassompierre.

(2) *Mémoires de La Châtre*, p. 392.

(3) *Leggiermente e senza biscotto. Mercurio di* Vittorio Siri,
t. III, p. 739.

l'amour de la France entière, se posant en grand ministre et déblatérant à toute heure contre le précédent gouvernement et contre la mémoire de Richelieu » : mais pas un mot, on le voit, de la prétendue exigence d'Augustin Potier. Laissons donc cela et venons aux dépêches que ce même jour, 12 septembre, Brienne adressait de la part du roi à divers agents à l'étranger. On pense bien qu'en de telles occurrences les écritoires ne chòment guère.

« La reyne, mandait-il au baron d'Avaugour, pour conserver la paix au dedans de son Estat, a esté contraincte de faire arrester M. le duc de Beaufort et d'esloigner de sa cour M. l'évesque de Beauvais et plusieurs autres personnes qui vouloient troubler le repos, n'ayant rien voulu souffrir qui peust blesser l'auctorité du roy et la sienne (1). »

A M. de Meulles, autre agent, à Hambourg, il écrivait :

« Nous n'avons plus à songer qu'à la paix générale, et la reyne a mis ordre aux brouilleries de la cour, par la détention de M. le duc de Beaufort et par l'esloignement de M. l'évesque de Beauvais et de plusieurs autres qui avoient voulu se mesler de quelques intrigues que Sa Majesté a cogneues préjudiciables à l'auctorité du roy et à la sienne (2). »

Au maréchal de la Motte Houdancourt, Brienne annonçait l'événement en termes identiques et terminait ainsi :

---

(1) Bibliothèque Richelieu. Manuscrits Clairambault 388, f. 315.
(2) Bibliothèque Richelieu, 388, f. 315.

« La lettre générale qui vous sera envoyée vous en apprendra les motifs (1). »

Ce fut, en effet, le sujet de mainte communication officielle, comme il appert d'une autre dépêche du même secrétaire d'État à M. des Hameaux, en date du 15 septembre (2).

« Je vous envoie copie de la lettre du roy qui a esté escrite aux Compaignies (3) au sujet de la détention de M. le duc de Beaufort. Vous y verrez les motifs qui ont poussé Leurs Majestés à en user ainsi et à esloigner de la cour M. l'évesque de Beauvais et renvoyer en leurs maisons beaucoup d'autres qui commençoient à former des desseings et des factions contre l'authorité souveraine. La reyne a répandu ses libéralités et ses grâces envers beaucoup de personnes pour les obliger davantage à contribuer au bien de l'Estat et y faire leur debvoir. Mais elle n'a pas oublié aussi ses chastiments envers ceux qui s'en sont départis. »

On remarquera que de jour en jour, de lettre en lettre, Brienne se montrait plus acerbe et plus sévère à l'égard des Importants. Il leur était cependant fort attaché naguère et, au témoignage de Mazarin, poursuivait ouvertement l'amitié d'Augustin Potier. Mais Brienne écrivait désormais sous la dictée du nouveau maître, et le cardinal se réservait sans doute le privilège de la mansué-

---

(1) Bibliothèque Richelieu, f. 388.
(2) *Ibid.*, f. 322.
(3) Aux Parlements.

tude apparente, car voici comment, dès le 8 septembre, il s'expliquait de tous ces changements avec MM. de Fontenay et de Liancourt :

« Vous aurez sans doute appris ce qui s'est passé icy et comme la reyne, après avoir inutilement employé la douceur et les bienfaits pour divertir les mauvais desseings de quelques esprits, a esté contraincte d'user d'une conduite plus forte pour les dissiper et pour asseurer la tranquillité de l'Estat qui estoit menacé de brouillerie..... Pour moy, qui suis venu dans le ministère avec cette ferme et inébranlable résolution de n'y considérer jamais mes intérêts et de n'y faire point desplaisir à personne et d'y faire plaisir à qui je pourrois, ce m'a esté une très sensible douleur de n'avoir peu m'opposer à un accident qui ne m'est pas moins fascheux qu'à ceux qui le souffrent. »

On dirait vraiment que Mazarin est comme honteux de son triomphe et cherche à se le faire pardonner. C'est ainsi encore qu'Aubery a pu écrire ces lignes (1) : « On envoya l'ordre et commandement à l'évesque de Beauvais de se retirer. Et presque à mesme temps les autres évesques et archevesques qui estoient aussi à Paris receurent le mesme ordre et le mesme commandement, et il y en a qui s'imaginent qu'on avoit faict cette recharge générale pour couvrir le chagrin et la confusion particulière de M. de Beauvais. »

Les regrets du prélat étaient-ils donc si grands qu'il

---

(1) *Histoire de Mazarin*, t. II, p. 244.

les fallût tant ménager? Nous le verrons bientôt, mais le procédé, si c'en fût un, méritait d'être consigné.

Grotius, de son côté, édite sur ces départs (1) une version assez particulière : « Les évêques de Beauvais, de Lisieux et de Limoges s'en sont allés dans leurs diocèses par ordre de la reine. On croit qu'ils lui ont parlé trop librement de Mazarin et qu'ils ont voulu lui faire peur de certains mouvements à cause de la captivité du duc de Beaufort, mais la reine, inaccessible à de pareilles craintes, leur a répondu qu'elle n'avait à redouter que la foudre et le tonnerre. » En vérité le cardinal lui communiquait une vaillance bien emphatique.

Le sieur Giustiniani ne pouvait manquer de donner son appréciation sur un événement de pareille importance, et sa dépêche du 15 septembre est assurément la meilleure de toutes celles que l'on vient de lire. En voici la traduction (2).

« D'ordinaire une disgrâce en appelle une autre. A celle du duc de Beaufort a succédé celle de l'évêque de Beauvais qui a dû quitter la cour et regagner son évêché. La surprise a été grande et profonde pour tous de la chute de

---

(1) *Epistolæ ineditæ*, p. 73. *Ivere in episcopatûs suos Bellovacensis et Lexoviensis, et Lemovicensis Episcopi, jussi reginæ. Credantur liberiùs ad Reginam locuti de Mazarino et motuum timorem.*

(2) *Ambassadeurs vénitiens*, p. 232. *Grand ammiration ha impressa in ogn' uno la caduta di questo soggietto cosi per essersi i primi giorni della reggenza veduto in postura che si credeva potesse giogner al primo grado d'authorita, come per essersi nel tempo del morto cardinale saputo presservar illeso e nel spaccio de venti quatri anni non aver riconosciuta altra dependenza ch. del commando della Regina.*

ce personnage qu'on vit aux premiers jours de la régence en position d'atteindre aux premiers degrés de la puissance; qui de plus avait su se maintenir au temps du feu cardinal et qui pendant vingt-quatre années ne reconnut d'autre autorité que celle de la reine.

» Ce n'en est pas moins le crédit de Mazarin, chaque jour plus absolu, qui l'a fait renvoyer; ledit Mazarin, comme il est d'usage à la cour, édifie sa fortune sur les ruines d'autrui.

» Le motif avoué de la disgrâce de Beauvais est la part qu'il aurait prise à la conspiration de Beaufort; mais en réalité on croit que c'est l'opposition qu'il faisait à Mazarin et la franchise avec laquelle il parlait à la reine. On a remarqué que le soir même de son départ il en envoya l'avis au nonce, comme à son confident. »

Tout ceci est fort juste et l'on ne pouvait mieux peindre ni l'effet produit par la retraite d'Augustin ni ses véritables causes. Le nonce dont il est ici parlé avait en effet servi de son mieux la fortune de notre prélat. Quant à la mention que fait le Vénitien de tant d'années passées par Augustin près de la reine, elle a pour nous cet intérêt de confirmer approximativement nos précédentes inductions touchant l'époque probable où commencèrent pour lui ses fonctions de grand aumônier. Il nous avait paru que ce devait être vers 1617. D'après Giustiniani et en ne tenant pas compte de l'année où il écrivait, il ne faudrait remonter que jusqu'à 1618. La différence n'est pas telle qu'il n'ait pu s'y tromper, et les suppositions, à tout prendre, ne sauraient désormais s'égarer beaucoup.

Deux lignes quelque peu singulières du journal de d'Ormesson (1) sollicitent en passant notre curiosité : « Le dimanche 13 au soir, y lisons-nous, Mme de la Grange vint souper avec mon père et nous confirma le bruit commun que l'on avoit ordonné à tous les évesques de se retirer.

» L'on dit encore que M. de Beauvais avoit eu, pendant dix jours, la liberté d'esloigner qui bon luy auroit semblé, mais que, manque d'esprit et de prudence, il s'estoit laissé supplanter. » Qu'est-ce que cela peut bien signifier et où se placeraient dans la carrière que nous venons de suivre pas à pas les dix jours de pouvoir absolu dont il est ici parlé? L'invraisemblance est manifeste, et d'Ormesson, sans s'y attarder plus que nous ne ferons nous-mêmes, termine par cette exclamation philosophique : « Quand je me souviens des honneurs qui furent rendus à M. de Beauvais au collège des Jésuites, à l'acte du fils de M. Texier, où les Jésuites lui donnèrent plus d'éloges qu'au défunt cardinal et où tous les disputans luy firent un compliment latin, je ne me puis empescher d'admirer le changement de la fortune. »

Admirer, s'entend ici d'un étonnement profond et marque assez quelle avait été à la première heure l'importance d'Augustin. Mais la roue avait tourné, et, dès le 14 septembre, Guy Patin pouvait, avec son tour habituel, donner de la cour, à Charles Spon, son ami, cet aperçu véridique (2) :

« Pour les affaires de deça, je vous diray que la reyne

---

(1) *Journal de d'Ormesson*, p. 105 et suiv.

(2) *Lettres de Guy Patin*, édition de 1718, t. Ier, p. 35.

est icy recogneue tellement souveraine que tout le monde tremble *ad ejus nutum*. Le cardinal Mazarin *supremum potentiæ locum occupat*, et par la jalousie qu'il a eue d'un compagnon qui le voulut contrôler, il a fait chasser du Conseil de la reyne et de Paris l'évesque de Beauvais et l'a fait renvoyer dans son éveschè, huit jours après avoir eu le crédit de faire arrester et envoyer prisonnier dans le bois de Vincennes le second fils de M. de Vendôme. Il y en a quantité d'autres qui tremblent et qui n'attendent que l'heure d'un commandement auquel il faudra obéir sur-le-champ. »

Et peu de temps après, tout écœuré du spectacle qu'il avait sous les yeux, il ajoutait assez tristement : « Les degrés du Palais-Royal sont aussy glissants qu'ayent jamais été ceux du Louvre. C'est un étrange païs, où les gens de bien n'ont guères que faire : *Exeat aulà qui vult esse pius*. M. le Mazarin est le grand gouverneur, tout le reste tremble ou plie sous sa grandeur cardinalesque. »

Guy Patin avait raison. Les gens s'étaient hâté à l'envi vers ce soleil quelque temps obscurci, mais brillant aujourd'hui d'un éclat sans pareil. « Mazarin avoit le jour même tant de monde, raconte encore d'Ormesson, qu'on ne pouvoit se tourner chez luy et il est reconnu pour le tout-puissant. » A la vérité, on se vengeait quelques mois plus tard de tant de platitude, en fredonnant la parodie de vers appliqués jadis à Richelieu :

> Il n'est pas mort, il n'a que changé d'âge,
> Ce cardinal dont chacun en enrage.....

Mais cette fois encore tout finirait par des chansons. *Exeat aulà qui vult esse pius!* Augustin s'en allait donc à propos. Consciencieux, sincère et droit, « ayant plus de religion et de piété que d'ambition (1) », incapable de pratiquer la dissimulation, « cette laide et nécessaire vertu du courtisan (2) », il ne pouvait que trébucher à chaque pas sur un terrain si peu fait pour lui ; et dans mainte occasion son trop d'honnêteté l'avait mal conseillé.

C'est ainsi que, par une confiance naïve, on lui avait vu négliger tout d'abord les avances de M. le prince pour ne s'attacher qu'à la reine et aux Vendôme, et il arriva que les Condé passèrent dans le camp adverse.

C'est ainsi qu' « agissant toujours de bonne foy avec ses amys, alors que le cardinal et M. de Chavigny lui faisoient ou lui envoyoient faire chaque jour beaucoup de propositions, il n'avoit jamais rien mesnagé avec eux dont il n'eust faict part à ceux qui s'estoient liés avec luy (3) ».

M. de la Châtre l'en trouve « louable » ; mais il est évident que, pour un homme d'État, mieux eût valu plus de réserve.

C'est ainsi encore qu'il avait blessé par d'extrêmes scrupules toute une famille de sa parenté — les Marillac — désireuse de faire reviser le procès du maréchal que d'aucuns prétendaient avoir été condamné irrégulièrement. Michel de Marillac, maître des requêtes, petit-fils du garde des Sceaux et marié à Jeanne Potier d'Ocquerre, propre nièce d'Augustin, était à la tête de cette instance

---

(1) *Mémoires sur la maison de Gesvres.*
(2) *Mme de Motteville.*
(3) *La Châtre*, p. 278.

avec ses plus proches : Louis Doni d'Attichy, évêque de Riez (1), et sa sœur la comtesse de Maure (2) et tous ensemble avaient sollicité notre prélat de leur obtenir justice sur une affaire d'honneur si importante à leur maison. « Mais il s'en défendit, rapporte Hermant, le plus honnestement qu'il put, et la considération de son alliance ne fut pas assez forte pour l'engager à leur rendre cet office (3). »

Nous irions volontiers jusqu'à dire qu'il les eût mieux servis s'ils lui avaient tenu de moins près.

C'est ainsi enfin que son excès de franchise dut lui attirer plus d'un ennemi, comme ce « François Hallier, professeur de théologie en Sorbonne, qui avoit toujours esté fort uni à M. de Beauvais et ne voyoit rien au-dessus de luy dans les dignitez de l'Église, mais qui s'estoit mis en teste d'être eslevé par son crédit au plut haut comble des honneurs. Or, le dit docteur ayant demandé un évesché, M. de Beauvais, qui estoit franc et sincère, luy dit qu'il estoit juste qu'ayant beaucoup servi l'Église par ses écrits, on luy procurast de quoy subsister à son ayse tout le reste de ses jours dans cet employ, mais que, pour ne luy rien dissimuler, il ne jugeoit pas que la conduite d'un diocèse fust son talent (4) ».

Le pauvre Hallier en demeura fort indisposé et s'en plaignit amèrement, mais, lorsqu'un peu plus tard, il se vit évêque de Cavaillon en un temps qui devait être pour

---

(1) Il mourut évêque d'Autun.

(2) Anne Doni d'Attichy, femme de Louis de Rochechouart, comte de Maure.

(3) HERMANT, p. 2037.

(4) HERMANT, p. 2033.

lui plutôt celui du repos que celui du travail, combien ne dut-il pas rendre justice au bon sens d'Augustin Potier.

De même que le clergé, les lettres et les artistes s'étaient promis beaucoup de protection de son ministère, et il y avait apporté certainement les meilleures intentions du monde. Tout d'abord il avait accordé une pension considérable à Nicolas Bourbon, son ancien régent, qui tenait chez lui une sorte d'Académie par le concours de personnes de toute sorte que son savoir y attirait (1), et celui-ci l'en avait remercié par une pièce dont la compréhension est assez laborieuse.....

> *Ille deorum*
> *Concilio, magnæque adytis penetralibus Annæ*
> *Et mole in tantà rerum, mihi sceptra Deamqui*
> *Conciliat.....*
> *Auguste Antistes, nostri spes maxima secli.*
> *Et virtutis apex: dum nunc toga candida Romæ*
> *Purpureum sacræ poscit tibi sedis honorem.....*
> *..... Velim quoque sidera lætum.*
> *Maturare diem.....*
> *Ardet que oculis tua purpura nostris,* etc. (1).

Ce qui signifie qu'Augustin, entré dans le Conseil des dieux, admis au cénacle de la grande Anne, a trouvé le temps, malgré les soins qui l'accablent, de concilier à Borbonius les puissances et les divinités....., qu'on s'occupe à Rome d'honorer de la pourpre cet auguste prélat,

---

(1) *Histoire de l'Académie française*, Pellisson et d'Olivet, t. 1er, p. 186. M. Bourbon fut chanoine d'Orléans et de Langres, membre de l'Académie française. Il finit ses jours à l'Oratoire.

(2) Bibliothèque Mazarine, C. 12 499, p. 54.

la suprême espérance du siècle, le ..... de la vertu..... ; que le ciel est conjuré de hâter cet heureux jour, que déjà cette pourpre éclate à tous les yeux, etc.

Il y a 283 vers de cette force et la chose est intitulée :

Idyllium
Pro gratiarum actione

Cela était à merveille, et chacun avait vu dans le cas de Bourbon un gage de ce que les personnes d'érudition pouvaient attendre de M. de Beauvais (2).

Malheureusement, il n'eut pas le loisir d'en gratifier beaucoup d'autres et cette faveur, bien que justifiée, ne manqua point d'exciter ensuite plus de jalousies que d'applaudissements.

En revanche, l'Université de Paris ne cessa jamais de l'honorer hautement, « tant pour son mérite personnel, que parce qu'elle l'avoit choisi depuis le temps pour Conservateur de ses privilèges apostoliques ». Et c'est ainsi qu'elle l'avait prié d'officier pontificalement dans le service solennel qu'elle célébra au collège de Navarre « avec un grand concours d'évesques pour le repos de l'âme du défunt roy (3) ».

En fait, tous ces retours vers le passé importent peu désormais. La partie a été jouée et perdue. Aurait-elle pu tourner autrement? Que serait-il arrivé, par exemple, si, dès les premiers jours, Augustin et Beaufort, étroitement unis et d'abord tout puissants, avaient appelé à eux Châteauneuf et Noyers. Si Mme de Chevreuse avait

----

(1) Hermant, p. 2037.
(2) Hermant, p. 2037.

pu, dès le début, contenir et gouverner tant d'ambitions agitées? Anne d'Autriche aurait-elle donc cédé? Cela n'est guère douteux, et Mazarin, encore mal établi auprès d'elle, se serait vu sacrifier. Au lieu de cela, le présomptueux duc et le trop confiant prélat s'étaient crus l'un et l'autre assez maîtres pour n'avoir besoin de personne; en isolant leur action, ils l'avaient affaiblie, le cardinal s'était glissé habilement entre eux et la reine; on s'en était aperçu trop tard et les derniers efforts pour perdre ce rival n'avaient fait qu'affirmer son triomphe.

Aujourd'hui, le vainqueur n'a pas à redouter la moindre résistance. Le Parlement a bien pu parler d'assembler « les trois Estats pour empescher le grand pouvoir que l'on craint que M. le cardinal Mazarin n'ait en France à l'imitation de M. de Richelieu (1) ».

Mais la Compagnie ne va pas jusqu'à la remontrance, et le président de Novion lui-même, « voyant son frère entièrement ruiné dans le public comme à la cour, se tient plus tranquille (2) ».

Mazarin peut donc agir à sa guise, et, pour commencer, s'en prend au Conseil de conscience. MM. de Beauvais, de Limoges, de Lisieux disparus, il n'y avait plus en face de lui que M. Vincent, saint homme à ménager; aussi trouve-t-il plus expédient d'en suspendre pour un temps les séances. Puis il fait entrer au Conseil, à la place d'Augustin, « Chavigny qui avoit plus d'esprit.

---

(1) Lettres de François-Jean-Baptiste Carré, des Frères Prêcheurs, à Mazarin, en date du 4 septembre 1643. (*Archives des Affaires étrangères*, fonds de France, t. CVI, p. 45.) Ce P. Carré était un plat courtisan.

(2) Cousin, *Journal des Savants*, 1856, p. 111.

plus de connaissance des affaires que luy-même, et étoit dans tous les rapports bien plus propre à l'administration du royaume (1) ».

Il travaille ensuite à faire sa paix avec ceux des Importants qu'il peut gagner, il fait duc l'évêque de Metz, Henri de Bourbon, qui, depuis, quitta les Ordres et se maria. Il achète le duc de Vendôme, tout aussi bien que MM. de Châteauneuf, de Jars, de Beringhen. Il dépense beaucoup d'activité et d'adresse; et la reine, dominée par lui, jalouse d'avoir enfin quelque tranquillité, s'emploie de son mieux à ces négociations subtiles, où sa réputation s'endommage.

Car, « comme on vit qu'elle remettoit le gouvernement au cardinal Mazarin, après s'estre défaite de l'évesque de Beauvais, à qui elle avoit de grandes obligations, et qui estoit au moins un homme de bien, chacun se figura diversement les raisons de ce choix et de cet attachement à un estranger. De sorte qu'elle tomba insensiblement dans le mépris de la plupart des grands seigneurs et autres personnes de qualité qu'elle sollicitoit fort inconsidérément de s'attacher à son nouveau favori (2) ».

Ces sévérités de l'opinion étaient fatales et on les croira méritées, malgré qu'on en puisse avoir, si l'on considère que ce furent les femmes, dont le sentiment est toujours plus délicat, qui se laissèrent ici le moins aisément gagner. Il fallut éloigner de la cour Mmes de

---

(1) *Mémoires d'Anne de Gonzague, princesse Palatine.* Éd. de 1789. p. 59.

(2) *Mémoires de Guy Joly,* Michaud et Poujoulat, 3e série. t. II, p. 5.

Beaumont, de Saint-Louis, d'Hautefort, et seule, la marquise de Senecey demeura par intérêt.

Au reste, il n'y eut pas que les victimes de la première heure, et Gaudin mandait ce qui suit (1) dans une lettre à Servien, du 2 janvier 1644 : « M. du Plessis-Guénégaud — il avait, paraît-il, la spécialité des commissions désagréables — porta l'autre jour ordre au sieur de Chandenier (2), capitaine des gardes, de ne point faire son quartier où il entroit ce premier jour de l'an. Le subject, à ce qu'on tient, est à cause de ce qu'il n'a point voulu visiter M. de Mazarin et qu'il est grand amy de M. de Beauvais et de M. de Noyers. Cette disgrâce a bien étonné à cause du bon accueil que lui a toujours fait la reyne. »

M. le cardinal, on le voit, prolongeait ses petites vengeances.

Cependant, lorsque le 4 décembre 1643, il s'en fut en grande pompe à la Sorbonne pour la célébration de l'anniversaire de Richelieu, il put se dire qu'en moins d'une année, sans avoir versé une goutte de sang et par le miracle de sa seule habileté, il était devenu plus puissant, en quelque sorte, que son terrible prédécesseur n'avait jamais été.

« L'évêque de Beauvais tombé en disgrâce, c'est, comme conséquence forcée, la quasi révocation de sa nomination au cardinalat (3). » Giustiniani, en traçant

---

(1) *Archives des Affaires étrangères*, fonds de France, t. C., vii.

(2) François de Rochechouart, marquis de Chandenier, mort en 1696.

(3) *Ambassadeurs vénitiens*, p. 227. *Essendo caduto il vescovo di Beave in disgratia, e venuta in consequenza a restar quasi revocata la di lui nomination al capello.*

ces lignes dès le 15 septembre, ne courait pas grand risque de se tromper.

Mazarin, en effet, a toujours cette affaire en tête, et bien que, depuis trois semaines déjà, ses contre-ordres soient donnés et ses précautions prises, il n'en reste pas moins très soucieux du résultat. C'est qu'entre la France et Rome les relations sont fort tendues. Le choix du cardinal Rosetti, ami passionné de l'Espagne, comme légat pour la paix générale, le prouve de reste et M. de Fontenay ne peut s'empêcher d'écrire le 1ᵉʳ septembre (1) :

« Ce procédé fera bien juger ce que la France doit attendre de M. le cardinal Barberin, puisque les instances qui luy sont faites de la part de la reyne servent seulement pour le haster à faire les choses contre ce qu'il sçait estre des intentions de Sa Majesté, ainsi qu'il a bien fait voir en l'affaire de M. de Beauvais et en celle-cy. »

Le 11 septembre même, cet ambassadeur se sent tellement découragé du mauvais vouloir qu'il rencontre et de l'impuissance de ses efforts qu'il demande « permission de revenir, tant à cause du peu de santé qu'il a que pour ne pouvoir servir utilement Sa Majesté, à cause de la mésintelligence du cardinal Barberin (2) ».

On sait, d'ailleurs, que ce rappel lui fut refusé et qu'il continua sa mission avec infiniment de distinction. Or, de gens aussi mal disposés, on était peut-être fondé à

---

(1) Bibliothèque Richelieu. Manuscrits Clairambault, 338, fᵒ 33.
(2) Bibliothèque Richelieu. Manuscrits Clairambault, 388, fᵒ 33.

attendre quelque fantaisie désobligeante. Le chapeau d'Augustin n'avait été différé d'abord que parce que Anne d'Autriche pressait en sa faveur. Ne pouvait-on pas craindre que sa chute ne lui devînt précisément un titre décisif auprès du Saint-Père, qui, au demeurant, professait pour ses vertus la plus particulière estime.

Et puis, comme Fontenay, selon toute apparence, n'avait rien laissé transpirer de ses dernières instructions, Brienne recevait de l'auditeur de Rote, M. du Nozet, des lettres toutes pleines encore des instances premières et qui prêtaient aux négociations un semblant de confusion inquiétante.

« Monseigneur, faisait l'auditeur, depuis que je vous ay escrit par le gentilhomme de M. l'ambassadeur, M. l'abbé de Marescot est icy arrivé. On sçavoit déjà icy au palais qu'il venoit pour solliciter le chapeau de cardinal de M. de Beauvais, et, partant, le Pape aura eu temps de se préparer pour faire la responce aux instances que doibt faire ledit sieur abbé, qu'on croit debvoir estre pleine de courtoisie, mais en termes généraux. Ledit sieur abbé vous pourra luy-mesme informer de ce que Sa Saincteté lui aura dict, car, après disné, il doibt aller à son audience. Depuis peu j'ai veu un personnage qui est avant dans les intrigues du palais, lequel m'a dit qu'une des plus grandes difficultés qui se rencontreroient dans cette affaire, ce seroit la déclaration que le Pape fit en plein Consistoire, immédiatement après la dernière promotion, à sçavoir qu'entre les six cardinaux que Sa Saincteté s'estoit réservés *in pectore*, il n'y en auroit aucun de compris pour les princes — on avoit d'abord dit le contraire à la reyne, — car, après cette déclaration si publique, Sa Saincteté, pour n'estre accusée de légèreté, ne vouldra changer de résolution ; toutes fois, il m'adjousta qu'on pourroit peut-estre faire telles instances et que le temps mesme pourroit apporter telles conjonctures d'affaires que Sa Saincteté se relascheroit (1). »

A Rome, ce 17 septembre 1643.

Et le 24, Brienne apprenait du même correspondant que l'abbé Marescot n'avait pas encore eu audience du Pape, mais seulement du cardinal Barberin qui ne s'était guère écarté des déclarations précédemment transmises.

Tant il y a que Mazarin n'est pas tranquille ; malgré les avertissements envoyés, il redoute chaque matin d'apprendre que M. de Beauvais a été déclaré en Consistoire secret ; les dépêches se suivent de près et prennent une tournure alarmée, peu en rapport, ce semble, avec les intérêts en cause. On en jugera par les citations suivantes (2) :

Du 2ᵉ octobre 1643.

« Monsieur le marquis de Fontenay, écrit la reine, vos lettres me font remarquer que vous me servez avec l'affection et la fidélité que j'ay toujours espéré de vous, et désormais, comme vous avez déjà fait après les diverses dépesches que je vous ay escriptes, vous pouvez parler

---

(1) Bibliothèque Richelieu. Manuscrits Clairambault, 388, fᵒ 463 et suiv.

(2) Bibliothèque Richelieu. Manuscrits (ancien fonds Gaignières, 510-511), fonds français 20657 et aussi même fonds 23-313.

hautement que je ne veux plus que l'évesque de Beauvais soit honoré du cardinalat pour les raisons contenues en miennes de diverses dattes. Je me suis assez
expliquée du subject qu'il m'a donné de changer la
bonne volonté que j'avois eue pour luy, et il m'a esté
sensible de m'estre mescontée comme j'avais faict. Car
je n'ay point trouvé en luy aucune des choses que je
m'étois imaginées. Mais j'ay ceste satisfaction d'avoir
bientost réparé le mal que j'avois peu faire en l'eslevant
et que l'Estat n'en a point pâty. Je ferai bientost
savoir à qui je désire cette place, non que je me promette que le Pape fasse rien d'extraordinaire à ma
prière, mais pour observer ce qui a tousjours esté pratiqué en de pareilles rencontres. »

Et, un peu plus loin, Sa Majesté ajoute qu'un courrier a été expédié pour porter les lettres « de la révocation de la nomination qu'elle avoit faite de l'évesque de
Beauvais pour estre promeu au cardinalat ».

« Je ne veux plus qu'il en soit honoré. » Voilà qui
est clair et formel, mais les causes du revirement sont
moins nettement énoncées. « Je n'ay point trouvé en
luy aucune des choses que j'y avois imaginées, je me
suis mescontée..... » Cette formule, vaguement réservée,
a été certainement dictée par Mazarin ; nous la rencontrons en plus d'une place, elle a comme un air officiel.
Au surplus, Anne d'Autriche est bien obligée de reconnaître que « l'Estat n'a point paty » de la présence
d'Augustin Potier aux affaires, puisqu'elle a justement
coïncidé avec Rocroy, avec Thionville, période brillante
et heureuse. Non, son grand tort, c'est d'avoir prétendu

lutter contre le favori ; son grand crime, c'est d'en avoir été vaincu.

On remarquera enfin ce passage où la reine « ne se promet pas que le Pape fasse rien d'extraordinaire à sa prière ». On y devine une amertume pleine de reproches pour tant de sollicitations inutiles et comme l'aveu blessé de son peu de crédit auprès du Saint-Siège.

Deux semaines se passent, et à la date du 23 octobre, elle s'adresse encore à ce cardinal Bichi dont nous avons dit le dévouement à Mazarin.

« Mon cousin, j'estois en impatience jusqu'à ce que le courrier que vous m'aviez mandé que vous vouliez dépescher fust arrivé, dès l'heure qu'il eust rendu sa dépesche, j'eus une seconde impatience de la veoir et je donnai peu de loisir à la faire deschiffrer. Elle m'a appris ce que vous avez résolu de faire pour empescher que contre mes intentions et au préjudice de l'Estat, l'évesque de Beauvais ne soit eslevé au cardinalat. Sur quoy je n'ay rien à vous dire ny me haster de faire responce à vos lettres, d'autant que par plusieurs des miennes vous et le sieur marquis de Fontenay avez esté informés, non seulement que j'ay esloigné des affaires, mais mesme de la cour, le dict évesque, et qu'il pouvoit et debvoit faire savoir au Pape la révocation que je faisois de l'instance que je luy avois faict faire en sa faveur. Si pourtant, le dit sieur de Fontenay ne s'en estoit acquitté, je luy mande de ne plus différer. »

On voit à quel point la reine et son ministre appréhendent encore quelque résolution subite du Vatican ; l'émoi est tel qu'on soupçonne même l'ambassadeur d'avoir pu désobéir à ses instructions. Si Augustin, que la reine n'appelle plus « mon cousin », venait à être promeu, « ce serait au préjudice de l'Estat » ; si invraisemblable que cela paraisse, la chose est dûment écrite et signée. Quoi donc? il y aurait danger public à ce qu'un évêque, mûri par vingt-six années de sacerdoce, et mal enclin à la politique, soit enfin appelé dans le Sacré Collège. En vérité, la haine de Mazarin, pour habillée qu'elle semblât de modération, était au fond étrangement inquiète et tenace !

Mais ce n'est pas tout, l'ordinaire du 23 octobre emportait aussi cette autre note de lui (1) :

« Considérant que Sa Majesté a esté contraincte de se despartir de l'instance qu'elle avoit faicte pour la promotion de M. de Beauvais à la dignité de cardinal, que M. de Fontenay mande la responce de Sa Saincteté. »

Maintenant, c'est une lettre de Brienne au même agent, datée du 30 octobre, et où nous lisons ceci :

« Monsieur, j'attends avec impatience — c'était le mot de la situation — l'arrivée du courrier, car il m'apportera la responce à l'une des miennes, laquelle vous donnoit liberté entière d'agir et de déclarer ce qui estoit des intentions de la reyne au sujet de M. l'évesque de Beauvais..... »

Et, le 9 novembre, ledit secrétaire d'Estat revenait sur cette grave affaire avec un souci manifeste de n'en rien apprendre (2) :

---

(1) Bibliothèque Richelieu. Manuscrits fonds français, 23-318.
(2) *Ibid.*

« Vous avez déclaré que Sa Majesté avoit changé de
volonté pour M. de Beauvais, et toutefois l'on n'en
parle point..... »

Tant d'effarement était-il donc justifié? Que s'était-il
donc passé à Rome depuis la mi-septembre, depuis que
la retraite d'Augustin y avait été connue? Qu'avait fait
l'ambassadeur et qu'avait dit le Saint-Siège? Les mémoires de Brienne répondront suffisamment à toutes ces
questions (1) :

« La résolution ayant esté prise de révoquer la nomination de M. de Beauvais et le cardinal mettant en doute
si le marquis de Fontenay exécuteroit les ordres qu'il
recevroit à cette occasion, je l'en asseurai — on vient
d'avoir la mesure de sa confiance — et je dis à Son
Éminence qu'il n'y avoit seulement à craindre sinon
qu'il ne les anticipast. On lui envoya aussitost ordre de
déclarer au Pape que le roy révoquoit cette nomination,
parce que le prélat s'en estoit rendu indigne par sa mauvaise conduite, mais d'attendre pour le dire à Sa Saincteté qu'elle eust indiqué le Consistoire dans lequel elle
devoit remplir les places vacantes. L'ambassadeur ayant
receu la dépesche et sachant que le Pape presseroit la
promotion s'il croyoit faire de la peine au cardinal Mazarin en y comprenant l'évesque de Beauvais, craignant
d'ailleurs d'estre soupçonné d'avoir voulu favoriser les
intérêts de ce prélat s'il différoit, il fit demander audience aussitost que le courrier fut arrivé et, ayant présenté au Pape la lettre que le roy lui écrivoit et la sienne

____

(1) *Mémoires de Brienne*, t. II. p. 207.

de créance, l'affaire du cardinalat fut mise hors d'estat de pouvoir réussir. M. de Fontenay nous manda que Sa Saincteté en avoit esté si transportée de colère et de surprise qu'elle avoit envoyé quérir le cardinal Barberini pour luy reprocher qu'il luy avoit osté par ses mauvais conseils les moyens de se venger du cardinal Mazarin. Le transport de Sa Saincteté alla jusqu'à jetter son bonnet par terre et à le fouler aux pieds..... »

Ce trait de mansuétude pontificale expliquerait jusqu'à un certain point les alarmes prolongées de Mazarin et de son entourage. Dans un accès de mauvaise humeur, le Vatican ne serait-il pas tenté de passer outre à l'opposition du roi et de déclarer Augustin Potier sous le premier prétexte venu. Ce pouvait être une menace constante. En tout cas, on demeurait bien édifié sur les sentiments de la Curie romaine, et la reine, très excitée, très acerbe, se tournait une fois de plus, à la date du 13 novembre, vers l'éternel cardinal Bichi (1) :

« J'ay estably, disait-elle, la tranquillité dans le royaume, aussy puissamment que la réputation au dehors, par les choses à quoy l'on m'a portée, et j'ay peine d'apprendre que ce qu'on n'a pas accordé à l'évesque de Beauvais à ma prière, l'on a eu regret de ne luy avoir pas donné quand on l'a sceu esloigné de ma confiance, et en cela le cardinal Barberin paroit mal intentionné et peu capable d'affaires. Car, à quoy luy peut estre utile un prélat qui n'a point de part en celles du royaume? »

---

(1) Bibliothèque Richelieu. Manuscrits fonds français, 23-318.

Il en cuit, on le voit, au seigneur Barberin de contrarier les volontés d'une princesse amoureuse; en deux
lignes, le voilà fort bien accommodé et Madame Anne
nous édifie de plus sur le caractère essentiellement politique qu'avaient alors les choix cardinalices. Son dépit
lui fait même oublier quelque peu la forme mesurée que
Mazarin devait lui enseigner, et l'on croirait qu'elle rédigea cette lettre à son insu, si le courrier du 13 novembre
n'en avait emporté trois autres d'un tour semblable,
auxquelles il serait inadmissible qu'il ait pu rester
étranger.

« L'on trouve, mandait encore la régente à Fontenay (1), une preuve bien évidente de ce que je vous
ay dit de la mauvaise humeur du cardinal Barberin et
ce qu'il a de regret de n'avoir promu au cardinalat
l'évesque de Beauvais au moment qu'il a sceu que je
l'avais privé de ma confiance, et en ce rencontre il tesmoigne qu'il ayme à fascher les couronnes et n'est
point capable de les obliger. Vous avez eu un juste
sujet de faire la déclaration de la révocation de sa nomination, car il eust esté à craindre qu'il eust pris un ca-
price au dit Barberin de le nommer et aux choses qu'on
ne veut point hasarder, il est de la prudence de s'en
déclarer de bonne heure.

» D'ailleurs, concluait-elle, ce personnage, pendant
le règne de son oncle, a affecté de désobliger les princes
et a tousjours eu des pensées de grandeur et d'authorité
peu convenables à un homme de sa condition. »

------

(1) Bibliothèque Richelieu. Manuscrits fonds français, 23-318.

Son compte est bon. Voyons maintenant comment Brienne va, sous la dictée de Mazarin, arranger le grand aumônier.

Première missive au cardinal Bichi (1) :

« Monseigneur,

» L'impatience que vous aurez remarquée par nos dépesches que nous avions d'avoir de vos lettres vous fera bien comprendre que nous avons esté très satisfait quand nous avons appris que vous aviez présenté au Pape la lettre du roy portant révocation de M. de Beauvais, et si vous me permettez de vous en dire la véritable raison, c'est que ses amis qui s'en défioient le tenoient cardinal quoi que l'on pust faire à l'encontre. Pour moy, de la certitude qu'il en avoit, je blasmois plus librement sa conduite, et s'il l'eust voulu avoir modérée, il eust eu part aux affaires, bien que je puisse dire que ce n'est point son talent. Mgr le cardinal s'en aperceut à la seconde conférence qu'ils eurent ensemble, et dans deux ou trois fois qu'il l'assista au Conseil, il se fit cognoistre à tous ceux qui y estoient admis, et il me souvient qu'un orateur a dit avec beaucoup de raison qu'il faut attendre que les hommes soient élevés pour juger de leur suffisance. »

Peut-être pensera-t-on de cette tirade qu'elle manque de générosité puisque celui qu'elle vise est à terre, mais cette impatience, ces inquiétudes si naïvement confessées, cette confiance persistante des amis d'Augustin dans sa

---

(1) Bibliothèque Richelieu. Manuscrits fonds français, 23-318.

promotion montrent une fois de plus l'état que des deux côtés on faisait encore de lui.

« Le bonnet de cardinal de M. de Beauvais, écrivait Gaudin à Servien (1), a esté révoqué à Rome où le cardinal Bichi a fort déclamé contre luy. »

La leçon lui avait été trop bien apprise pour qu'il ne s'en tirât pas à merveille.

Enfin voici une dernière dépêche de Brienne à Fontenay, laquelle n'était manifestement point pour être communiquée au Vatican :

Du 13 novembre.

« Monsieur, j'ai présenté à la reyne les lettres de M. le cardinal Bichi et les vostres en date du 16 du passé, et comme Sa Majesté vous faict responce formelle et au dit sieur cardinal sur les affaires dont les vostres estoient remplies, je ne m'amuseray point à vous faire de reditte. Je ne puis pourtant m'empescher d'admirer et de blasmer tout ensemble la conduitte de M. le cardinal Barberin, lequel eust esté pour faire un cardinal national et offense du mesme temps la reyne. Je pénètre bien son procédé, son regret de n'avoir pas promu M. de Beauvais en la dernière promotion, et sans doute, s'il ne se fust flatté de croire qu'il pouvoit attendre et parvenir tousjours à ses fins, il se fust hasté. C'est un esprit ainsi faict qui ne peut changer. Mais *dabit Deus his quoque finem.* »

---

(1) Du 14 novembre 1643. *Archives des Affaires étrangères,* France, t. CV.

A ce trait, nous n'ajouterons rien ; c'en est assez pour indiquer, d'une part, l'acharnement de Mazarin contre son ancien rival, d'autre part, la bienveillance très politique du Saint-Siège retenant Augustin pour son candidat longtemps après que la reine l'avait renié. Le conflit ne fut pas sans conséquence, car même aux premiers jours de 1644, alors que M. de Condé pensait obtenir ce chapeau tant discuté pour son second fils, l'abbé de Conti, il arriva que le Pape et Barberini, sans consulter la reine ni personne, le donnèrent au bailly de Valence, nomination en dehors de toutes traditions et de toutes convenances, qui causa autant de surprise au Louvre que de mécontentement et qui fut comme le dernier écho de la carrière politique d'Augustin Potier.

Nous avons cru devoir suivre jusqu'au bout cette négociation, encore qu'elle dût nous mener un peu trop vite et un peu trop loin, parce qu'il nous a paru que cela serait à la fois plus expédient et plus clair. Mais force nous est maintenant de revenir en arrière jusqu'à ces jours qui virent le grand aumônier prendre la route de Beauvais.

« Il s'en alla, écrit Brienne, privé mesme de l'espérance du cardinalat. » Brienne savait à quoi s'en tenir et notre évêque aussi sans doute. Quelle dut donc être à cet égard la mesure de son déplaisir ! Certes, la pourpre est une belle chose surtout quand elle est la récompense du mérite et de la vertu, mais donnée presque exclusivement comme alors à la naissance et à la puissance, elle perdait assurément beaucoup de son prix ; d'ailleurs tout ce qui sentait la brigue et la politique devait, en novembre 1643, avoir bien peu de séductions pour

Augustin Potier, et il dut se consoler plus aisément, croyons-nous, de ce bonnet manqué que de l'ingratitude royale qui permit qu'on le lui ravît.

Sa disgrâce inspira quelques gens d'esprit. De l'abbé Marescot « qui estoit revenu de Rome fort enrhumé et sans apporter de chapeau pour M. de Beauvais ». « Je ne m'en étonne pas, avait dit le maréchal de Bassompierre, il est revenu sans chapeau. »

Et dans les mémoires de la princesse palatine on rencontre ce trait charmant (1) : « La reine avoit affectionné l'évesque de Beauvais : cette amitié passa comme celle d'une jeune fille qui se marie, pour ses anciennes camarades. »

Au demeurant, il y eut certainement vers Augustin un retour de l'opinion touchée d'une pareille injustice. Mme de Motteville elle-même, malgré son attachement à sa maîtresse et qui d'ordinaire s'efforce bien à pallier ses erreurs, ne peut s'empêcher ici de se montrer scandalisée.

« C'est, dit-elle, une chose dont on ne sauroit parler sans blasmer la reyne puisqu'elle pouvoit faire cet évesque cardinal pour récompenser ses services sans le laisser dans le ministère ; il estoit homme de bien, fort pieux et fort paisible, de sorte qu'il pouvoit vivre dans la cour près d'elle, sans soupçon que ses intrigues puissent jamais troubler l'Estat. Il avoit du mérite envers elle, et mesme elle luy devoit beaucoup d'argent et beaucoup de vertu. L'argent sans doute lui a esté payé, mais la fidé-

---

(1) *Mémoires d'Anne de Gonzague, princesse palatine*, édition de 1789, p. 59.

lité, qui vaut mieux que tous les trésors des Indes, fut fort mal récompensée. »

En vérité, voici qui est sainement jugé et heureusement dit. Les prêts dont il est ici question devaient selon toute apparence remonter à l'époque où Richelieu traquait la reine sans merci. Mais la bonne et intelligente Motteville n'est point soulagée pour si peu, et, revenant sur ce mauvais traitement dont elle est pénétrée, ne se fait pas faute d'ajouter plus loin : « Le chapeau qu'on avoit demandé fut contremandé et M. de Beauvais parut quitter la cour sans regret pour aller la faire — quel jeu de mots ! — à un meilleur maistre que les plus grands et les meilleurs roys du monde ne le peuvent estre et où il a vécu saintement le reste de sa vie. »

Après l'état que tout à l'heure même nous venons de faire de ses sentiments, quel témoignage pourrait se produire qui nous parût et plus opportun et plus sympathique.

Ce n'est pas, en effet, sans quelque satisfaction que nous allons retrouver Augustin dans le calme et l'honneur de ses fonctions épiscopales. Il y est mieux à sa place qu'aux prises avec M. de Mazarin, dans ce milieu de corruption et de menées où son âme honnête et son caractère confiant avaient à redouter trop d'embûches. C'était ce semble aussi l'impression de Balzac lorsqu'il répondait à Chapelain le 12 octobre (1) : « Vous m'avez fait voir en petit toute notre cour, et j'ay leu avec grand plaisir l'histoire des Importants. Je connois, il y a long-temps, la plus part de ces messieurs et ne me suys point

---

(1) *Lettres inédites*. Publication de l'État, p. 427.

estonné du mauvais succès de leur politique. Mon estonnement n'alloit qu'à M. de Beauvais. »

Nous saluerons donc sans nulle peine le départ d'Augustin Potier et le suivrons très volontiers dans son exil. Ce ne sera point toutefois avant d'avoir relaté encore certaine anecdote qui le montre, comme aux funérailles de Richelieu, très justement soucieux des prérogatives de son rang.

Saint-Simon rappelle que le connétable de Montmorency, puis les Guise, ayant, à l'exemple des seigneurs du sang, pris le droit de descendre de cheval dans la cour du roi, les pairs les avaient imités et qu'il en fut de même quand les carrosses remplacèrent les chevaux. C'est ce privilège qu'on dénommait « les honneurs du Louvre ».

« Or, poursuivit Saint-Simon, le rare fut que les pairs évèsques qui en tout et partout ont les mêmes rangs et les mêmes distinctions que les pairs laïques ne s'étoient point avisés de celle-là jusqu'à la minorité de Louis XIV.

» L'évesque de Beauvais, Potier, si connu pour avoir été un instant premier ministre, s'avisa le premier de cette sottise de ses confrères et de la sienne et, un beau jour, entra en carrosse dans la cour du roi à Paris. La reine-mère régente se trouva par hasard auprès d'une fenêtre où elle le vit arriver; elle en parla le soir à Bautru, capitaine de la porte, comme d'une nouveauté qui l'avoit surprise et que ses gardes n'avoient pas dû souffrir. Bautru, qui étoit sur le pied de plaisanterie et de familiarité avec elle, lui répondit : qu'il ne savoit pourquoi M. de Beauvais, qui avoit en tout le rang des ducs et qui, par l'ancienneté de sa pairie, les précédoit tous, seroit de pire condition qu'eux pour les honneurs du Louvre, jouissant de tous les autres, que si lui et les autres évesques pairs ne les avoient pas pris, c'est que c'étoit des sots et que, quoiqu'elle pût dire, il ne les empêcheroit pas. Il étoit apparemment ami de l'évesque. La reine qui avoit de l'affection pour lui, et qui étoit peinée du tire-laisse qu'elle lui avoit laissé essuyer pour le premier ministère, ne voulut pas lui donner de dégoût pour une chose qui, en effet, étoit juste puisqu'il avoit tous les autres rangs, honneurs et distinctions des ducs, et de cette époque M. de Beauvais et les autres évesques pairs, à son exemple, se mirent en possession des honneurs du Louvre, qui n'a pas été contestée depuis à leurs successeurs. »

Bautru, nous le savons, n'était aucunement des amis d'Augustin, et pour que Saint-Simon parlât avec tant de modération d'une entreprise de vanité qui intéressait la pairie, il fallait que le prélat eût mille fois raison. Bien assurément le haut clergé dut avoir grande obligation à ce dernier d'une revendication aussi heureuse ; l'incident est sans date précise et, par sa nature même, clora plus convenablement que toute autre cette période la moins édifiante de la carrière que nous retraçons.

Peut-être ne vit-on jamais personne descendre du pouvoir avec aussi peu d'amertume et moins d'ennui que fit M. de Beauvais. « Ce sont des méchants, ce sont des pervers, » se contenta-t-il de dire un jour devant l'un de ses plus intimes amis (1), et, dans cette condamnation dédaigneuse des maîtres de la cour, nous ne voyons qu'un

(1) Hermant, p. 2040.

profond soulagement de n'en être plus. Au reste, nous ne pouvons être mieux renseignés que par un de ceux qui vécurent alors à ses côtés (1).

« Il ne parut, écrit Hermant, aucune altération sur son visage, et s'il avoit du chagrin il n'en donna nulle marque au dehors, mais un profond respect pour les ordres du roy son souverain et les mesmes inclinations pour la reyne sa maistresse. C'est la disposition dans laquelle il est toujours demeuré. Ceux qui l'ont approché de plus près en ce temps-là et jusques aux dernières années de sa vie, au nombre desquels je puis me compter, ayant eu l'honneur d'avoir esté son domestique pendant un an, n'ayant jamais ouï sortir sur le sujet de son humiliation la moindre parole d'impatience et de murmure. » Ne devait-il pas à cette disgrâce de revenir tout entier à son cher diocèse, à ses œuvres apostoliques et de retrouver sa grande amie, sa bibliothèque, « qu'il revit tout en détail, dès son retour à Beauvais (2). ».

Ce n'est pas dans cette ville qu'il s'était rendu d'abord en quittant la cour : car le premier soir il s'en « étoit allé coucher à Saint-Denys et le lendemain dans son château de Bresles où il passa environ trois mois dans la solitude avant de revenir à sa résidence. » Cette retraite lui était commandée sans doute par sa santé déjà fort ébranlée ; elle lui permit de préparer plusieurs des travaux qui nous restent à énumérer, mais elle ne trouva pas grâce devant la méchanceté d'un plat courtisan, de ce baron d'Auteuil qui dénonçait naguère au grand aumônier

---

(1) Hermant, p. 2040.
(2) *Ibid.*

tout-puissant *les dessains pernicieux, la fourberie de Mazarin et de ses créatures.*

Or, voici ce qu'il écrivait à l'une d'elles, à Chavigny, revenu de la veille aux affaires :

A Auteuil, ce dimanche matin, le 16 septembre 1643 (1).

« Monseigneur,

» Le changement soudain que j'appris hier au soir seulement et le retour de nostre évesque m'obligent de vous dépescher le porteur avec ces lignes à mon défaut, parce que je suis actuellement retenu par l'incommodité d'une furieuse fluxion, pour vous supplier humblement, Monseigneur, de me vouloir conserver toujours l'honneur de vostre protection.....

» J'ay esté plus touché de la disgrâce de nostre évesque que je n'en ay esté surpris. Il y a assez longtemps que je pensois bien que sa conduitte aboutiroit à une telle conclusion que celle-cy et qu'il auroit à la fin lieu de regret de ce qu'il n'a pas sitost creu ses bons amys qu'un certain nombre de flatteurs estrangers. Ma consolation est que je n'ay rien oublié pour luy en donner mes advis, principalement de la part de personnes qui valoient mieux que moy et qui connaissoient son mal par les causes.

» Tant il y a que je pense qu'il a à présent les yeux ouverts et que c'est pour cela qu'il ne me peut souffrir, m'ayant fait prier (aussy tost qu'il est arrivé chez luy) que je ne le visitasse point et qu'il seroit bien ayse de demeurer en retraitte.

(1) *Archives des Affaires étrangères*, t. CV, fo 23.

» L'on m'a asseuré qu'il est dans un chagrin incroyable, qu'il tâche pourtant de le dissimuler par toutes sortes de discours, de divertissements champestres, et qu'il se console principalement de pouvoir monstrer le congé par escript qu'il a voulu avoir de la reyne..... »

Cela finit par des platitudes et une demande de secours et est signé : *Auteuil.*

On connaît le personnage, et les diverses insinuations contenues dans sa lettre sont, croyons-nous, suffisamment réfutées d'avance. Nous n'y insisterons donc point. En fait, les divertissements champêtres n'empêchent pas le prélat de donner, dès la Saint-Denys (9 octobre), une mission dans l'église de Mogneville, près Liancourt, voulant ainsi témoigner à la fois au P. Bourdoise sa satisfaction, et au duc sa gratitude pour tant d'églises dotées, pour tant de pieux sacrifices. Les fruits en sont même si abondants que l'année suivante, après les fêtes de saint Lucien (8 janvier 1644), il ira de nouveau s'établir jusqu'à la Purification aux environs de Liancourt et, durant toute cette mission reprise et achevée après Pâques, il fera preuve d'un infatigable zèle, d'une charité et d'une douceur vraiment évangéliques.

Nous trouvons trace de lui vers la même époque dans la querelle du jansénisme, car, le 9 novembre 1643, Balzac écrivait encore à Chapelain (1) :

« Pourquoi M. de Grasse (2) n'a-t-il point donné son

---

(1) *Lettres inédites*, publication de l'État. p. 440.
(2) Antoine Godeau.

approbation au livre de nostre amy, non plus que MM. de Beauvais et de Lisieux (1)? »

Notre ami, c'était Antoine Arnauld.

« Les Jésuites en tirent avantage et me sont venus dire jusques icy que ces trois sages prélats n'ont point voulu approuver une doctrine creuse et mélancholique. »

Mais ce n'est point le lieu de nous étendre trop sur le jansénisme. Nous en aurons meilleur sujet autre part et nous nous contenterons de noter pour l'instant qu'Augustin n'y demeura point étranger.

Entre temps, une occasion s'était offerte à lui de « sacrifier son ressentiment au soulagement public de son peuple qu'il avoit toujours aimé avec tendresse. » Aux approches de l'hiver on avait tenté de mettre dans sa ville une garnison, comme « pour faire éclatter le peu de considération qu'on faisoit de sa personne ». Mais lui, au lieu de se roidir fièrement contre cette offense, « fut assez maistre de luy-mesme pour escrire à la reyne, sa maistresse, et au cardinal, afin d'en descharger les habitants, et ses lettres produisirent l'effect qu'il en avoit espéré (2) ».

Voici, en effet, la lettre que Mazarin lui adressait le 2 janvier 1644 :

A Monsieur l'évesque de Beauvais.

« Monsieur,

» Bien que j'aye rencontré de la difficulté à faire exempter la ville de Beauvais du logement des gens de guerre, j'ay

---

(1) Philippe de Cospéan.
(2) HERMANT, p. 2040 et suiv.

faict un effort pour la surmonter et pour vous tesmoigner que partout où il s'agira de vostre satisfaction, je n'espargneray, ni mon crédit, ny mes offices. Je seray ravy que le temps me fasse naistre d'autres occasions pour vous pouvoir donner d'autres preuves de cette vérité, et vous faire voir la passion avec laquelle je suis (1)..... »

Le ton fort empressé et déférent de cette lettre si peu de mois après la retraite d'Augustin nous semble assez digne de remarque et confirme ce qu'on sait déjà, et du respect qu'il inspirait même à ses adversaires et de la courtoisie toute italienne où Mazarin se complaisait le plus souvent.

A cette date du 2 janvier, M. de Beauvais avait fait une première publication de ses statuts synodaux que nous verrons éditer à nouveau en 1646 (2).

Le 25 avril 1644, il se rendait à Gerberoy où souvent déjà il était venu, « soit pour y donner des ordres nécessaires, soit pour faire déloger des gens de guerre, soit pour le bien de la ville et deux fois pour animer par sa présence les escoliers que les régens avoient disposez à représenter publiquement quelque tragédie de leur composition (3) ».

----

(1) Bibliothèque Mazarine, manuscrit 1719, f⁰ 149 inédit.

(2) Ce sont ces statuts synodaux donnés à Beauvais le samedi 2 janvier 1644 par Augustin qui furent réimprimés et revus par l'ordre de Messire Nicolas Choart de Buzenval, son successeur, en 1653, à Beauvais, chez Vallet, proche Saint-Barthelemy. L'en-tête porte un écusson écartelé de Choart et de Potier. (Bibliothèque Mazarine NF, jurisprudence 642, in-8⁰, parchemin.)

(3) *Histoire de Gerberoy*, chanoine PILLET, p. 62, Rouen, Eustache Virel, 1679, in-4⁰.

« À ce nouveau voyage, ajoute le chanoine Pillet, nous eusmes l'honneur de le posséder depuis le lundy, vingt-cinquième jour d'avril et fête de Saint-Marc qu'il arriva et fit la visite, jusqu'au vendredy de devant la Pentecôte 13 may, c'est-à-dire pendant dix-neuf jours ; le dimanche avant l'Ascension et le dimanche suivant, il fit prescher en sa présence dans la collégiale et chanta la messe pontificalement le jour de l'Ascension ; ce fut le jeudy 12, octave de la fête, qu'il visita le Chapitre. Tout ce temps, il l'employa à faire la calende dans l'église de Gerberoy où se trouvèrent nombre de curez des doyennez de Bray et de Montagne. Les soirs, à son retour, il faisoit faire le catéchisme dans notre église, où il assistoit afin de convier chacun par son exemple à s'y trouver. »

Sans souci de ses fatigues et avec une simplicité touchante, il fit de même aux environs de Pont-Sainte-Maxence et de Creil, « où il parla et agit beaucoup, s'estant fait accompagner d'un grand concours d'ecclésiastiques de sa cathédrale et de quelques autres églises (1) ».

Dans son zèle toujours ardent, il s'efforçait aussi de mettre partout les secours de la religion à la portée des fidèles, en provoquant l'établissement de chapelles de secours, comme à Fretay, près Grémevillers, et à Glatigny. À Fayel, il autorisa la bénédiction du sanctuaire que le maréchal de la Mothe-Houdancourt venait de relever et l'érigea en succursale dépendante de Rivecourt.

Durant cette même année, il avait eu la tristesse de

---

(1) Hermant, p. 2040 et suiv.

voir un orage épouvantable détruire, avec les bourgs de Fontaine-la-Vaganne et de Marseille, l'église de Milly, celle d'Achy et son presbytère, et les eaux furieuses en apporter les débris jusque sous les fenêtres de son palais. Mais il eut bientôt fait de réparer ce désastre et de remettre les églises ruinées dans un état digne du culte (1).

Puis, passant du séculier au régulier, il s'était appliqué, toujours en 1644, à réformer diverses abbayes importantes comme Saint-Quentin, Saint-Lucien, Saint-Symphorien, Saint-Germer; il y introduisit la Congrégation de Saint-Maur pour laquelle il nourrissait une préférence très justifiée et publia sur cet objet de nombreuses ordonnances, tant au cours de ladite année que de la suivante.

Tout au contraire des résistances rencontrées jadis au monastère de Breteuil, il fut cette fois utilement secondé par les abbés commandataires et les « prieurs claustraux », mais en eût-il été autrement que rien n'eût su rompre sa volonté, car le trouble des temps avait, malgré maint avertissement, favorisé une indiscipline qui rendait les réformes absolument nécessaires.

Or, c'est un évêque absorbé de pareils soins qu'un misérable dénonçait sans relâche à l'animosité de Mazarin. Il prétendait se faire un titre des mépris que lui témoignait Augustin et adressait à Chavigny, son correspondant habituel, des perfidies comme celle que l'on va lire (2) :

---

(1) DELETTRE.

(2) *Archives des Affaires étrangères*, fonds de France, t. CVIII, f° 75.

A Auteuil, près Beauvais, 27 septembre 1644.

« Monseigneur

» ..... Je prendray cette occasion de vous dire un mot du déplaisir que je reçois du traitement assez rude de **M.** de Beauvais, dont je vous parle d'autant plus librement que vous avez tousiours connu la sincérité de mon cœur et que dans la matière dont il s'agit vous pouvez estre mon juge le plus légitime, si ce n'est que vous vouliez mesme y entrer comme partie, puisqu'on vous le rend en effet.

» ..... Je n'estois pas venu en Picardie depuis un an que je le veis une fois au tems de sa disgrâce. Mais estant venu enfin dans ce pays au tems qu'il estoit à Beauvais, où il attendoit celuy du Concile prétendu de Reims, je ne me suis pas peu dispenser de ce que je croyois lui debvoir comme n'ayant jamais pensé estre autre que son serviteur. Et luy il n'a peu faire autrement que de me tesmoigner le venin que toute sa parenté luy inspire contre moy.

» Je l'ay fait visiter et sonder par un mien amy, adroit et intelligent et j'en suis demeuré si offensé et si piqué que ce sera asseurément la dernière tentative que je ferai sur ce subject. Je suis résolu de ne rechercher de ma vie l'occasion de le voir après un procédé si dur et si injuste; ny de me soucier qu'il me tienne pour justifié d'une faute dont les gens d'honneur savent bien que mon esprit n'est pas capable, et dont, par conséquent, il m'est indifférent qu'il m'en répute y après pour criminel.

» Tant il y a, Monseigneur, que mon crime n'est autre

que d'avoir eu les sentimens d'un homme d'honneur et d'avoir souhaité la paix, la douceur et la concorde entre les personnes que j'estimois. Pour n'avoir pas voulu manquer à ceux à qui je me croyois plus obligé et n'avoir rien oublié néantmoins vers ceux à qui j'estois moins redevable, je suis homme blasmé et outragé par toute une famille qui me deschire et me descrie comme le plus déloyal, le plus infidelle et le plus cruel de tous leurs ennemys. Au moins, Monseigneur, faites moy cette grâce de m'ayder à obtenir que cette accusation et cette calomnie ne me soient pas tout à fait infructueuses et inutiles..... et puisque mon péché accroist par les soins et par les devoirs que je rends à M. le cardinal, au moins faittes à ce coup cette faveur, qu'il sache par vos asseurances que mes amys me traittent de cette façon parce que j'ay paru son serviteur et le vôtre, sans que cela nuisît à personne..... et j'ose dire qu'il seroit contre votre justice ordinaire que vous ne prissiez pas suiect par cette occasion de me faire quelqu'office auprès de celuy, pour lequel au fond tout cela arrive et contre vous et contre moy; pourveu toutefois que cela se puisse sans faire aucun tort à celuy qui me désoblige. Je ne refuse pas de vostre bonté que Son Éminence sache que je souffre cette persécution puisqu'elle est à présent publicque et sans remède. Mais je vous proteste néantmoins que je ne voudrois pas que cela peust nuire à un homme de quy j'ay esté serviteur et amy durant plusieurs années, quoique j'advoue qu'il me fait la plus haute injustice que l'on puisse imaginer (1). »

----

(1) Revenant sur le cas de ce Concile de Reims, dont il est parlé

Il nous semble que nous aurons achevé de peindre ce quémandeur tortueux, ce famélique auteur d'une *Histoire de Blanche de Castille* et d'un grand ouvrage des *Ministres d'État*, auquel il travaillait tous les jours (1), quand nous aurons reproduit certain passage de l'une de ses lettres à Mazarin. Il y rappelle au cardinal « qu'on luy mande de tous costés de l'Europe la réputation qu'a acquise l'excellente *Histoire des Sœurs de Sainte-Marthe* et par ce moïen, dit-il, tout le monde y veoit ce que j'y ay glissé, sous la faveur de leur plume, pour les intérests de Vostre Éminence. J'ose adjouster que l'ayant faict très fidellement, *selon vos commandements*, l'on a fort approuvé partout ce qui y est inséré, soit pour la régence, soit pour vostre ministère, soit *pour vostre maison dont je prétens avoir esté le premier qui ay délivré, déclaré et faict valoir les tesmoignages cachés des anciens autheurs italiens comme il est notoire à tous les sçavants et qui est aussy fort connu à Vostre Éminence*..... (2) », et comme de raison le digne homme conclut à quelques faveurs pour son salaire. Mais c'en est assez, nous sommes bien édifiés et nous nous contenterons d'admirer avec quel

---

au début de sa lettre, M. d'Auteuil ajoute ce qui suit: « Pour notre Conseil provincial je l'ay trouvé avorté le jour que j'estois à Beauvais, dimanche dernier. Tout y estoit disposé, nostre évesque tout prêt à y aller, après avoir luy mesme fait la prédication solennelle pour ce sujet; les députez des corps ecclésiastiques estoient déjà le pied à l'étrier quand un commandement de Mgr de Reims a remis la chose à une autre année..... »

(1) Du 24 novembre 1648. *Archives des Affaires étrangères*, f. de France, t. CXIX, f° 190.

(2) Du 24 novembre 1648. *Archives des Affaires étrangères*, f. de France, t. CXIX, f° 190.

esprit pratique M. de Mazarin aidait l'histoire à prononcer sur son mérite et sur sa naissance. Il faut croire toutefois que l'honnête Auteuil ne sut pas toujours gratter Son Éminence au bon endroit, car on le voit un peu plus tard implorer bien misérablement sa clémence (1).

Au surplus, deux minutes de la main du cardinal conservées aux archives des Affaires étrangères nous vont prouver qu'en dépit des délations, Augustin était demeuré en termes fort convenables avec la cour (2).

L'une et l'autre sont relatives à ces affaires de garnison où nous avons déjà vu notre évêque intervenir l'année précédente, mais c'est moins le fond que le ton de ces lettres qui nous doit intéresser.

La première commence ainsi :

Pour M. l'évesque de Beauvais.

31 novembre 1644.

« Monsieur,

» Je n'ay pas beaucoup de peine à renouveller l'office que je fis l'année passée pour procurer à la ville de Beauvais l'exemption du logement des gens de guerre..... »

Mazarin s'arrête ici, biffe ces quelques lignes et s'y reprend comme suit, plus aimablement :

« Monsieur,

» Je vous supplie de croire que c'est avec plaisir que je fis office l'année passée et que je le renouvelle celle-

---

(1) *Archives des Affaires étrangères,* fonds de France, t. CLXV, f° 105.

(2) *Ibid.,* t. CVIII, f° 126.

cy pour procurer à la ville de Beauvais l'exemption du logement des gens de guerre. Je n'avois garde de manquer à une si petite occasion de vous servir, puisque j'en embrasserois de bon cœur de plus importantes et considérables pour vous tesmoigner l'estime que je fais de vostre personne et la passion avec laquelle je suis..... »

On ne saurait en vérité demander mieux, et c'est de la même encre que, trois mois plus tard, Mazarin minutait encore ce que voici (1) :

Pour M. l'évesque de Beauvais.

13 mars 1645.

« Monsieur,

» J'ay laissé quelque temps à respondre à vostre lettre de février, d'autant que je croyois que vous recevriez plus tost contentement sur le subject dont vous m'écriviez. Mais le besoin que le roy a eu de faire avancer, de meilleure heure qu'on ne s'estoit proposé, des troupes sur la frontière de Picardie, a fait qu'on n'a pu s'empescher d'en loger à Beauvais, où l'on a la très sévère recommandation de n'en pas metre. Aussi cette mesme nécessité nous obligeant de les faire déloger bientost, le peu de tems qu'elles ont à y demeurer ne mérite pas qu'on en précipite la sortie, laquelle néantmoins je ne laisseray point de presser pour l'amour de vous le plus tost qu'elle se pourra commodément faire et pour vous

---

(1) *Archives des Affaires étrangères*, fonds de France, t. CIX, f° 57.

tesmoigner en cette occasion comme en toutes les autres qui se présenteront que je suis très véritablement (1)..... »

Voilà qui va fort bien ; *pour l'amour de vous* nous paraît admirable et l'art d'écrire est une belle chose. Il n'en reste pas moins que les rapports demeuraient très corrects entre les deux rivaux et que la noble dignité de l'un avait eu raison du caractère ombrageux de l'autre.

Cette année 1645 vit Augustin catéchisant à leur tour les habitants de Crèvecœur et de Bresles et il y employa un de ses parents, Charles Guillard, missionnaire célèbre dans l'Oratoire et fort connu sous le nom de P. d'Arcy.

Malheureusement ces fatigants travaux n'allaient plus pour M. de Beauvais sans de grandes faiblesses, symptômes d'une sorte de paralysie qui excita sa patience jusqu'au tombeau (2).

Les premiers jours de novembre y ajoutèrent une grande affliction par la mort du dernier de ses frères, André Potier de Novion, second président au Parlement de Paris, avec la consolation toutefois de voir Nicolas, son fils unique, prendre possession, dans une grande jeunesse, de la charge de président au mortier et préparer ainsi une carrière qui devait le pousser si haut (3).

Ce fut en 1646 que s'imprimèrent pour la seconde fois les *Statuts Synodaux de messire Augustin Potier*.

---

(1) Ces deux lettres se trouvent en copie avec quelques variantes insignifiantes aux manuscrits de la Bibliothèque Mazarine 1719, f° 317 et 354.

(2) Hermant, p. 2040.

(3) *Ibid.*, p. 2040.

évesque et comte de Beauvais, pair de France, pour estre observez dans son diocèse (1).

Nous avons feuilleté cet ouvrage tout rempli de pieuse expérience et voici, avec le titre des différents chapitres, quelques-unes des prescriptions qui nous ont paru mériter une mention spéciale.

I. — DE LA FOY ET DE L'INSTRUCTION.

« ARTICLE PREMIER. — Nous ordonnons aux curez et vicaires d'enseigner le cathéchisme tous les dimanches entre vespres et complies, ou au prosne de la grand'messe, s'ils remarquent que le peuple n'assiste point aux vespres, sous peine, pour chacune fois qu'ils y manqueront, d'aumosner 20 sols aux pauvres escholiers de leur archidiaconé, estudiants aux collèges. Sera en outre procédé contre les défaillants, notablement par censures ecclésiastiques et autres voies de droit..... »

« ART. 6. — Voulons que tous maistres et maistresses d'eschole ou d'escriture fassent en tous tems, trois fois la semaine, lire et réciter à leurs escholiers la lettre du cathéchisme, les interrogeant et faisant respondre par mémoire autant qu'ils en seront capables..... »

« ART. 9. — Voulons que les prédicateurs s'accommo-

_____

(1) A Paris, chez Antoine Vitré, imprimeur ordinaire du roi et de la reine régente, mère de Sa Majesté, et du clergé de France (MDCXLVI, in-8º de 47 pages, survies d'un *prosne dont on pourra se servir quand il y aura quelque empeschement extraordinaire et non autrement*, et d'une instruction ou formulaire pour dresser les comptes des Fabriques, 16 pages. Le tout, couvert en parchemin, se trouve à la Bibliothèque Mazarine sous le numéro 26 626).

dent à la portée de leurs auditeurs en sorte qu'ils fassent entendre aux plus simples les véritez de l'Evangile. »

II. — Du Service et du Culte divin.

« ..... Défendons aux hommes et garçons de se mettre au bas de la nef et à l'entrée de l'église pour quelque prétexte que ce puisse estre et voulons qu'ils ayent leurs places séparées de celles des femmes et des filles.....

» Les églises doivent toujours estre nettes..... On prendra garde à ce qu'il n'y ayt aucune croix gravée ou figure sur le pavé de l'église..... Il y a défense de tenir les plaids à la porte des temples..... Défense à toute personne de se pourmener ou de s'entretenir dans les églises et aux pauvres d'y mendier. »

III. — Du Baptême.

IV. — De la Confirmation.

V. — De la Pénitence.

« ..... Les confesseurs ne confesseront point après le jour failly, si ce n'est qu'il y ayt dans l'église au moins quatre personnes et une lampe ou cierge allumé proche le confessionnal..... Toute l'année, mais principalement au commencement du Caresme, les curez et vicaires travailleront aux réconciliations des inimitiez qui pourront estre dans leurs paroisses. »

VI. — De l'Eucharistie.

VII. — De l'Extrème-Onction.

VIII. — Du Mariage.

« ..... Enjoignons auparavant la publication du premier ban, d'interroger les fiancés en particulier et en

secret sur les articles de la foy..... Que si l'une ou
l'autre des parties ou toutes les deux ne savent pas ce
qui est nécessaire au salut, on ne publiera pas leurs
bans qu'ils ne l'ayent appris. »

IX. — DE L'ORDRE.

X. — DU REVENU TEMPOREL, DES DEVOIRS DES MAR-
GUILLIERS.

L'ouvrage se termine par un RÈGLEMENT POUR LA SON-
NERIE. Il y a infiniment de sagesse dans tout cela et on
y sent à chaque page un grand esprit d'administration.

Ce ne fut pas au reste le seul travail de cette espèce
auquel notre évêque eut à pourvoir vers ce temps-là,
car voici ce qu'on lit au Cartulaire du bureau des
pauvres de Beauvais (1) :

« Messire Augustin Potier, du consentement de
M. Pilon, maistre de l'Hostel-Dieu et de toute la communauté des religieuses, ayant résolu d'establir la closture
parmi les Sœurs et d'y introduire une espèce de réforme
et ayant fait venir à cest effect trois religieuses de
l'Hostel-Dieu d'Abbeville, en l'année 1646, il crut qu'il
falloit adjouster aux anciens statuts de nouvelles Constitutions proportionnées à cest estat de réforme et de
closture, parce que ces anciens statuts, qui estoient bons
pour la simplicité du tems auquel ils avoient esté
dressez, ne pouvoient plus quasi estre d'usage en plusieurs choses non essentielles et de peu de conséquence,
à cause du nouvel estat de la maison..... Le seigneur

____

(1) Année 1677, p. 15.

évesque proposa donc au maistre et religieuses, des Constitutions nouvelles tirées quasi toutes de celles de l'Hostel-Dieu d'Abbeville et, sur leur acceptation, il leur en ordonna la pratique et depuis ce temps les religieuses les vouent aussy bien que les anciens statuts et la règle de saint Augustin ! »

Tout cela se passe de commentaire.

L'état de santé de M. de Beauvais le tenait déjà enfermé dans son appartement, lorsqu'en septembre de cette même année, Éléonor d'Estampes de Valençay, archevesque de Reims, fit sa visite à la cathédrale de Beauvais. Augustin ne put prendre part à la cérémonie ; mais le Chapitre n'oublia rien pour recevoir solennellement son métropolitain et le vint complimenter dans l'hôtel épiscopal où il était logé.

Il fut naturellement question, durant ce séjour, entre les deux prélats, de ce Concile convoqué à Reims pour 1644, que l'autorité du roi avait fait surseoir et dont il a été parlé plus haut. « M. de Beauvais, nous dit Hermant, me fit l'honneur de m'appeler à cette communication..... mais l'archevesque, qui vescut encore plusieurs années après l'indication de ce Concile, mourut sans l'exécuter. »

Les Carrés de d'Hozier (1) nous fournissent aux années 1646 et 1647 plusieurs pièces notariées concernant Augustin. Leur sécheresse et leur longueur ne nous permettent pas de les reproduire ici, encore qu'elles contiennent sur son patrimoine et sur ses affaires de famille des détails assez intéressants, mais nous les allons résumer en quelques lignes.

_____

(1) Bibliothèque Richelieu. Manuscrit.

La première, en date du 21 décembre 1646, stipule que l'évêque représenté par son aumônier Eustache Flouret, chanoine de Beauvais, cède à Henri Choart, seigneur de Buzenval, *une grande maison située à Paris rue et paroisse Saint-Médéric* et que ledit évêque a reçue de son père dans le partage qu'il fit de ses biens l'an 1630, contre la somme de 4 138 l. 17 s. 9 d. de rente, au principal de 77 000 livres appartenant au sieur de Buzenval. L'immeuble dont il est cas avait été vendu par Louis Burgensis, en 1543, au conseiller Jacques Potier, grand-père de messire Augustin. Était-ce donc cet hôtel des Potier d'alors, que nous savons qui était rue Saint-Médéric? L'acte dit simplement *une grande maison*, ce qui ne prouve rien, étant donnés le langage et les mœurs du temps; mais M. de Beauvais n'était pas l'aîné et la demeure de famille n'avait aucune raison de lui être échue. Il s'agit plus vraisemblablement de quelque logis voisin dont le prélat, retenu loin de Paris, n'avait plus que faire, et qu'il aliénait pour pouvoir dépenser davantage en bonnes œuvres.

Le même jour, par un second acte, Eustache Flouret, agissant comme dessus, cède à Mʳᵉ Louis Binet, sieur de Beaurepaire, maître d'hôtel ordinaire du roi, diverses petites rentes provenant de M. de Buzenval, et comprises évidemment dans le chiffre de 4 138 livres ci-dessus énoncé, lequel acte fut ratifié par l'évêque de Beauvais, le 15 mars 1547. Enfin, le 11 de ce dit mois, Guillaume de Lamoignon et Madeleine Potier, sa femme, font audit Henri Choart, moyennant 27 900 livres, rétrocession d'une autre portion de rente de même provenance à eux vendue au nom d'Augustin par le sieur Eustache Flouret.

Il était un autre Choart de Buzenval, nommé Nicolas, dont M. de Beauvais avait remarqué la piété précoce et auquel il s'était attaché particulièrement. Peut-être en secret caressait-il déjà quelque espoir d'avoir un jour pour successeur ce fils de sa sœur Madeleine; toujours est-il qu'il en remit, cette année-là, l'éducation à l'érudit Maurice Maqueré, professeur de rhétorique au collège de Beauvais, et très digne en tout point de sa confiance.

Certaine mesure qu'il adopta vers cette époque fut le point de départ d'une œuvre très importante. Malgré l'organisation des bureaux de charité, il avait continué de faire l'aumône publique deux fois par semaine en son palais. C'était la source d'abus nombreux, les dons étant distribués indifféremment à tous ceux qui se présentaient. L'évêque souhaita enfin qu'ils allassent aux véritables pauvres, et en chargea « pour plus de lumières et de cognoissance les curez de chaque paroisse, tant de la ville que des faubourgs. Les peuples suivirent volontiers l'exemple de leur prélat et souhaitèrent que les mêmes mains qui offroient pour eux le sacrifice de l'autel s'employassent aussi au sacrifice de leurs aumosnes ». Or, en 1651, de grandes calamités, une misère atroce, s'étant abattues sur Beauvais, Mgr Choart assembla ses prêtres, concentra tous les secours dont ils avaient la distribution, obtint par cette méthode des résultats inattendus et conclut bien vite à la nécessité d'une fondation permanente, laquelle prit en janvier 1653 le nom de *Bureau des Pauvres* (1).

____

(1) *Archives du Bureau des Pauvres de Beauvais, cartulaire* Ier. Manuscrit, ch. III, p. 3, verso. Autorisé par lettres patentes d'août

En 1647 encore, Françoise le Charron, abbesse de Penthemont, obtenait de notre évêque la permission de s'établir avec ses religieuses dans l'intérieur de la ville, louait à cet effet l'hôtel de la Châtellenie et s'y installait le 1er juin (1).

Augustin avait fait le mois précédent son dernier voyage à Gerberoy (2). La moindre fatigue physique lui était devenue presque intolérable, mais l'activité de son esprit restait la même et le demeura jusqu'au bout.

Il n'en est point de meilleure preuve que l'entreprise si considérable qui l'occupa une partie de cette année et dont on ne saurait faire trop d'état.

Il avait appelé auprès de lui un prêtre de grand sens, de grand savoir et de grande vertu, Nicolas Levesque, qui, après avoir été curé doyen du Chapitre de Gerberoy, recteur du collège de Beauvais, chanoine, chantre de la cathédrale et grand vicaire, s'était mis en solitude afin de travailler mieux à son gré. Dès longtemps, Mgr Augustin avait eu des vues sur lui, mais sa modestie était à la mesure de son mérite, et il avait fallu pour l'arracher à ses études toute l'autorité épiscopale.

Enfin « il sacrifia son repos au commandement de son

1658, il fonctionne encore aujourd'hui remarquablement. Le chanoine Hermaut publia en 1676 un livre intitulé : *Discours chrétiens sur l'établissement du Bureau des Pauvres de Beauvais*, dont il a été fait en 1732 une nouvelle édition augmentée de plusieurs chapitres. Ledit Bureau possède des archives fort riches et très bien classées.

(1) C'est cette maison qu'une contre-abbesse, Constantine de Tourville, transporta en 1671 dans le faubourg Saint-Germain, à Paris.

(2) Chanoine Pillet, p. 270.

évesque et se soumit à sa voix comme à celle de Dieu mesme (1) ».

Quel était donc ce dessein que le prélat mûrissait avec tant de soins et de persévérance et pour lequel un pareil concours lui était nécessaire? Sa plus haute préoccupation avait toujours été, nous l'avons vu, de relever le niveau moral de son clergé, et de lui donner, avec l'esprit de règle et les mœurs exemplaires, cette aptitude aux fonctions sacrées qui ne s'acquiert que par un exercice bien dirigé, ce goût particulier qui donne intérêt et dignité aux cérémonies religieuses, enfin cet amour du prochain, cette ardeur du bien qui gagnent plus d'âmes que tout le reste. Et c'était dans ce but, c'était pour former les jeunes gens aux habitudes de la vie ecclésiastique qu'Augustin Potier avait fondé les retraites des ordinands dont les bons résultats récompensaient déjà largement ses efforts.

Pourtant, il y avait encore beaucoup à faire. Une retraite de quinze jours n'était, il le sentait bien, qu'une préparation insuffisante à un si important et si redoutable ministère, et le besoin lui apparaissait manifeste d'un établissement dans lequel les adeptes auraient plusieurs années pour vérifier leur vocation et compléter leurs études sous la direction de maîtres également pieux et instruits. Mais il y fallait beaucoup d'argent, car on n'exigerait que le trousseau, Augustin prétendant fournir gratuitement les aliments de l'esprit et ceux du corps et voulant que l'épreuve ne pût être onéreuse à ceux qu'en fin de compte on n'estimerait pas faits pour la cléricature.

____

(1) Hermant, p. 2 041.

Cet obstacle n'était point pour l'arrêter ; ne venait-il pas de vendre, ce semble, tout exprès, son immeuble de la rue Saint-Médéric ?

D'ailleurs, ses dépenses personnelles étaient désormais bien réduites par l'impossibilité où le mettaient ses maux de recevoir dignement, comme il avait toujours fait. Il crut pouvoir apporter encore certains retranchements sur ce chapitre, prit à sa charge, sa vie durant, toute la subsistance de son Séminaire et s'en remit pour le reste à la Providence.

Les successeurs achèveraient ce qu'il aurait heureusement commencé..... De même, il ne chercha point d'autres locaux que la galerie qu'il avait ajoutée à son palais, et l'hôtel de Torcy, tout contigu, acquis par lui naguère à cette intention. La générosité pouvait-elle aller plus loin ? Assisté de l'abbé Leclerc, ancien principal du collège, et de plusieurs autres prêtres de mérite, Nicolas Levesque fut placé à la tête de cette si louable entreprise. Il apportait avec lui l'excellente traduction du *Traité du Sacerdoce* de saint Jean Chrysostome que Mre Augustin fit imprimer à Rouen, chez Vitré, l'année de sa mort, et dont la première page est honorée de son nom (1).

Une œuvre si hautement utile, soutenue de tant de capacités et de sacrifices, ne pouvait manquer de réussir : aussi la maison fut-elle remplie dès le début, et « l'inau-

---

(1) On y joignit à la fin une remarquable ordonnance de feu messire Litolfi Maroni, évêque de Bazas, mort en 1645, et avec lequel M. de Beauvais avait entretenu une fort longue et confiante liaison.

guration en fut célébrée comme l'exécution du plus utile projet qu'un évêque eût jamais pu concevoir (1) ».

Après Hermant, après Pillet et quelques autres, l'abbé Delettre, à qui nous empruntons ces lignes, semble dire qu'on peut attribuer à Augustin l'honneur d'avoir fondé le premier Séminaire connu, ce qui devrait aux yeux de l'Église lui être un nouveau titre de singulière gloire. Cependant il est avéré que Vincent de Paul s'était précédemment occupé d'une fondation analogue quoique infiniment modeste (2).

Mais on connaît aussi l'étroite communauté de vues qui toujours exista entre M. de Beauvais et le saint homme ; on a vu le transport de ce dernier, quand, pour la première fois, l'évêque s'ouvrit à lui de son projet sur les ordinands, et que Vincent se chargea tout aussitôt d'en aller prêcher la retraite ; on sait que celui-là avait l'esprit tendu constamment vers ces sortes de questions, tandis que celui-ci était sollicité sur cent points à la fois par des soins différents, et il n'est peut-être pas mal à propos de croire que cette grande idée des Séminaires naquit d'abord d'Augustin Potier et qu'alors qu'il en préparait sagement les moyens d'exécution, l'ardent ami en faisait quelque autre part un essai rudimentaire. De toute façon, il n'est pas douteux que le Séminaire fondé en 1647 dans le palais de M. de Beauvais servit de modèle à ceux que tous les prélats à son exemple établirent successivement dans leurs diocèses. Ce fut donc à qui, parmi eux, s'enrichirait de ses conseils, comme

---

(1) L'abbé Delettre, t. III, p. 432.
(2) Il y eut dès 1646 une manière de Séminaire à Bazas.

M. de Lisieux qui, tenté d'utiliser à cette fin le prieuré de Santa Barbara in Algia, hésitait, de peur que l'autorité épiscopale pût avoir à en souffrir, sur quoi Mgr Augustin répondait :

« Il ne s'agit point ici de ces réguliers qui, trop souvent, nous le savons, ne gardent pas la résidence et qui sont peu soumis à leurs évêques. Ceux-ci sont des chanoines et véritablement réguliers, qui ne suivent pas seulement les règles de leur Ordre, mais aussi celles de l'Église. Ils seront utiles à votre diocèse, surtout sous une direction comme la vôtre (1). »

Et Philippe de Cospéan cessa d'hésiter, et bientôt à Lisieux, de même qu'ailleurs, des fruits précieux apparurent qui, chaque jour plus abondants, se recueillent maintenant par toute la chrétienté et consacrent admirablement « cette dernière et inappréciable création du zèle éclairé d'Augustin Potier (2) ».

Divers actes d'administration se placent encore en cette année 1647. C'est d'abord un traité avec Dom Marc-Antoine Taroudon, prieur *cloistrant* de Nostre-Dame de Froidmont, pour l'exécution au travers des terres de l'abbaye d'un canal d'écoulement des fontaines du château de Bresles.

Puis c'est une convention entre Augustin et le Chapitre de sa cathédrale par laquelle, d'un commun accord,

---

(1) *Non sunt isti de quibusdam regularibus quos nimis sæpe contumaces experimus et parentibus episcopis minus obedientes. Canonici sunt et vere regulares qui non tantum sui ordinis sed etiam Ecclesiæ regulas servant. Utiles tuæ diocesi erunt, maxime te informatore et magistro.* (*Gallia Christiana*, t. VIII, c. 790).

(2) Delettre, t. III, p. 441.

« certaine distribution de pain, vin, cheminaux et dragées », qui se faisait aux frais de l'évêque, le Jeudi-Saint, après le lavement des pieds, fut supprimée et remplacée par une rente de 40 livres payable à la Fabrique sur les revenus de l'évêché (1).

Ce sont aussi d'interminables et graves procès, qui vont parfois jusque devant le Parlement, pour défendre contre les velléités d'indépendance ou les usurpations des Chapitres, des officiers du présidial, des seigneurs voisins, voire même contre la couronne, comme dans l'affaire entre les habitants de Bresles et le roi pour son droit de Franc-Fief.

Ils prétendaient, en effet, ne relever que de l'évêque auquel ils payaient une poule à la fête de Saint-Pierre-ès-liens. Nous avons trouvé au dossier la signature d'Augustin représentée par une simple croix (2).

Nous ne mentionnerons que pour mémoire son intervention dans l'étonnante affaire des Moulins Saint-Michel qui, déjà engagée en l'an 1312, ne prit fin qu'en 1778. On avait eu apparemment tout le temps de l'instruire.

Mais il faut dire ici quelques mots d'une conception vraiment belle que nourrit un instant Mgr Augustin, mais qui, par malheur, lui vint trop tard et que l'appauvrissement de sa santé ne lui permit pas de réaliser.

Nous avons rapporté à son heure (1642) l'installation du P. Bourdoise à la cure de Liancourt. Malgré des difficultés toujours nouvelles, il y était demeuré et les

---

(1) *Archives de l'Oise*, G. 709.
(2) *Ibid.*

bienfaits de ce ministère ne se comptaient plus. Notamment il avait pris sous sa direction spéciale les enfants de la paroisse, et s'en était fait l'instituteur. Cette école parfaitement organisée, ces élèves assidus, attentifs, la rapidité de leurs progrès, faisaient l'admiration de tous les hôtes du château. Le célèbre Jean-Pierre Camus, évêque de Belley, qui y fréquentait souvent, le P. Desmasures, de l'Oratoire, qu'on y appela pour prêcher, le roi et la reine qui, en 1646, avaient honoré le duc de leur visite, tous étaient allés voir le P. Bourdoise faisant la classe aux petits enfants. Or, au commencement de 1647, Augustin, lui aussi, était venu pour complimenter le Père et l'encourager à ne pas déserter un poste où sa présence était à ce point efficace. La pensée lui vint alors que chaque paroisse devrait posséder une école semblable à celle de Liancourt; il en aperçut d'un jet les immenses avantages, et, comme il était dans sa nature ardente au bien de poursuivre sans retard l'exécution d'un projet qui lui semblait bon, il se résolut aussitôt de charger Bourdoise de lui former des maîtres à qui confier ensuite l'enseignement de la jeunesse. Et, sur-le-champ aussi, il promit de consacrer 800 écus à l'établissement de cette maîtrise. C'était tout simplement le principe de l'Institut que devait, trente ans après, fonder l'abbé de la Salle (1), et à l'exemple duquel tant d'autres se sont créés, c'était l'École normale primaire dans les mains du clergé. L'idée était pleine de promesses certaines, et l'on en peut constater chaque jour l'épanouissement indéfini; mais, moins heureux, celui qui l'avait

____

(1) L'Institut des Frères de la Doctrine chrétienne, fondé en 1680.

conçue n'en vit pas l'application : le temps manqua à ce grand travailleur.

Il y avait trente années qu'Augustin Potier gouvernait l'Église de Beauvais, trente années que l'ardeur de son zèle avait remplies d'œuvres admirables. « Plus il avançait dans la carrière, dit un de ses historiens (1), plus il déployait de dévouement et de générosité dans l'accomplissement de ses devoirs; le plus infatigable missionnaire n'aurait pas évangélisé plus de paroisses durant ses dernières années. » Malheureusement, ce long et laborieux épiscopat avait miné profondément une constitution d'abord vigoureuse; après avoir lentement décliné, il était devenu si languissant dans le courant de 1647 qu'il se décida vers l'automne à gagner Paris, avec permission de Leurs Majestés, pour y consulter les médecins.

C'était la première fois qu'il y revenait depuis sa sortie du Conseil, et son retour produisit sans doute quelque sensation, car Hermant raconte (2) que « l'un des principaux seigneurs de la cour, surpris de le trouver chez le président de Novion où il logeoit, en avertit avec beaucoup d'empressement le cardinal Mazarin, auquel il n'apprit rien de nouveau, parce que ce voyage ne s'estoit point fait sans sa participation ».

Il revint à Bresles sans être mieux, et c'est là que, se mettant en face d'une mort qu'il pouvait croire plus prochaine, et ne voulant pas attendre à la dernière heure, il s'occupa de son testament.

---

(1) L'abbé DELETTRE, p. 433 et suiv.
(2) HERMANT, p. 2041.

Le document, écrit en entier de sa main et daté du 27 septembre 1647, est conservé aux Archives de l'Oise (1), et les dispositions qu'il renferme sont toutes conformes à cet esprit de charité, de simplicité et de piété qui a inspiré toute sa vie. Toutefois, la reproduction intégrale en serait trop longue et nous n'en donnerons qu'un résumé avec les passages les plus attachants.

Après avoir remercié Dieu des biens spirituels et temporels qu'il lui a départis dans son infinie bonté et imploré le pardon de ses offenses, « il élit sa sépulture au chœur de l'église de Beauvais, proche celle d'heureuse mémoire, Messire Louis de Villiers », l'un de ses prédécesseurs, ce qui a été exécuté. « Je ne veux, dit-il, aucune pompe ny cérémonie à mon inhumation, je désire seulement qu'elle soit décente. » L'exécuteur testamentaire connaît du reste ses désirs, tant sur ce sujet que sur les prières et aumônes qu'il souhaite qu'on fasse à l'Hôtel-Dieu comme aux pauvres de Beauvais « témoignant du regret de n'avoir pas de moyens de leur en faire de plus amples ».

Il laisse à l'église de Beauvais la somme de 3000 livres pour la fondation d'un obit à l'intention de son frère et prédécesseur René Potier, « de bonne mémoire », et de la sienne, dont les vigiles seraient chantées le 5 octobre et la messe le lendemain.

Il ordonne, ses dettes payées, de faire faire pour ladite Église « deux tuniques répondantes au chasuble qu'il a donné depuis peu ».

Il laisse à Guy Binet, son médecin, « 1500 livres outre

---

(1) *Archives de l'Oise*, G. 31.

ce qu'on luy paye annuellement, et 3 000 livres à M. Marcel Binet, son fils, à l'occasion de son mariage, tant pour les services que le père lui a rendus que pour l'espérance qu'il a que tous deux seront très utiles au public de Beauvais en leur profession ».

Il fait plusieurs legs à ses domestiques, dont quatre auront chacun 3000 livres, quelques autres 600, 500 ou 400 pour le moins.

Occupé jusqu'au bout de ses prêtres et n'oubliant pas « que Dieu lui avoit fait la grâce d'estre le premier entre tous les évesques du royaume qui les avoit engagez à se préparer à leur ordination par des retraites », il voulut que son testament assurât la continuation de cet usage :

« Pour ce que, y est-il dit, la promotion des clercs aux saints Ordres est grandement importante à l'Église, je laisse à mon évesché ma maison de Torcy (1), par moy acquise, et tous les bâtimens que j'y ai fait faire, tant en la galerie de mon hostel épiscopal qu'en ladite maison de Torcy, pour le logement des ordinands, ayant employés auxdits bâtimens le prix des bois par moy depuis peu vendus à Gerberoy et à Castenoy. En outre, je lègue à l'effet susdit tous les meubles servans auxdits

---

(1) L'hôtel de Torcy, dont il est ici question, était autrefois une maison canoniale appartenant à David de Torcy, chanoine, et qui fut vendue par le Chapitre à Mgr Fumée en 1577, aux conditions que ladite maison relèverait en fief du Chapitre. Louis Fumée, écuyer, héritier de l'évêque, la vendit à Antoine du Fay, bourgeois de Beauvais, dont les héritiers la vendirent à Augustin Potier qui la fit d'abord approprier pour servir de retraite aux ordinands. Après lui, Mgr de Buzenval, son neveu, y établit un Séminaire. Enfin, Mgr de Gèsvres obtint du Parlement l'autorisation de la démolir parce qu'elle menaçait ruine. C'était une construction du xie ou du xiie siècle.

logemens par moy achetés entièrement, comme je crois, de mes propres deniers, suppliant Messeigneurs mes successeurs que les ordinands se servent des cellules construites en ladite galerie. »

Sa bibliothèque était, assurément, le meilleur de ses meubles. Elle lui venait de son frère René, dont il avait assumé les dettes, et il l'avait maintes fois accrue, même depuis son éloignement de la cour (1).

Le P. Jacob, Carme, l'a mise au nombre des plus considérables du royaume et, vers ce temps-là même, l'archevêque de Toulouse, Montchal, grand ami d'Augustin, comme on sait, lui avait envoyé un catalogue d'ouvrages qu'il y pouvait encore ajouter.

A quelle destination sera donc réservé ce fonds magnifique?

« Je lègue pareillement, lisons-nous, à mon évesché ma bibliothèque, en cas que les biens que je laisseray au jour de mon décès suffisent au paiement de mes dettes..... Je désire qu'elle soit conservée en la galerie haute de mon hostel pour le service du public, sans que les livres en puissent estre tirez ny transportez, désirant que l'un de MM. les chanoines qui sera nommé et choisy par Messeigneurs mes successeurs et MM. du Chapitre, ayt la garde de ladite bibliothèque et s'en charge sur l'inventaire qui sera fait à chaque renouvellement d'évesque, suppliant Messeigneurs mes successeurs de vouloir employer tous les ans 300 livres en l'achat des livres

____

(1) D'après les Archives possédées par Mme la comtesse de Pommeroy, « cette bibliothèque était très bien fournie et des plus complètes pour les anciennes éditions ».

qu'eux et ledit bibliothécaire jugeront à propos d'acheter. »

« Je crois, dit Hermant (1), avoir esté l'occasion de l'addition qu'il fit à la fin de cet article pour l'accroissement annuel de sa bibliothèque après sa mort. Car, dès l'an 1646, lorsque j'avois l'honneur d'estre l'un de ses commensaux, estant descendu un jour dans ma chambre, il fut surpris de trouver parmy les livres qui constitoient alors un médiocre cabinet, plusieurs bons livres qui lui manquoient. Cela luy donna cette impression et luy fit concevoir de quelle importance il estoit de faire de tems en tems une semblable augmentation, quelque bon fonds que l'on puisse avoir déjà. Aussy estant retourné à Paris, sur la fin de la mesme année, pour servir l'Université dans la charge de recteur, il me chargea de cette commission, et il auroit persisté dans ce dessein si Dieu luy avoit fait la grâce de réparer sa santé. »

On ne peut, assurément, qu'applaudir à ce souci que montrait le prélat de mettre à la disposition de ses diocésains des lectures saines et fortifiantes, mais nous avouons que sa sollicitude pour l'avenir d'un si précieux fonds ne nous touche pas moins, et cet amour du livre, encore peu commun à cette époque, est une marque particulière de la distinction de son esprit.

Il souhaita aussi faire quelque chose pour sa ville de Beauvais et il écrivit ceci :

« Je veux estre employée la somme de trois mille livres pour la construction d'un ouvrage qui puisse couvrir la difformité qui est au devant de l'Hostel de Ville et servir d'ornement et décoration et que cet ouvrage

---

(1) Hermant, p. 2042.

soit faict de telle sorte qu'il puisse estre un commencement d'un plus grand embellissement, estant bien marry
que je ne puisse rendre à la dite ville un plus grand tes-
moignage de ma bonne volonté. »

Ce qu'était cette difformité importe peu. Il suffira de
dire que, échauffés par ce legs, le maire et les pairs pro-
jetèrent aussitôt après la mort d'Augustin la recons-
truction totale de l'édifice trop indigne, paraît-il, de sa
destination; que Nicolas Choart posa la première pierre
de la façade dès le mois d'août 1651 (1), et que sur
cette pierre fut gravée l'inscription suivante :

REGNANTE LVDOVICO XIV

ab incunabulis Victore

P. F. A.   P. P.

Publicam hanc domum vetustate collapsam,

AVGVSTINVS POTIER EPISCOPVS

Legatis III M lib. restituendam C.

NICOLAVS CHOART SEDIS HÆRES AC MVNIFICENTIÆ

primum lapidem

JOANNES FOY URBIS MAJOR

Secundum P.

A. R. S. M. D. C. L. I.

Tel fut, dans ses dispositions principales, le testament
d'Augustin Potier. Il fallait certes qu'il eût donné beaucoup aux pauvres, puisque nous le voyons douter si, ses
dettes payées, il restera assez pour l'exécution de legs

---

(1) *Mémoires de la Société académique de l'Oise*, t. X, IIe partie,
p. 271. Le mauvais état des finances communales obligea d'ailleurs
d'arrêter les travaux qui ne furent repris qu'un siècle plus tard,
en 1753.

cependant bien modestes. Ce n'était pas son luxe, ni sa maison, ni sa table, ni son jeu qui l'avaient ruiné : mais sa vie avait été toute de bonnes œuvres, et les archives de Mme de Pommeroy nous apprennent que « l'hospital de Beauvais, de mesme que la charité pour les malades, lui devoit son establissement et une bonne partie de ses revenus ».

Il nommait Eustache Flouret son exécuteur testamentaire et à son défaut Georges de Nully, comme lui son aumônier et comme lui chanoine de Beauvais, « auxquels il disoit avoir déclaré plus particulièrement sa volonté et n'obligeoit ny l'un ny l'autre à en rendre aucun compte ».

Et ainsi toutes ses dispositions faites, il se reprit à ses travaux accoutumés avec une activité bien diminuée, hélas! par l'épuisement continu de ses forces.

Il lui fut donné cependant de mener à leur solution plusieurs affaires dont l'une, assez importante pour l'autorité de son siège, était pendante depuis son avènement. C'est au Bureau des Pauvres de Beauvais que nous en devons connaissance.

L'année 1618, en vertu de certaines attributions de juridiction et réformation à certains commissaires et vicaires, le cardinal du Perron, grand aumônier du roi, avait contesté à M. de Beauvais « le droit d'audition et d'examen des comptes du revenu des hospitaux de cette ville ». Sur quoi, Augustin « avoit obtenu des lettres patentes qui lui donnoient gain de cause » (1), et le Parlement, en

____

(1) *Archives du Bureau des Pauvres de Beauvais*, Cartulaire II, p. 92, verso et suiv.

enregistrant ces lettres, déclarait que « Sa Majesté n'avoit entendu préjudicier aux droits et prérogatives de M. de Beauvais, ni contrevenir aux arrêts et règlemens des hospitaux et léproseries de son évesché qui estoient à sa collation » (1) (19 may 1618).

Du 31 mai suivant, nouvel arrêt du Parlement retenant la connaissance du procès entre M. l'évêque de Beauvais et M. de Sainte-Colombe agissant pour le grand aumônier (2).

Du 7 juin, signification au sieur de Rouzet de Sainte-Colombe des lettres patentes et des deux arrêts (3).

Du 31 décembre, arrêt du Conseil privé par lequel le procès a été renvoyé au Parlement (4).

En 1620, le cardinal de la Rochefoucauld, successeur de M. du Perron, commet à l'administration de la maladrerie de Saint-Lazare, le sieur de la Pause, abbé de Saint-Martin au Bois. Augustin s'y oppose, et le grand aumônier le fait assigner au grand Conseil par exploit du 30 avril (5).

Mais on provoque une sorte d'accommodement, et, sur ces entrefaites, la peste ayant éclaté, les revenus de la maladrerie sont appliqués aux malades et aux malheureux.

Cette trève se prolonge; même, le 11 juillet 1636, un Concordat intervient par lequel les maistres Frères et Sœurs de Saint-Lazare reconnaissent que l'Hôtel-Dieu appartient à M. l'évêque.

---

(1) *Archives du Bureau des Pauvres de Beauvais*, Cartulaire II, p. 93.
(2) *Ibid.*, p. 93. verso.
(3) *Ibid.*, p. 94.
(4) *Ibid.*, p. 94. verso.
(5) *Ibid.*, p. 71, verso.

Mais, en 1647, après la mort de M. de la Rochefoucauld, M. de Lyon (1), qui le remplace, nomme administrateur de ladite maladrerie Jean Puget, sieur de la Serre.

De là nouveau procès, et nous arrivons enfin à la transaction du lundi 26 juillet 1649, par laquelle le sieur Lemasle, au nom du grand aumônier, déclare que cette maladrerie n'est de fondation royale, qu'il n'y a ny prétend aucun droit spirituel ni temporel, mais que « tout compte et appartient au sieur évesque de Beauvais; à cause de son évesché et comté et pour estre de la fondation de ses prédécesseurs ».

Voici maintenant le résumé d'une autre affaire de moindre conséquence, mais qui achèvera de nous édifier sur ces conflits perpétuels d'attribution et sur ces énervantes chicanes d'autorité dont les dossiers touffus forment le principal fonds de la plupart de nos archives.

Celle-ci remonte au 27 septembre 1620 (2).

Ce jour-là, « Fr. Jean Pouillon a été élu maistre et administrateur de l'Hostel-Dieu » et il y a lieu de croire que le choix n'agrée point à l'Ordinaire puisqu'il tarde à le confirmer et que réquisition en est adressée le 1er octobre au grand vicaire de M. de Beauvais.

Le 2 octobre, sommation au dit grand vicaire sur la réquisition de la veille.

Le 5 octobre, deuxième sommation également infructueuse, si bien que le 21, l'élection est confirmée par le

---

(1) Alphonse-Louis du Plessis de Richelieu, cardinal archevêque de Lyon, grand aumônier.

(2) *Archives du Bureau des Pauvres de Beauvais*, année 1677.

grand vicaire de l'archevêque de Reims « sur le refus de celui de Beauvais ».

Et le même jour acte de la prise de possession de Fr. Pouillon.

Les choses demeurent en l'état jusqu'au 9 mars 1626, que le susdit Pouillon remet sa démission de la « maistrise ès-mains du Chapitre de la maison », lequel lui « abandonne la demeure et le revenu du Fay-sous-le Bois pour s'y retirer le reste de ses jours ». Et le lendemain mardi, à trois heures de relevée, les conditions de cette retraite sont vérifiées en Assemblée des Trois Corps tenue au palais de l'évêché, sous la présidence d'Augustin.

Celui-ci est sollicité dès le jour suivant de donner des lettres permettant d'élire un nouveau maître; toutefois, il se fait un compromis, et un vicaire est nommé pour le spirituel pendant la vacance de la maîtrise.

Le 2 septembre, ordonnance d'Augustin pour s'assembler de rechef capitulairement. Il s'agit de confirmer et d'élargir le compromis. Le grand vicaire, Antoine Froissard, se présente au lieu et place du prélat indisposé. Mais religieux et religieuses refusent de se laisser présider par lui. Dont acte en date du 3. « C'est chose maudite, s'écrie Fr. Charles le Roy, de tenir ou faire tenir Chapitre par M. l'évesque, n'ayant en la maison aucune cour ny juridiction spirituelle, sinon en cas de ressort et supériorité et lorsque le dit seigneur fait ses visites accoustumées par son diocèse. »

Cependant l'affaire en reste là, car M. Pilon, curé de Saint-Paul, est nommé maître à la condition d'entrer dans l'Ordre. Seulement il n'y reste pas; Fr. Germain Lempereur lui est substitué, et nous voyons son élection confirmée par l'évêché le 15 juillet 1650, bien peu de jours après qu'Augustin avait cessé de vivre.

Cependant l'heure de la Fronde était venue; ses agitations, ses désordres ne sont point pour être rappelés ici, mais nous devons tout au moins affirmer (1) que, plus que personne, notre évêque en était affligé, « ayant toujours gardé une affection tendre et sincère pour la reine, sa maistresse » et voyant en outre de quels périls étaient menacés tant de membres de sa famille. La plupart, en effet, s'étaient jetés dans le mouvement, avec ses anciens alliés les Importants, et s'il n'eût été qu'un brouillon ou un ambitieux, comme le coadjuteur, il eût pu y chercher un rôle ou regretter tout au moins que sa santé l'en empêchât.

Il n'en fut rien, il considérait d'un œil attristé les dissensions qui partageaient le royaume; il avait tressailli en apprenant, le 26 août 1648, l'arrestation du chef de sa maison enlevé par ordre du roi, après le *Te Deum* pour Lens, et sa mise en liberté le 28, sous la pression de tout un peuple révolté; obéissant aux illusions de sa nature et « se promettant trop de luy-même », il répétait, au dire d'Hermant, « que s'il eût esté sur les lieux il auroit apaisé sans peine toutes ces difficultés »; en quoi bien évidemment il se trompait fort; mais, en fait, il n'avait gardé du pouvoir qu'un dégoût profond, et encore qu'il fît toujours partie du Conseil de la reine (2), il refusa à la politique la moindre part des heures si courtes qu'il sentait lui rester encore.

------

(1) Hermant, p. 2042.
(2) Etat de France, 1648.

Il allait, en effet, s'affaiblissant chaque jour davantage (1), tellement que se voyant hors d'état d'officier à la Trinité de 1649, il fut contraint d'envoyer ses ordinands à l'évêque de Senlis (2).

Mais quand vint l'ordination de septembre suivant, ce prélat voulut bien se rendre à Beauvais, et la cérémonie faite, s'en alla visiter, à Bresles, son collègue très aimé (3).

Ce fut pour l'auguste malade une satisfaction de grand prix, nous ne dirons pas une consolation, car il était le plus résigné du monde à des maux pourtant sans remède. « S'il lui échappoit quelque plainte, c'estoit non de souffrir et de voir approcher le terme de sa carrière, mais de rester chargé d'un ministère dont il ne pouvoit plus remplir les obligations (4). »

Montglat rapporte que, dans le temps qu'il quitta la cour, « on lui avoit refusé la coadjutorerie pour son neveu (5) ».

De quel neveu voulait-il donc parler? Ce ne pouvait être

---

(1) Le dernier acte de son administration que nous ayons rencontré est une transaction passée entre lui et le grand aumônier de France à la date du 26 juillet 1649, par laquelle les administrateurs du Bureau des Pauvres de Beauvais sont maintenus en jouissance des biens de la maladrerie de Saint-Lazare. *Archives municipales de Beauvais* G. G. 310.

(2) Ce n'était d'ailleurs pas, au dire d'Hermant (p. 2403), la première fois qu'il avait dû recourir à l'intervention de prélats étrangers, et, à plusieurs reprises, il avait mandé à Beauvais l'Anglais Richard Smith, évêque de Chalcédoine, pour ordonner les prêtres de son diocèse.

(3) *Vie du P. Bourdoise*, p. 390-403.

(4) HERMANT, p. 2042.

(5) *Mémoires de Montglat.*

de M. de Blancmesnil qui était le chef de la famille, qui avait son chemin tout tracé dans la robe, et dont Guy Patin, d'ailleurs, nous apprend, dans une lettre du 1er juillet 1650 (1), qu'il « refusa par cinq diverses fois l'évesché de Beauvais ». Était-ce point plutôt, en admettant que Montglat ait dit vrai, un des fils de M. d'Ocquerre, le troisième qui portait, comme notre prélat, le nom d'Augustin, qui vraisemblablement était son filleul et qui mourut conseiller au Parlement, jeune et sans alliance.

En tout cas, ceci ferait remonter assez loin le désir de M. de Beauvais de se donner un collaborateur ; Hermant assure (2) qu'il eut à cet égard « plusieurs desseins » et Delettre prétend (3) que la pensée le hanta souvent de remettre son titre à la disposition du Souverain Pontife ; il n'en aurait été retenu que par la crainte d'avoir pour successeur quelqu'un qui ne continuerait point le bien qu'il avait commencé.

Mais voici qu'au milieu de ces combats intérieurs, il voit venir près de lui ce Nicolas Choart de Buzenval, dont on a dit récemment quelques mots. Esprit très distingué, le fils aîné de Madeleine Potier avait été, en 1630, conseiller au Parlement de Bretagne, puis membre du grand Conseil en 1631, enfin maître des requêtes de l'hôtel du roi. Il s'était défait de cette charge en 1643, lorsqu'on l'avait destiné à l'ambassade vers les Suisses ; mais il n'y alla pas et presque aussitôt embrassa l'état

---

(1) *Lettres de Guy Patin*. Edit. Reveille, Paris, t. II, p. 26.
(2) Hermant, 2 o43.
(3) Delettre, *Histoire du diocèse de Beauvais*, t. II, p. 436

ecclésiastique où l'appelait une piété solide et éclairée.

Augustin le retient à Beauvais durant une année entière, l'étudie avec conscience et croit reconnaître en lui toutes les qualités nécessaires au gouvernement de cette Église qui lui est si chère. Dès lors, il n'hésite plus, commence par le nommer son coadjuteur (1), puis se démet en sa faveur de son évêché, ne se réservant qu'une pension viagère avec un logement tant au palais qu'à Bresles, et il attend dans le calme d'un juste que sa démission soit acceptée, pour n'avoir plus à s'occuper que des grands soins de l'éternité.

Cette attente sera pourtant encore de quelque durée. « Il court un bruit de l'extrême maladie de M. l'évesque de Beauvais », mandait Le Tellier à Mazarin, vers la fin de février 1650 (2), et, un peu plus tard : « J'apprends que M. de Beauvais se porte mieux et est hors de danger (3) ». La vérité est que son état oscille entre le mal et le pire. Tous remèdes lui sont devenus inutiles, la nature lui défaille ; le travail seul le soutient, et c'est en ce temps qu'il déclare paroissiale l'église de Mortemer, qui n'avait été jusque-là qu'une annexe de la cure de Cuvilly (4). Il se confine à Bresles, dont les médecins croient l'air plus fortifiant que celui de Beauvais. C'est là qu'il reçoit avis, le 11 mai, que Sa Majesté daigne accéder à ses désirs et vient de pourvoir son neveu, maintenant ainsi ce grand évêché dans la maison Potier, qui, en fait, depuis

---

(1) HERMANT, p. 2 043.

(2) *Archives des Affaires étrangères*, fonds de France, t. CXXIII. f° 146.

(3) *Ibid.*, f° 157.

(4) DELETTRE, p. 430.

l'avènement de Mgr René jusqu'au décès de Nicolas Choart, se trouve l'avoir conservé sans interruption pendant quatre-vingt-cinq ans.

Quelle joie ce fut pour le pauvre mourant de recevoir de son roi cette marque suprême de déférence et de bonté, et qu'il eût été heureux s'il eût pu en avoir les bulles ! Mais sa faiblesse, hélas ! allait croissant d'une effrayante façon. Le dimanche 19 juin, « Beauvais apprit qu'il estoit à l'extrémité, et, sur cette nouvelle, le Chapitre députa son doyen et six chanoines pour l'aller consoler. Il ne survecquit pas à cette visite (1) ».

Sentant sa fin approcher, il demanda les derniers sacrements et les reçut avec la foi la plus vive et la plus humble, puis il s'endormit dans le Seigneur vers 2 heures du matin, le 20 juin 1650, « jour et feste des saints Gervais et Prothais, patrons de Bresles, en la trente-troisième année de son pontificat, en la cinquante-neuvième année de son âge ».

Guy Patin se trompait donc lorsque, dans la lettre déjà citée du 1er juillet (2) il écrivait : « Depuis ma dernière, je vous dirai que M. l'évesque de Beauvais est mort âgé de soixante-trois ans. »

« On n'apprit, selon Hermant (3), la vraye cause de sa maladie qu'à l'ouverture de son corps, car, quoique les plus habiles médecins de Paris et de Beauvais crussent qu'elle venoit de la corruption de ses entrailles, elles se trouvèrent saines et entières ; mais on découvrit un abcès dans les méninges de son cerveau qui avoit esté la cause

---

(1) Hermant, p. 2046.
(2) *Lettres de Guy Patin*, Edit. Reveille, Paris, t. II, p. 26.
(3) Hermant, p. 2047.

de ce qu'il penchoit la teste dans les dernières années de
sa vie et qui faisoit couler de temps en temps beaucoup
d'humidité de ses yeux, lors même qu'il ne paroissoit
aucune marque de tristesse sur son visage.

» Mme de Buzenval, sa chère sœur, que Dieu avoit
réservée pour la consolation et l'assistance de tous ses
proches, luy fit ressentir jusqu'après sa mort les effets
de sa piété. Elle conduisit son corps à Beauvais, le mardi
21 juin. Il fut mis en dépost dans la chapelle de son hostel
épiscopal, jusqu'à ce que le Chapitre eust réglé le jour
et le lieu de son inhumation, ce qu'il fit après avoir eu la
lecture de son testament. Il députa son doyen et quelques
chanoines pour saluer cette dame et la consoler dans
cette affliction qui luy estoit d'autant plus sensible que
c'estoit sur la mort de celuy de tous ses frères avec qui
elle avoit une plus ancienne liaison, n'estant plus âgée
que lui que de deux ou trois ans, et ayant été eslevée avec
luy dès son enfance.

» Les vicaires généraux nommés pendant la vacance
du siége envoyèrent leur mandement à toutes les églises
et communautés de la ville et des fauxbourgs pour leur
ordonner d'assister aux funérailles de ce prélat et le Chapitre laissa aux parents le soin d'y inviter ceux qu'ils
jugeroient à propos. Il ordonna que le poële et le drap mor-
tuaire seroient portez par les dignitaires et les anciens
chanoines et que six autres chanoines assistez de quelques
ecclésiastiques porteroient le corps. On pria aussi les
chanoines d'aller faire des prières pour son âme dans la
chapelle de l'hostel épiscopal jusqu'au temps de sa sépulture, et le vendredi 24, on nomma des officiers pour la
messe solennelle de ses funérailles.

» On députa aussy le doyen avec quelques autres chanoines pour faire de la part de la Compagnie des compliments de condoléances à M. de Blancmesnil, neveu du défunt et chef des armes de toute la famille, et à M. de Lamoignon qui avoit épousé la plus jeune de ses nièces.

» Les obsèques se firent le jour de saint Jean-Baptiste, après Vespres, avec la modestie qu'Augustin avoit recommandée. Il n'y eut ny armoiries, ny harangue funèbre parce qu'il avoit déclaré expressément sur cela sa volonté à ses exécuteurs testamentaires.

» Mais l'assistance fut innombrable, et les larmes de son clergé, comme de son peuple, firent la principale pompe de cette cérémonie ». On eût dit (1) « le service d'un père tendrement aimé qui laisse une famille plongée dans la plus profonde désolation. »

La *Gazette de France* fit ainsi qu'il suit mention de cet événement :

29 juin 1650, de Beauvais (2).

« La semaine passée, Messire Augustin Potier, évesque et comte de cette ville, mourut en son château de Bresles, fort regretté de ceux qui connaissoient les grands mérites de ce prélat, dont le corps ayant esté icy apporté, a esté enterré dans nostre église cathédrale de Saint-Pierre. »

Et comme il avait été fait pour ses prédécesseurs, une plaque de cuivre fut incrustée dans le dallage du

---

(1) Delettre, t. III, p. 436.
(2) *Gazette de France*, p. 807.

chœur (3), avec cette inscription si légèrement gravée
que dès 1679 les caractères en étaient à demi effacés (1) :

Poterii cineres Augusti Præsulis, urnam,
Nobile depositum terræ, sacra pignora cœlo,
Exuvias plebi dulces, lapis iste recondit.
At circum adsistunt, virtus ignara repulsæ,
Largitrix pietas, inopumque tenerrima mater,
Cana fides, niveus candor melioribus annis
Dignus, et expellens segnes vigilantia somnos,
Doctrinæque haud parvus amor : mirare viator
Quot vivi comites, totidemque ornamenta sepulti.
Utque operosa manus steriles convertere spinas
Septennis studuit lustris divina per arva,
Angelicis metuendum humeris dum munus obiret
Sic lacrymis tumulum irrora, sic fletibus ambi,
Sic precibus succende piis : nil te moror ultra :
Disce mori : totumque animo simul exue mundum.

TRADUCTION : « Cette pierre recouvre les cendres de
l'évêque Augustin Potier, noble tombe confiée par le
ciel à la terre, comme un gage sacré, dépouilles chères
au cœur des peuples. Tout autour se tiennent et le cou-

---

(1) Les dessins de ces tombes se trouvent dans la collection Gaignières, t. CLXV, p. 67 et 95. Celle d'Augustin Potier était en
cuivre émaillé. Toutes ont été arrachées par ordre du Chapitre au
XVIIe siècle pour faire place, dans le sanctuaire, au monument du
cardinal de Forbin Janson. Consulter à cet égard l'intéressante *Histoire de la cathédrale de Beauvais*, de M. GUSTAVE DESJARDINS,
archiviste de l'Oise.

(2) Le chanoine PILLET, *Histoire de Gerberoy*, p. 274.

rage invaincu, et la charité généreuse, mère très tendre de l'indigence, et l'entière bonne foi, et cette pureté sans tache, digne d'années meilleures, et la vigilance qui écarte les sommeils paresseux, et l'amour ardent de la vraie doctrine.

» Regarde, passant; toutes ces vertus, gardiennes de sa mort, furent les compagnes de sa vie. Et comme ses laborieuses mains ont, sept lustres durant, travaillé à arracher du champ du Seigneur les épines stériles pendant qu'il portait ce fardeau redoutable même pour les épaules d'un ange; aussi arrose de tes pleurs ce cercueil, entoure-le de tes sanglots, réchauffe-le de tes pieuses prières; et puis, tu peux suivre ta route; apprends à mourir et dégage ton âme de tout ce qui n'est que le monde. »

« Le dernier vers, dit Hermant (1), propose Augustin à la postérité comme un grand sujet de méditation, n'y ayant guères d'exemple plus efficace que le sien pour convaincre les personnes de son caractère et de son rang de l'instabilité des choses du monde. Elles pourront apprendre que les évesques qui s'appliqueront uniquement à la conduitte de leur troupeau seront toujours les plus heureux, et qu'encore qu'ils n'y jouissent point d'un parfait repos, il y a néantmoins pour ceux qui sont fidelles à leur ministère un genre d'affliction qui porte en soy des douceurs et des consolations secrètes..... »

A tout prendre, cette épitaphe est de belle allure, par-

---

(1) On l'en peut croire en ce commentaire, car une note de son manuscrit lui attribue la paternité de cette inscription.

faitement digne de celui qu'elle prétendait honorer, très
conforme aux regrets qu'il laissait après lui et dont plusieurs historiens ont rendu témoignage. Celui-ci rapporte en effet (1) que, dès les premiers jours de juillet,
« les doyens et chanoines de Gerberoy firent un service
solennel dans leur église, pour le salut de ce prélat, leur
très affectionné seigneur ». Cet autre (2) « que la nouvelle de sa mort avait porté l'affliction et le deuil dans
tout le diocèse ». Et l'auteur de la vie du P. Bourdoise
que « la douleur que le serviteur de Dieu eut de la perte
d'un si grand prélat qui estoit son amy depuis trente ans
le rendit presque insensible à toute autre chose ».

On comprendra donc sans peine l'explosion de l'indignation générale lorsque parut un odieux libelle, lorsque
des placards diffamatoires se répandirent « contre l'honneur de feu M. l'évesque de Beauvais, dernier décédé,
prélat de haulte vertu et singulière recommandation,
et aussy contre l'honneur de ses grands vicaires et du
Chapitre de sa cathédrale et de plusieurs particuliers
et spécialement d'un prêtre employé par le dict feu
sieur évesque à l'instruction des jeunes ecclésiastiques (3) ».

L'opinion publique tout d'une voix accusa de cette
infamie le chanoine Thirement, docteur en théologie,
qui fut sur l'heure enfermé aux prisons du Chapitre.
Quels griefs pouvait-il avoir eu contre Augustin et ses
fidèles conseillers; à quels sentiments avait-il obéi en

---

(1) Le chanoine PILLET, *Histoire de Gerberoy*, p. 272 et suiv.
(2) DELETTRE, t. III, p. 437.
(3) *Archives de l'Oise*, G., 682.

écrivant ces pages enfiellées? Nous l'ignorons et nous pouvons seulement ajouter que le lieutenant général du Présidial de Beauvais, Pierre de Malinguehen, ayant cru devoir rendre la liberté audit chanoine, fut aussitôt poursuivi par le Chapitre et que le procès en dura jusqu'en 1655.

Et maintenant convient-il que nous fassions un retour sur cette vie d'évêque si pure, si efficace et si digne de l'histoire? Ne serait-ce pas de parti pris verser dans les redites? Aussi bien, à chaque page d'une étude qui n'a pas été pour nous sans charmes, nous avons pris soin d'indiquer les reliefs de cette figure vraiment sympathique; la droiture, la ferveur apostolique et l'amour du prochain en sont les principaux traits. Augustin n'est malaisé à connaître ni à définir, et ceux qui en ont écrit lui font tous la même justice. Abelly (1) déclare que « la mémoire de M. de Beauvais fut en bénédiction pour son zèle, sa vigilance et ses autres vertus ». Delettre ne tarit pas « sur son âme noble et sur ses pensées généreuses (2) ». L'abbé Meynard (3) le tient pour « un des meilleurs prélats de son temps »; enfin Godefroy Hermant, son commensal et son secrétaire, en a tracé le portrait que voici :

« Prélat plus heureux dans la conduitte de son diocèse qu'il laissa en bon estat après l'avoir cultivé avec beaucoup d'application et de vigilance l'espace de trente-cinq ans, que dans la politique de la cour dont les intrigues

---

(1) *Histoire de saint Vincent de Paul*, t. Ier, p. 153.
(2) *Histoire du diocèse de Beauvais*, t. III, p. 444.
(3) *Histoire de saint Vincent de Paul*, t. II, p. 24.

estoient peu proportionnées à la sincérité de son caractère, il conserva jusqu'au dernier instant un grand zèle
pour le bien public, n'eut aucune attache aux biens temporels, évita la magnificence et le luxe dans son équi-
page et dans les aménagements de sa maison, aima et
assista libéralement les pauvres, fut aimé de ses diocésains, honora les gens de lettres et tascha de les acquérir
autant qu'il put. »

Tout ce portrait doit être ressemblant et, entre les
mérites de diverses sortes qu'il attribue à M. de Beauvais, on ne sera pas sans remarquer la simplicité de son
train en un temps où maint prélat étalait une dépense
trop souvent scandaleuse, comme aussi ses rapports avec
les gens de lettres dont la protection qui devint plus
tard une mode n'était chez lui que le penchant d'une
intelligence distinguée.

Quant à nous, nous n'hésitons pas à penser qu'Augustin Potier a été trop sévèrement jugé comme politique,
trop peu loué comme évêque. Sans aucun doute, il eut
tort, en arrivant aux affaires, de prétendre, avec les Importants, renverser les plans de Richelieu, mais on ne saurait oublier au prix de quelles violences le cardinal-duc
avait gouverné et que fatalement la réaction qui suivit sa
mort devait aller jusqu'à menacer son œuvre. C'est de
loin que le despotisme a besoin d'être considéré ; on n'en
mesure alors que les effets, car, vu de près, il révolte les
cœurs. En cela, M. de Beauvais fut entraîné et débordé
par les passions de son entourage. Sans doute aussi, il
ne posséda ni la souplesse insinuante, ni l'intrigue peu
scrupuleuse, ni non plus les belles parties et les talents
de premier ordre qui font de Mazarin un personnage très

complexe et difficile à bien juger. Mais on pouvait le céder à Mazarin sur certains points sans être pour cela convaincu d'ineptie, et lorsque Augustin, avec la sérénité d'un sage, s'est éloigné d'une reine ingrate et d'une cour vendue, lorsque nous le retrouvons parmi son troupeau, réformant, enseignant, prodiguant sa fortune en aumônes comme ses forces en exemples, lorsque nous le voyons guérissant les maux de la guerre, relevant les temples détruits, assistant les pestiférés, organisant la charité d'une façon admirable, appelant à lui les Ordres religieux qui feront le bien matériel et moral de son peuple, fondant les retraites ecclésiastiques, créant un Séminaire, un hôpital, une bibliothèque, s'entourant de collaborateurs tels que le P. Bourdoise, Vincent de Paul et Mlle Legras, « considérable à tous les yeux par son savoir et par sa piété extraordinaire (1) », mourant enfin dans la gloire de ses bonnes actions, dans le parfum de ses vertus et pleuré tout à la fois des grands et des petits, nous ne pouvons nous empêcher de dire qu'il est un des évêques qui ont le plus hautement honoré l'Église de France, un de ceux dont le clergé comme les pauvres auraient dû le plus fidèlement honorer et bénir la mémoire.

Le P. Lelong, dans sa *Bibliothèque historique de la France*, nous renseigne sur les écrits auxquels est attaché le nom de M. de Beauvais. Ce sont :

1° *Les Statuts synodaux d'Augustin Potier* (2). Paris, Vitré (1644-1646), in-4°.

---

(1) *Mercure Galant*, décembre 1684, p. 288.
(2) I. 6401.

2° Les mêmes *Statuts synodaux* revus par Nicolas Choart de Buzenval. Beauvais, Vallet, 1653, in-8°.

3° *Le Règlement pour la Charité des pauvres malades* (1) *établie à Beauvais*. Beauvais, Vallet, 1669, in-12.

On voit que ces deux derniers ouvrages ne furent imprimés qu'après la mort du prélat.

______

(1) J. 5474.

www.ingramcontent.com/pod-product-compliance
Lightning Source LLC
LaVergne TN
LVHW020616180726
843502LV00002B/500